JN423132

글로벌 아시아

서울대학교 아시아연구소총서 기초연구시리즈 22

글로벌 아시아

자본주의 발전과 포스트 발전국가의 미래

초판 1쇄 발행 2021년 8월 25일
초판 2쇄 발행 2022년 10월 18일

지은이 임현진·서문기·윤상우·황석만

펴낸곳 서울대학교출판문화원
주소 08826 서울 관악구 관악로 1
도서주문 02-889-4424, 02-880-7995
홈페이지 www.snupress.com
페이스북 @snupress1947
인스타그램 @snupress
이메일 snubook@snu.ac.kr
출판등록 제15-3호

ISBN 978-89-521-2988-8 94330
978-89-521-1475-4 (세트)

ⓒ 임현진·서문기·윤상우·황석만, 2021

이 책은 저작권법에 의해서 보호를 받는 저작물이므로
무단 전재와 복제를 금합니다.

2022년 대한민국학술원 우수학술도서

이 연구는 2017년도 서울대학교 아시아연구소 아시아기초연구사업의
지원을 받아 수행되었음.

서울대학교 아시아연구소총서
기초연구시리즈 22

글로벌 아시아

자본주의 발전과 포스트 발전국가의 미래

임현진 · 서문기 · 윤상우 · 황석만 지음

서울대학교출판문화원

Global Asia

The Future of Capitalist Development and Post-Developmental States

Hyun-Chin Lim
Moon-Gi Suh
Sang-Woo Yoon
Suk-Man Hwang

Seoul National University Press

머리말

지난 30여 년 동안의 발전 경험은 한국을 포함한 동아시아의 미래 발전에 여러 가지 시사점을 던져 준다. 국제 지형에서 21세기 사회발전의 새로운 선두주자로 자리매김하고자 하는 동아시아는 동시에 구조적 사회갈등에 직면하고 있다. 발전주의는 성장과 생산의 증진을 통해 총체적 부를 늘려 주었지만 계층 간 불평등을 심화시키고 있다. 특히 거대 국제금융자본이 주도하는 신자유주의적 세계화는 아시아의 개발도상국뿐만 아니라 신흥공업국들에도 지나친 무역개방과 자본자유화정책을 통해 외환위기와 금융위기의 위험성을 한껏 높여 주고 있다. 이 와중에 사회 양극화가 정치불안과 사회갈등의 원천으로 작용하고 있음은 물론이다.

그렇다면 역사상 가장 높은 생산성을 바탕으로 효율적인 시스템이라 일컬어지는 발전주의는 동아시아 지역에서 왜 이렇게 많은 부작용을 야기하는 것일까? 경제적 부(富)가 최고의 가치이자 신앙이 되어버린 사회에서 발전의 의미는 무엇이며, 모두를 위한 경제와 사회는 불가능한 것일까? 불평등과 부작용으로 고장 난 지금의 시스템을 어떻게 바꿔야 행복해질 수 있을까? 지금의 위기에서 벗어날 탈출구는 과연 없는 것일까? 사회발전의 이면에서 발전주의의 폐해가 누적된 채 아래로부터 시작된 시민운동은 발전의 가치를 둘러싼 본질적인 측면을 반영하는 것으로, 사회구성원에게 대안적 사회발전의 중요성을 다시금 일깨워 주고 있다. 이런 때일수록 발전주의 국가가 사회발전을 효과적으로 관리할 능력을 배양하는 동시에 기존 발전 모델의 대안을 찾는 노력이 필요하다.

이와 같은 맥락에서 아시아의 사회발전에 대한 학문적·정책적 연구가 이루어진 것은 최근의 일이 아니다. 더욱이 아시아 자본주의는 유럽이나 미국의 자본주의와 다른 양상을 보일 뿐 아니라 내적으로도 다양한 유형으로 나뉜다. 국가의 경제 개입 측면에서 아시아 국가들 가운데 대표적으로 한국, 중국, 대만, 일본, 베트남, 미얀마는 국가 개입이 강한 데 비해, 싱가포르와 홍콩은 자유시장을 중시하면서도 국가 개입 정도가 큰 편이다. 정치적으로 중국은 일당체제(one party system)에서 시장경제를 추구하지만 한국과 일본, 대만은 성장하는 시민사회와 더불어 다수당제(multiple-party system)로 이루어져 있다. 아울러 아시아 국가들은 서로 다른 역사적 배경과 독특한 문화적 특성을 지니고 있다. 이처럼 아시아 자본주의는 커다란 공통분모에도 불구하고 지역 및 국가별로 발전전략, 국가-사회 관계, 국가 개입의 특성, 시장 기제 형식, 노사 관계, 기업 지배구조, 기업가정신과 문화, 금융제도 등에서 많은 편차를 보인다. 따라서 비교사회학적 관점에서 이 지역의 발전 경로와 방식을 폭넓게 이해하고 깊이 있게 분석할 필요성이 커지고 있다.

이에 따라 이 책에서는 아시아 자본주의와 사회발전의 미래를 진단하기 위해 아시아 자본주의 및 발전국가(developmental state)의 기원과 성장 및 위기, 포스트 발전주의의 정체성과 특징을 살펴보고, 이러한 개념 틀에 기초한 발전 담론과 경로가 전 지구적 세계화 과정에서 아시아의 사회발전에 어떤 영향을 미쳤는지 천착한다. 구체적으로는 한국, 중국, 대만, 일본 등 동아시아 국가들이 어떤 발전 경로와 단계를 거쳐 사회발전을 이루어 왔는지 각국의 사례를 중심으로 접근하면서, 이를 바탕으로 국제관계 설정과 지역공동체 형성 가능성을 면밀히 검토해 아시아의 미래 발전에 대한 공통분모를 도출한다.

한 사회의 발전 경로는 발전 차원에 따른 세계관 또는 관점의 틀로서, 그 사회의 발전 목표와 청사진을 제시하고 이를 이루기 위한 추진전략과 발전효과를 반영한다. 따라서 사회·역사적 구성물인 발전 경로에서 얻은 정과 부의 효과가 각국의 특수한 사회·문화적 환경에 따라 각기 다르게 나타났다는 전제 아래, 발전국가의 형성이 이들 지역에서 구체적으로 어떻게 전개되어 왔는지 조망하고자 한다. 아울러 이와 같은 경험적 결과를 바탕으로 각국의 향후 발전 전망과 전략에 대해 새로운 나침반을 마련하고자 한다.

이 책에서는 사회발전의 두 가지 중심축인 아시아 자본주의와 발전국가의 지형을 진단하기 위해 한국, 중국, 대만, 일본 등 아시아 주요 국가에서 나타난 발전주의 및 발전 경로의 역사적 형성 및 전개 과정을 살펴보고, 이 지역의 향후 발전 전망을 주요 연구 대상으로 삼는다. 이는 이들 국가가 서구의 지구적 패권 아래에서 역사적으로 어떤 발전 전략과 발전 경로를 구성해 왔고, 어떤 사회적 효과를 거두었는지 밝히는 작업이다.

이에 따라서 저자들은 각기 다른 세부 주제와 사례를 다루지만, 동아시아 발전 모델의 변동에 대해서는 수차례 토론을 거쳐 대체로 합의된 관점을 유지하고 있다. 그것은 1990년대 이후 세계화와 신자유주의의 경향성이 본격화되면서 동아시아의 경제기적을 가져왔던 중상주의적 발전국가가 점차 쇠퇴하고, 신자유주의적 발전 모델이 지배적인 흐름으로 자리 잡고 있다는 점이다. 또한 동아시아의 신자유주의 모델은 영미형 고전적 신자유주의 모델이나 워싱턴 컨센서스(Washington Consensus) 모델과 여러 측면에서 차이점을 보이며, 가장 결정적으로 과거 발전국가의 이념적 지향성과 제도적 관성이 여전히 강하게 투영되고 있다는 점에 인식을 같이한다. 따라서 현재의 동아시아 발전 모델은 발전주의와 신자유주의가 결합된 혼재성을 주된 특징으로 한다.

그러나 이런 발전 모델의 변동을 어떻게 개념화할 것인가에 대해서는 저자들 간에 다소 이견이 있었고, 통일된 개념의 접점을 찾기 어려웠다. 그럼에도 연구진의 분석적 판단과 이론적 논의를 통합하여 '발전주의적 신자유주의(developmental neoliberalism)'라는 개념을 사용하기로 했다. 이는 현재 동아시아 발전 모델을 규정하는 근본 요인이 무엇인가에 대한 의견 차이가 있다는 점을 전제로 하지만, 동시에 발전주의와 신자유주의가 결합되어 있는 혼재성을 강조하기 위한 것이다.

이와 같은 맥락에서 본 연구는 각국의 발전 경로에서 나타나는 자본주의의 다양한 성격과 함께 국가와 시민사회의 상호작용에 초점을 맞추고자 한다. 특히 발전국가가 형성된 각 사회의 특수한 사회·역사적 배경을 이해하고, 이들 국가의 발전 전략과 사회의 상호작용이 어떻게 진행되어 왔는지에 관심을 두고서 핵심 연구문제를 다음과 같이 설정했다.

(1) 아시아 지역은 자본주의 발전 과정에서 어떻게 대응해 왔으며, 이 지역 발전 경로의 보편성과 특수성의 교차점을 어떻게 바라봐야 하는가?
(2) 아시아의 발전 과정에서 국가와 시민사회의 구조적 특성은 무엇이며, 상호작용의 결과는 어떻게 나타났는가?
(3) 아시아의 자본주의는 각각 어떤 역사적 환경에서 형성되었고, 단계별로 어떤 맥락과 흐름 속에서 어떻게 변화해 왔는가?
(4) 한국·중국·대만·일본 발전국가의 공통분모와 차이점은 무엇인가?

(5) 포스트 발전국가(post-developmental state)의 전망은 어떤 정치·경제적 역학관계를 반영하며, 이러한 구조가 자본주의 발전의 미래에 주는 함의는 무엇인가?

서구가 주도해 온 자본주의의 역사적 전개 과정을 진단하고 아시아의 새로운 발전 모델을 정립하는 작업은 세계화와 발전 경로에 대한 비판적 고찰에서 출발한다. 발전이론의 가장 근본적인 문제는 동아시아 국가들이 20세기 후반 세계사적으로 유례없이 빠른 속도로 이루어낸 역동적 발전 과정을 총체적으로 설명하는 이론과 분석 틀이 논쟁적인 수준에 머물고 있다는 것이다. 아시아의 사회발전에 대한 총체적 분석 틀을 설계하기 위해서는 국가와 사회, 보편성과 특수성이라는 발전의 기본 축에 대한 이해와 함께 국가 간 상호관계에 대한 이해가 필수적이다. 이는 기존의 정치·경제적 접근에서 벗어나 사회·문화적 토대를 본격적으로 다루어야 하며, 통합된 분석 방법을 활용해 문제의식을 확장함으로써 분과학문의 경계를 뛰어넘는 새로운 접근이 필요함을 의미한다.[1]

이 책은 크게 아시아 자본주의의 기원과 전개, 사회발전의 구조적 역학과 변화, 글로벌 아시아의 자본주의 전망이라는 세 부분으로 구성된다. 제1부에서는 사회발전의 이론적 지형을 확장하기 위해 발전국가론의 관점에서 아시아 자본주의의 의미를 살펴보고, 발전국가의 기원과 형성 과정, 신자유주의와 발전국가의 전환과 위기를 탐구한다. 제1장에서 임현진은 세계화 과정의 모순적이고 이중적인 측면에 유의하면서 글로벌 패러독스를 경고하며, 국가와 시장의 함수관계에 비

1 이에 본 연구의 분석 틀과 관련해 원고 작성 과정에서 연구자들의 합의를 통해 임현진(1998; 2017), 윤상우(2018b) 등에서 도움을 받았음을 밝혀 둔다.

추어 자본주의 다양성 논쟁을 중심으로 아시아 자본주의의 성격을 이해한다. 특히 아시아 발전국가의 등장 배경과 특성을 고찰하며, 후기-후발 주자로서 발전국가의 역할에 대한 문화주의적 해석과 제도주의적 해석을 체계적으로 비교해 동아시아 지역의 발전성과를 균형적인 관점에서 접근한다. 제2장에서 윤상우는 포스트 발전국가에 대한 기존 연구를 비판적으로 평가하면서 동아시아 발전국가의 실제 전환 과정에 따른 유형과 특징을 세부적으로 고찰한다. 이를 바탕으로 세계화 시대에 발전국가의 다양한 변화 과정을 규명하고 포스트 발전국가의 지형과 경로에 대한 전망을 제시한다.

제2부에서는 발전국가 모델의 핵심인 한국, 중국, 대만, 일본 등 동아시아 주요 4개국에 대한 깊이 있는 사례 연구를 통해 자본주의의 전개 과정에 따른 통치구조의 특성과 변화 요인을 단계별, 영역별로 진단한다. 먼저 제3장에서 임현진은 박정희 정권을 둘러싼 한국 발전국가의 특성을 국가-사회-노동의 관계를 통해 분석하고 신중상주의에서 신자유주의로의 패러다임 전환을 통한 한국식 자본주의의 가능성을 진단한다. 특히 아시아 지역에서 발전국가의 한계를 비판적으로 검토하고, 확장된 복지와 조합주의(corporatism) 도입을 통한 포스트 발전국가로의 진화를 전망한다. 제4장에서 윤상우는 개혁개방 이후부터 최근에 이르기까지 중국 경제 및 발전 모델의 진화 과정을 검토하고, 중국 모델의 현재적 성격과 특징을 규명한다. 제5장에서 황석만은 대만의 국가적 성격을 파악하고 국가가 경제 엘리트, 노동계급, 시민사회와 어떻게 관계를 맺고 상호작용해 왔는지 비교사회학적 관점에서 접근한다. 경제성장과 민주화의 상호작용을 기반으로 하는 대만 자본주의의 미래를 본토인과의 갈등구조, 중소기업 중심의 경제구조, 중국과의 관계 등을 통해 전망한다. 그리고 제6장에서 서문기는 일본의 사례를 중심으로 발전국가의 효용성을 살펴보고 발전 경로를 진단함

으로써 사회구조적 측면이 발전국가에 어떤 역할을 했으며, 왜 그러한 요소들이 일본의 발전 과정에서 특징적인 성격을 배태했는지 분석하고 향후 지속가능성에 대한 함의를 도출한다.

제3부에서는 아시아 자본주의 발전을 아우르는 폭넓은 이론적 전망과 비교분석을 바탕으로 향후 포스트 발전국가의 가능성을 제시해 이 지역에 다가올 미래를 새롭게 해석한다. 제7장에서 서문기는 발전국가의 특성을 아시아 자본주의의 발전에 따른 거버넌스 구조에서 찾으며, 발전국가를 독립변수로 접근하는 기존 방식과 달리 발전국가의 구성요소를 중심으로 국가 효율성의 영향 요인을 경험적으로 분석한다. 특히 아시아 자본주의 정신과 문화적 가치체계를 진단하고, 포스트 발전국가와 문화적 가치체계의 적실성을 검토하여 발전이론의 지형에 대한 대안적 성찰을 제시한다. 마지막으로 제8장에서 황석만은 아시아 발전 경로의 함의를 살펴보고, 포스트 발전국가의 전환과 지속가능성을 조망함으로써 글로벌 아시아의 미래에 관한 사회적 함의를 도출하며, 향후 전망과 과제를 제시한다. 아울러 아시아 자본주의의 다양성에 대한 경로 분석과 함께 발전국가 모델의 뒤안길에서 깊어 가는 그림자에 주목하고 이를 해소하기 위한 대안을 마련한다.

현대사회에서 세계화와 사회발전의 수렴 현상이 증가하면서 자본주의 발전 양식은 그 방향을 예측하기 힘들 정도로 급속한 변동을 경험하며, 발전 경로의 위기와 재구조화의 상호작용 속에서 끊임없이 새로운 형태로 진화하고 있다. 이러한 상황에서 자본주의 다양성론은 비록 여러 가지 한계와 분석적 취약성을 지니긴 하지만, 신흥공업국의 발전 과정과 관련하여 날카로운 문제의식을 반영하며, 자본주의에 대한 사회학적 연구를 활성화하는 데 필요한 연구 주제와 이론적 단초를 제공한다. 사회발전 논리에서 자본주의 다양성론이 선도적인 이론으로 자리매김하기 위해서는, 보다 체계적이고 정교한 분석 틀을 바탕으로 다양한 사례 분석과 비교 연구가 지속적으로 뒤따라야 할 것이다.

본 연구에서는 자료를 본격적으로 분석하기 전에 광범위한 문헌 연구를 통해 다양한 자본주의 이론과 발전 연구의 현황을 파악하고 분석 틀을 설정한다. 이러한 분석 틀을 활용해 양적·질적 분석을 수행함으로써 이 지역의 자본주의 사회발전에 대한 구조적 밑그림을 진단한다. 이와 같은 기초적인 연구 방법 외에도 본 연구에서는 연구 내용의 수준을 높이고 방법론적 타당성을 확보하기 위해 기존 연구와 달리 메타분석인 분석적 추론(analytic induction), 구조분석 방법(structural analytical method), 비교역사 방법(comparative historical method) 같은 분석 전략을 활용하고자 한다.

연구 사례를 효과적으로 분석하기 위해 본 연구에서는 방법론적 과학성에 기초한 분석적 추론 방법을 통해 이론과 실제의 유관 적합성에 관한 설명 방식을 어떻게 일반화할 수 있느냐에 초점을 둔다. 명시적이고 공식적인 논리체계를 반영하여 접근하는 분석적 방법과 함께, 맥락과 콘텐츠에 주목하여 접근하는 기술적 방법을 통합적으로 사용하는 분석적 추론 방법은 특정한 시기에 특정한 상황에서 발생한 사례를 깊이 있게 분석할 수 있다는 장점이 있다. 상세하고 상황에 충실한 검증 과정을 연구 대상에 적용함으로써 소위 '분석적 이해'를 얻기 위해 노력한다는 점에서 구조분석 및 비교역사 방법적 접근은 크게 세 부분으로 구성된다. (1) 분석 대상이 되는 사례를 구체적으로 기술하는 사례 기술 단계, (2) 주어진 사례의 내재적 논리를 설명할 수 있는 모형 개발 단계, (3) 기술과 모형을 비교·연구함으로써 발전 과정의 인과관계를 규명하는 사례의 재조명 단계로 이루어진다.

아시아의 발전에 관한 기존 연구는 대부분 발전주의 국가의 외연적 특성과 성과에 집중되어 왔다. 여기에는 한국, 중국, 대만, 일본 등을 중심으로 한 동아시아 지역이 20세기 중반 이후 성공적 경제발전을 달성하면서 증가한 사회·정책적 관심이 반영되어 있다. 그럼에도 불구하고 동아시아 발전과 관련한 경로 분석과 비교분석 틀은 아직 미흡한 수준이다. 예를 들어 지난 세기에 이루어진 이 지역의 발전 경험에 대한 연구는 대부분 국가-시장 관계에 집중해 시장에 대한 국가의 우위와 영향력을 강조했다. 그러나 1990년대 후반 아시아 외환위기의 원인으로 과도한 국가 개입이 비판을 받으면서 국가에 대한 시장의 우위가 새로이 확립되었고, 이에 따라 금융위기 이후 발전이론은 급격히 변화하는 국가-시장 관계에 주목하는 정치·경제학적 논의들에 의해 주도되어 왔다. 아울러 아시아 자본주의와 관련된 기존 연구는 주로 특정 국가에 한정되거나 부분적인 측면에 집중됨으로써 지역 전체의 역동성을 이해하는 데 한계를 보여 주었다. 그리고 급속히 변화하는 자본주의의 특성상 보다 장기적인 관점을 적용해 좀 더 포괄적이며 다양한 측면을 반영하는 넓은 시각에서 연구가 필요하다.

따라서 이 책에서는 놀라운 경제성장 과정에서 큰 역할을 담당했던 발전주의 국가의 특징을 보여 준 동아시아 사회발전의 기원과 성장 그리고 위기를 진단한다. 특히 지역 내 역동성에 유의하면서 다양한 사회발전의 경로 분석을 통해 새로운 패러다임을 제시하고자 한다. 구체적으로 본 연구는 동아시아 발전에서 국가의 역할을 추동한 근원적인 요소를 규명하여 이 지역의 발전 연구에 새로운 관점과 분석 틀을 제공하고 포스트 발전주의를 전망하는 이론적 역량을 축적하는 데 필수적인 토대 연구의 성격을 지닌다. 예를 들어 자본주의 다양성 논쟁과 사회·문화적 관점에서 지역 내 문화적 가치체계가 이 지역의 발전 과정에 어떻게 영향을 미치는지 추적한다. 이를 통해 동아시아의 지역 정체성 공유 가능성을 모색한다는 점에서 기존 연구와 차별화되며, 향후 발전 모델의 가능성에 대한 이론적 지형을 크게 확장할 것으로 기대된다. 지역공동체 형성은 국가 단위를 넘어 경제적 차원뿐만 아니라 사회·문화적 차원에서 하나의 사회를 구성하는 과정이다. 이러한 맥락에서 공동체의식 또는 문화적 가치체계는 지역공동체를 가능하게 하는 핵심 요소다. 국가 간 상호작용 면에서 볼 때, 서로를 동등한 파트너로 인식하는지 여부는 하나의 울타리를 마련하는 단초가 될 수 있기 때문이다.

또한 본 연구는 21세기 아시아의 미래를 짊어진 국가를 대상으로 정치학, 경제학, 사회학, 역사학 등 다양한 학문 분야의 양적·질적 방법을 활용하며, 이에 따른 분석 결과는 아시아의 발전에 관한 연구에 중요한 방법론적 토대를 제공할 것이다. 기존 연구의 대부분이 사례 연구에 초점을 두고 각기 분리된 채 진행되어 온 데 비해, 이 책에서는 자본주의의 발전 경로와 발전국가의 성격을 비교·분석함으로써 이 지역의 발전에 관한 통합적 분석 틀을 제시한다. 더욱이 발전국가에 대한 지배적 담론의 특징 분석에 머무르지 않고, 주요 단계별로 나타나는 사회발전 전개 과정과 위기의 성격을 총체적으로 진단한다.

지리적으로나 경제적으로 밀접한 동아시아 지역의 자본주의 국가들은 지금까지 그랬던 것처럼 미래에도 강한 영향을 주고받을 것이다. 동아시아 발전국가의 선두주자인 일본과 이를 추격했던 한국과 대만은 과거 경제발전에서 뚜렷했던 국가주도성이 약화되고 있다는 평가를 받고 있다. 국가 주도 발전은 시민사회와 기업의 성장에 기여했고, 이들의 성장은 국가의 절대적 역할을 크게 축소한 결과라는 평가를 받고 있다. 한국과 대만은 단순히 경제성장만 이룬 것이 아니라 사회구성원의 교육수준과 전문성이 높아지고 삶의 질 향상에 대한 요구가 증가해 전통적인 노사분규와 지역분열뿐만 아니라 사회·정치적 가치충돌과 이해 갈등 정도가 높아짐에 따라 사회발전의 지속가능성이 주요 쟁점이 되고 있다. 요컨대 급격한 경제적 변화와 산업화 과정에서 나타난 많은 사회적 현안에 대한 해결책이 시급하게 요구되고 있는 것이다.

동아시아 세 국가의 초기 모습과 비슷한 발전 경로를 수용했지만 거대한 추격자로서 중국은 경제개발에서 국가주도성을 늦추지 않고 '국진민퇴(國進民退)'의 슬로건 아래 오히려 국가의 역할을 강화하면서 빠르게 성장해 국가자본주의(state capitalism)라는 평가를 받고 있다. 덩샤오핑(鄧小平) 정부와 장쩌민(江澤民) 정부에서는 동아시아형 발전국가 모델이 형성되어 제도적 기반이 강화되었지만, 후진타오 정부 들어 국유 부문이 다시 강화되고 경제 전반에 대한 국가의 통제력과 장악력이 증대되면서 국가자본주의적 성격을 분명히 드러냈다. 그리고 이러한 추세는 시진핑(習近平) 정부에서도 큰 변화 없이 지속되는 것으로 보인다. 경제성장에도 불구하고 오히려 국가의 역할을 강화하여 동아시아 국가들과는 다른 양상을 보인다는 점에서 중국의 국가자본주의는 커다란 재앙이 될 수도 있다. 정치적 결정에 의한 투자나 경제 현안을 정치적으로 해결하려는 시도 자체가 문제가 될 수 있으며 만연한 부정부패는 그러한 문제의 해결을 더 어렵게 만들기도 한다. 이러한 중국의 변화는 중국은 물론 아시아 지역의 미래, 특히 국가의 역할과 성격에 커다란 영향을 줄 것이다.

이와 같은 맥락에서 본 연구는 동아시아 발전국가의 진화 과정을 검토하고 발전 모델의 현재적 성격과 특징을 규명하고자 했다. 특히 발전 모델의 성격이 달라지고 있는 데 주목하면서 포스트 발전국가로의 진화를 전제로 주요 연구결과를 정리하면 다음과 같다. 첫째, 세계화 이후 동아시아에서 포스트 발전국가로의 전환 경로는 국가별로 서로 다른 흐름을 보이고 있다. 한국과 일본은 발전국가 모델의 해체와 신자유주의 경제로의 전환이 나타나는 데 비해, 대만은 약화·변형되긴 했지만 발전국가의 기본 틀이 유지되고 있다. 둘째, 중국의 경제성장과 발전 모델 그 자체는 중국 지도부가 추구하는 궁극적인 목적이 아니며, 이는 중국공산당의 일당 지배를 유지하기 위한 정치적 수단의 하나임을 시사한다. 셋째, 국가별 편차는 존재하지만 세계화 시대의 동아시아 발전 모델에서도 신자유주의로 수렴하는 경향이 비교적 뚜렷하게 나타난다. 넷째, 그럼에도 동아시아 국가들은 과거 발전국가의 관성을 강하게 유지하고 있다. 한국은 발전국가적 지향성을 지닌 발전주의적 신자유주의의 특성을, 일본은 케인스주의적 개입 성향이 강한 규제국가적 신자유주의의 특성을 보인다. 다섯째, 그러나 신자유주의에서 한국과 일본의 발전국가적 정책이나 대만의 혼종적 발전국가에서 추진된 전략산업 육성정책이 의도했던 성과를 거두거나 경제적 효과가 있었다고 보기 어려운 데 비해, 중국은 국가자본주의로 선회함으로써 다른 발전 경로를 보여 주고 있다. 이는 개혁개방 이후 외국 기업들에 내준 시장점유율을 재탈환하고 국유기업을 글로벌 강자로 육성하려는 국가의 전략적 판단에 따른 것이다. 여섯째, 한국, 중국, 일본, 대만 모두 신자유주의로 경도됨에 따라 경제적 불평등과 양극화가 심각한 사회문제로 부상하고 있다. 그러나 이들 국가 모두 부분적인 복지정책으로 대응할 뿐, 복지국가의 경로를 대안적인 발전 모델로 진지하게 고민하지 않고 있다.

이 책에서는 아시아 지역에서 발전국가의 역사적 궤적과 함께, 그것이 한국, 중국, 일본, 대만 등에서 해체되고 있는지, 지속 또는 혁신되고 있는지를 살펴보려 했다. 이는 바로 세계화의 파고에도 불구하고 국가의 자생적 발전능력이 중요하다는 사실에 필자들이 공감하고 있기 때문이다. 1997년 아시아 국가들이 경험한 외환위기는 그 배후에 정경유착을 기반으로 한 발전국가의 모순이 자리 잡고 있다는 점에서 비판의 대상이 되었으나, 2008년 글로벌 경제위기를 맞았을 때 아시아 국가들 중 특히 한국, 중국, 일본, 대만 등이 위기극복에 효율적이었다는 점에서 발전국가론은 다시금 주목의 대상이 되었다.

물론 발전국가라고 하면 민주주의의 결손 아래 경제성장에 효과적이었다고 할 수 있지만, 여기서 국가의 역할은 필요조건일 뿐 충분조건은 아니라 할 수 있다. 필자들은 발전국가란 어느 국가에서건 내부적인 경로의존과 외부적인 환경요인에 따라 연속성과 변화가 있지만 결코 쉽게 폐기되는 것이 아니라고 본다. 포스트 발전국가가 영미식 주주자본주의, 독일식 이해관계자 자본주의, 북구식 복지자본주의, 네덜란드식 폴더 자본주의, 아시아식 국가자본주의에 대한 바람직한 대안은 아니지만 그 나름대로 내구성과 유용성을 지니고 있다는 사실은 부정하기 어렵다. 특히 아시아 여러 나라들에서 민주주의가 부식한 가운데 경제성장과 소득분배 사이에서 균형을 찾지 못한 것은 사실이나 국가는 여전히 무시할 수 없는 존재라 할 수 있다.

세계화의 와중에서 한국의 경우 국가와 사회의 관계는 유의미하게 변화하고 있다. 박정희 정권 출범 이후 한국은 발전주의 국가로서 국가와 사회가 밀접한 관련을 맺고 있지만 그것으로부터 영향을 받지 않는 '배태된 자율성(embedded autonomy)'을 지니고 있었다. 이 배태된 자율성으로 인해 한국의 발전국가는 자본 축적 과정에서 대기업과 제휴하면서 선도적인 역할을 할 수 있었다. 이러한 한국의 발전국가가 신자유주의 구조조정 이후에도 여전히 힘을 행사하고 있음은 물론이다. 그러나 국제통화기금(IMF)식 시장친화적 구조조정은 경제를 재조직하는 데 처음에는 국가를 적극 활용하지만, 시장기제가 확립될수록 국가를 해체하는 경향이 있다. 즉 한국의 경우 신중상주의 시절과는 달리 국가자율성이 약화되는 신자유주의 발전국가라 할 수 있다.

한국에서 국가의 배태된 자율성의 약화는 발전 동맹의 변화와 궤를 같이한다. 발전국가의 성공적 경제성장 과정에서 대기업의 성장은 국가와 대기업의 양자동맹을 국가-대기업-초국적 자본의 삼자동맹으로 바꿔놓았다. 국가를 상위 파트너 그리고 대기업을 하위 파트너로 한 발전주의 시기의 양자동맹은 초국적 자본의 역할이 커짐에 따라 무너지고 있다. 장기적으로 볼 때 삼자동맹도 국가가 이탈하고 나아가 대기업도 약화된 일부를 제외하고는 대부분 초국적 자본과 제휴하는 새로운 현상이 나타났다.

신자유주의적 구조조정 과정에서 노동자계급과 농민층이 가장 큰 피해자라면 대기업은 수혜자라 할 수 있다. 세계무역기구(WTO)의 출범과 함께 농촌의 붕괴가 이미 진행되어 왔지만, 신자유주의적 구조조정은 농업의 상대적 위상을 약화시킴으로써 농민층을 더욱 어려운 처지로 내몰고 있다. 농촌이 잉여 노동력 공급과 식량자원 조달이라는 기능을 잃어 가는 현실에서 농민층은 해체일로에 있다고 해도 과언이 아니다. 기업과 노동의 구조조정은 재무구조 개선과 노동시장 유연화의 결과로 인해 장기적으로 노동보다 기업에 더 많은 혜택을 줄 것으로 전망된다. 기업은 구조개선에 따라 과잉투자 부분을 줄이고, 기업부채를 축소할 수 있었다. 반면 노동은 정치활동의 권한을 얻은 대신 임시고용, 정리해고, 파견근로 등으로 인해 실업과 반실업(半失業)을 얻은 셈이었다. 한국처럼 자본은 집중화되어 있고 노동이 분산화되어 있는 상황에서는 신자유주의적 구조조정은 노동보다 기업에 유리한 결과를 가져오게 되었다.

포스트 발전국가가 한국에서 살아남기 위해서 복지의 과감한 확대와 민주적 조합주의의 도입이 필수적으로 보인다. 1997년 외환위기 이후에 이뤄진 광범위한 노동개혁은 비정규직 노동자들의 급격한 증가를 가져왔는데, 이들을 기업복지의 혜택에서 제외시킴으로써 복지의 사각지대를 키웠다. 대기업, 특히 재벌 기업은 고용 유연성 확보를 명분으로 정규직을 줄이고 비정규직을 고용했다. 재벌은 사실상 독점적인 하도급 관계를 맺은 중소기업을 거의 완벽하게 통제하여 하청기업에게 최소한의 이윤만을 허용하고 있다. 그 결과 중소기업과 하청기업 정규직 근로자는 재벌 기업 근로자가 누리는 혜택을 거의 받지 못하고 저임금에 시달린다. 기업복지에 의해서 보호되는 것처럼 보이는 대기업 정규직 노동자도 복지확대가 필요한 것은 마찬가지다. 수출지향적인 한국 경제는 국내 변수에 더해 해외 경제 구조 변화에 민감하게 반응하며 끊임없이 구조조정이 필요한데, 이 과정에서 발생하는 실직 노동자들을 위한 안전장치로서 사회복지 확대는 절실하다. 이렇듯 중소기업 노동자, 비정규직 노동자, 실직자, 자산이 없는 은퇴자 등 전통적인 기업복지와 가족 기반 자조 복지제도에서 제외된 사람들이 너무나 많아진 상황은 국가복지 도입과 확대를 시급히 요구한다. 이렇게 확대된 공공복지는 새로운 발전국가 체제에 대한 대중의 지지를 제공할 것이다.

한국의 경우 국가는 여전히 시위, 파업과 같은 높은 수준의 항의활동에 직면하고 있다. 이데올로기적 대결도 있지만, 제대로 작동하지 않는 이해당사자의 참여 메커니즘과 정당이 강력하고 적대적인 시민운동을 부추기는 주요 원인이다. 사회운동은 강하지만 정당은 약한 상황에서 정당은 시민들 간의 다양한 이해관계를 대표할 수 없다. 그렇기에 민주적 조합주의 도입을 통한 갈등 방지와 해소가 필요하다. 선례로 1998년 도입된 노사정위원회는 많은 약점을 노출했지만 갈등을 현저히 줄였다. 발전국가 안에서도 더 많은 이해당사자를 포함시켜 더 나은 조합주의를 구축하는 것이 가능하다. 따라서 과거 발전국가가 기업에 배태된 자율성을 통해 성공했다면, 노동과 시민사회의 다양한 이해당사자에 배태된 국가자율성에 기반한 포스트 발전국가는 안정적이면서도 효율적인 미래 발전국가의 바탕이 될 수 있을 것이다. 확장된 복지와 조합주의 도입은 민주적 정당성을 회복하고 확장하여 포스트 발전국가의 초석이 될 것이다.

발전국가와 자본주의의 다양성 개념을 주체에 따라 다르게 정의될 수 있는 유동적이고 역동적인 성격을 지닌 것으로 전제하고, 발전경로와 국가 개입의 질에 따른 사회발전의 논리와 함수관계 등을 규명함으로써 새로운 발전 패러다임을 제시하고자 한 본 연구의 기대효과는 다음과 같다.

첫째, 국제 지형에서 양적·질적 차원의 발전 모델을 진단함으로써, 개발도상국의 발전 과정에서 다양성과 차이가 존중되고 이를 기반으로 이 지역의 안정과 공존을 지향하는 발전 목표와 방안을 마련하는 학문적·실천적 목적으로 활용할 수 있다. 특히 포스트 발전국가의 특성과 동력을 규명하고 발전 과정을 진단하는 데 수반되는 소모적인 지역갈등이나 국가적 거버넌스 문제를 해결하는 단초를 제공할 수 있다.

둘째, 세계화 시대에 자본주의의 변동과 대응이라는 거시적 차원의 논의를 체계화하여 현재적 단면에 대한 복합적 진단을 가능하게 하는 비교사적 자료를 수집하고 분석함으로써 이에 관한 연구의 타당성을 확보하는 계기가 될 수 있다. 자본주의의 위기와 핵심 현안을 분석하고 이를 근거로 해결책을 제시하는 것은 발전의 가치를 재정립하는 단계에서 매우 중요한 일이다. 본 연구의 결과는 자본주의 다양성 분야의 전문가회의 등을 통해서 기존에 이루어진 발전 담론을 심화하는 데 의의가 있다. 즉 체계적인 연구 성과를 공유함으로써 현재까지 연구가 미진하거나 더 연구되어야 할 중요한 주제를 파악할 수 있으며, 앞으로 필요한 연구 방향과 핵심 현안을 결정하는 기준으로 활용할 수 있다.

셋째, 사회발전에 대한 의미와 기회구조의 연결을 체계적으로 검토할 수 있도록 기초 자료를 구축하고, 발전 담론과 자본주의 유형 및 국가의 역할 간 연계성에 관한 분석을 시도함으로써 자본주의 발전 과정의 역동적인 함수관계를 진단해 발전 연구를 학문적으로 정립할 것으로 기대한다. 최근 사회발전의 목표와 전략을 둘러싼 대립은 다층적인 갈등을 초래하고 사회통합을 저해하는 중요한 요인으로 여겨지고 있다. 이에 본 연구 결과는 사회적 충돌을 완화하고 사회정책의 설계와 실행에 따른 정책비용을 절감하는 데 실제적으로 기여할 수 있다.

넷째, 국가와 시장, 시민사회의 관계가 다양한 역사·문화적 맥락에서 어떤 식으로 다르게 나타나는지, 아니면 지역적 맥락을 뛰어넘는 보편적 이론 정립이 가능한지를 밝혀낼 것으로 기대한다. 이는 동아시아의 특수성을 고려하면서 동시에 보편적 이론의 틀로 설명하는 시도가 될 것이다. 따라서 아시아 발전 모델의 파급효과를 밝히는 데 기여하며, 여타 지역과의 체계적인 비교연구를 통해 생산적인 대화와 논쟁을 촉발함으로써 체계적인 후속 연구가 활성화될 것으로 기대한다.

발전 연구 프로젝트의 1차 성과물인 『글로벌 패러독스』의 세계화를 둘러싼 거시적인 분석 틀에 이어 아시아 자본주의와 발전국가의 역사적 기원과 역동적 전개 과정을 다룬 이 책은 여전히 발전 과정에 있다. 그렇기 때문에 여러 가지로 부족한 부분은 차제에 보완하기로 하고, 더 이상 미룰 수 없어 부끄럽지만 이 책을 세상에 내놓는다. 본 연구를 가능하게 해준 서울대학교 아시아연구소에 깊이 감사드리며, 자료 정리와 원고 교정 등 실무 작업을 도와준 김경민, 심하은 조교에게도 고마운 마음을 전한다. 마지막 단계까지 좋은 책으로 거듭날 수 있도록 아낌없이 지원해 준 서울대학교출판문화원에도 사의를 표한다.

바야흐로 사상 초유의 팬데믹으로 사람과 사람, 사회와 사회, 국가와 국가 간 소통이 어려워지고, 이전의 소중했던 사회적 삶으로 돌아가기 힘든 글로벌 위기에 직면해 있다. 정치적 대립과 경제적 침체,

사회적 갈등과 문화적 충돌 등 현대사회가 당면한 어려움을 극복하고 치유하는 데 이 책이 조금이나마 도움이 되었으면 하는 소망을 안고 각고와 정진의 노력을 아끼지 않는 동시대의 연구자들과 미래의 독자들에게 대화와 공감의 악수를 청한다.

2021년 7월

임현진·서문기·윤상우·황석만

차례

제2부 사회발전의 구조적 역학과 변화

제3부 글로벌 아시아의 자본주의 전망

제7장 동아시아 국가의 발전 경로

서문기

제8장 아시아 자본주의의 미래

황석만

표 차례

그림 차례

제1부

아시아 자본주의의 기원과 전개

제1장 아시아 자본주의와 발전국가

1. 비교 시각에서 본 자본주의

우리는 글로벌 패러독스 시대를 살고 있다. 세계화가 고삐 풀린 망아지처럼 질주하면서 국가 간뿐만 아니라 국가 내에서도 경제적 불평등과 사회 양극화가 심화되면서 불신, 균열, 대립, 갈등, 해체가 일어나고 있다. 모두가 잘살 수 있다는 세계화의 달콤한 약속은 쓰디쓴 기만으로 다가오고 있다. '정부를 버리고 시장에 귀의하라'는 시장기복설이라 할 신자유주의 노선 아래 세계화는 약육강식과 적자생존이라는 정글의 법칙을 인간과 자연에 강요하고 있는 것이다. 오늘날 자본주의는 세계화가 진행되는 과정에서 여러 가지 모순과 폐해를 드러내고 있다. 또한 세계화가 미국, 유럽, 중국, 일본 사이에서 다중적으로 원심화되면서 헤게모니의 공백이 나타나고 있다(Pieterse, 2015). 이 와중에 세계화는 세상을 계몽적으로 화합하기보다 계기적으로 화형시키고 있다고 해도 지나치지 않다. 물질주의, 쾌락주의, 기후변화, 환경파괴, 장벽 쌓기 등으로 인류공동체의 미래가 어두워지고 있다. 이처럼 세계화는 만병통치약이 아니라 만병의 근원이 되고 있다.

일찍이 세계화를 '바닥을 향한 질주(race to the bottom)'로 본 크루그먼(Krugman, 1997)은 모든 나라가 자유화와 탈규제 아래 더 싼 임금과 더 낮은 세금을 추구하면서, 복지국가를 향한 에너지는 소진되고 보통 사람들의 삶의 질은 엉망이 될 것이라고 예측했다. 80 대 20이란 숫자가 상징하듯 거의 모든 나라에서 눈사람 모양의 '두 개의 국민'이 나타나고 있다. 이 와중에 민족, 인종, 젠더, 세대, 계층 간 균열이 복합적으로 나타나면서 자국 중심주의의 기조 아래 포퓰리즘이 등장해 민주주의를 위협하고 있다. 이는 북미와 유럽에 국한되지 않고 남미와 아시아에까지 파급되고 있다. 세계적으로 포퓰리즘 정당은 지난 20년 동안 정통적인 보수·중도·진보 정당보다 지지층과 의석수 확보에서 약진해 왔다. 포퓰리즘이 편용됨에 따라 베네수엘라는 정부 재정이 바닥나고 기아와 빈곤 속에서 사회갈등이 심화하며, 이탈리아는 다수당이 부재한 가운데 극우와 극좌 포퓰리즘이 연정을 구성하고 있다.

자유무역만이 부의 증진을 통해 인류에 행복을 가져다줄 것이라고 주장해 온 보수 진영은 거꾸로 보호무역으로 방향을 틀고 있다. 예를 들어 미국의 트럼프는 공정한 무역질서라는 미명 아래 환태평양경제동반자협정(TPP)을 파기하고, 북미자유무역협정(NAFTA)을 거부한 데 이어 한미자유무역협정(KORUS FTA) 재협상을 요구한 바 있다. 권력전이가 일어나고 있는 오늘의 세계질서에서 미국과 중국 간 헤게모니 쟁탈을 둘러싸고 무역갈등이 발생하면서 세계경제는 혼돈에 빠져 있다. 세계경제포럼 창시자 슈밥(Schwab, 2017)이 포용적 세계화 4.0을 통해 4차 산업혁명을 활용하여 세계경제를 구하려 하지만 그 가능성은 밝지 않다.

옥스팜(OXFAM)에 의하면 2019년 세계에서 가장 부유한 26명이 소유한 자산은 세계 인구의 절반이 넘는 38억 명의 자산과 맞먹는다. 지난 40년 동안 세계 하위 50%의 소득이 94% 증가한 반면 상위 0.1%

의 소득은 133%나 늘어났다. 특권을 지닌 소수의 승자(the privileged)와 고용이 불안정한 다수의 패자(the precariat) 간 격차는 더 벌어졌다. 오늘의 자본주의가 엉망이라는 데는 진보와 보수가 의견을 같이한다. 좌파 진영의 피케티(Piketty, 2014)가 소득불평등을 완화하기 위해 '글로벌 자본세' 도입을 주장했을 때 많은 박수를 받았지만, 우파 진영의 테퍼와 헌(Tepper and Hearn, 2018)는 그의 처방이 '암환자에게 마약을 처방하는 꼴'이라고 비판하고 있다. 독점기업이 시장을 쥐락펴락하면서 경쟁을 압살하는 가운데 자본주의는 위기에 빠져 있다는 것이다.

자유주의의 깃발 아래 자본주의를 선도했던 『이코노미스트』는 이제 자본주의를 구하기 위해서 '새로운 혁명'이 필요하다고 주장한다. '마이크로 파이넌스', '더 많은 시장', '부유세', '토빈세', '포용적 소유기금' 등 진보와 보수를 아우르는 제도적 조치로는 부족하다는 얘기가 정통 우파에서 나올 지경이다. 자본주의에 여러 유형이 있듯이, 이제 주주자본주의를 넘어선 새로운 형태와 방식의 자본주의를 추구할 필요가 있다.

시장 만능의 세계화를 되돌리기 위해서는 지금과 다른 발전의 대안을 찾아야 한다. 세계화가 가져온 무한경쟁과 적자생존의 거센 바람을 이겨 내려면 국가가 자생적인 발전능력을 회복하는 것이 무엇보다 중요하다. 국가의 정책적 입지를 강화하기 위해서는 제2차 세계대전 이후 자본주의의 황금기를 가져온 '배태된 자유주의(embedded liberalism)'를 복기할 필요가 있다. 시장의 자율을 중시하되 정부가 조정에 나서면서 시민사회와 협치를 통해 민주주의를 복원하고 사회보장을 확대할 수 있다. 이러한 국가는 자본과 노동을 포함하는 모든 이해관계자 사이의 타협을 통해 경제적 정체와 정치적 불안을 이겨 낼 수 있다. 따라서 발전국가가 지니는 강점에도 불구하고 정부와 시장 간 적정한 견제와 균형에 관한 고민이 필요하다.

제1장에서는 아시아 국가들의 성공 신화를 가져온 발전국가의 역사적 궤적을 통해 포스트 발전국가의 성격을 살펴보고자 한다. 1997년 아시아 국가들이 겪은 외환위기는 그 배후에 정경유착을 기반으로 한 발전국가의 모순이 자리 잡고 있다는 점에서 비판의 대상이 되었으나, 2008년 글로벌 금융위기에서 아시아 국가 중 특히 한국, 중국, 대만, 일본 등이 신속하고 효율적으로 위기를 극복했다는 점에서 발전국가론은 다시금 주목의 대상이 되었다. 발전국가라고 해서 모두 경제체제 유지에 효율적이라고 할 수는 없듯이, 국가의 역할은 필요조건일 뿐 충분조건은 아니라고 할 수 있다. 필자들은 발전국가란 어느 국가건 간에 내부적인 경로 의존과 외부적인 환경 요인에 따라 연속성과 변화가 있지만 결코 쉽게 폐기되는 것이 아니라고 본다. 포스트 발전국가가 영미식 주주자본주의, 독일식 이해관계자 자본주의, 북구식 복지자본주의, 네덜란드식 폴더 자본주의, 아시아식 국가자본주의에 대한 바람직한 대안은 아니지만 그 나름대로 내구성과 유용성을 지닌다는 사실은 부정하기 어렵다(임혜란, 2018; Iversen and Soskice, 2019). 특히 아시아 여러 나라에서 민주주의가 부식한 가운데 국가는 경제성장과 소득분배 사이에서 균형을 찾지 못한 것은 사실이나 여전히 무시할 수 없는 존재다.

오늘의 자본주의는 역사적 전개 과정에서 사회주의라는 대항체제를 잉태했지만, 기대와 달리 네오-마르크스주의가 무너진 것은 그 기본적인 성격 자체가 자본주의가 아닌 사회주의라는 점을 보여 준다. 사실상 자본주의는 모순과 한계로 인해 그 자체의 개혁보다 유로코뮤니즘, 민주사회주의, 생디칼리즘 등 다른 체제로의 이행에 더 많은 관심을 가져왔다. 그럼에도 불구하고 소멸되지 않고 오랫동안 존속해 온 자본주의의 지속 가능한 내구력에 대한 이해가 필요하다. 자본주의의 내구력에 대해 분석해 온 여러 갈래의 학파가 있다. 근대화이론, 신조합주의론, 생산의 사회적 체제론(social systems of production) 학파 등이 그것이며, '자본주의 다양성(variety of capitalism)'의 문제제기 이후 등장한 비교자본주의론이 그 맥락을 잇고 있다. 자본주의의 다양성이야말로 적응성, 유연성, 변화가능성, 내구성을 키워 주었다고 지적할 수 있다(Lim, 2018: 17).

1960년대 들어 자본주의의 동학에 관해, 근대화이론은 경제성장을 유도하는 과정에서 국가와 시장이 은행과 기업 등과 맺는 관계에 따라 경제체제, 특히 금융체제의 유형화를 시도한 바 있다. 기업 주도의 영미식, 은행 주도의 독일식, 정부 주도의 프랑스·일본식 금융체제가 그것이다(Zysman, 1983). 1970년대 이후 인플레와 같은 변화된 경제환경에서 유럽 국가들이 사용자와 노조의 협상을 통해 임금과 노동조건을 결정하는 것을 추구하는 신조합주의론은 이익 대변의 체계를 자본과 노동의 집중화 정도에 따라 프랑스의 자유적 조합주의와 영국의 사회적 조합주의로 구분한 바 있다(Hall, 1986). 1980-1990년대에는 다양한 자본주의의 차이점을 생산 방식과 부문 지배 등 국가혁신 체계에 의해 설명하는 생산의 사회적 체제론이 등장한다. 생산의 사회적 체제론은 포드주의적 대량생산, 다품종대량생산, 숙련기술생산, 유연대중생산, 유연전문화 등 새로운 형태를 제시한다(Hollingsworth and Boyer, 1997).

자본주의는 마르크스에게는 단수였지만 베버에게는 복수였다(Swedberg, 2005: 27). 마르크스(Marx, 1970[1894])는 생산양식에 의해 자본주의의 구조적 성격을 밝히려 했고, 베버(Weber, 1978[1991-22]: 164-166)는 자본주의를 전통적 자본주의, 정치적 자본주의, 합리적 자본주의 등 여러 형태로 구분했다. 슘페터(Schumpeter, 1951: 184-205)도 자본주의는 초기 단계에서 현재에 이르는 동안 많은 차이를 보여 왔다고 언급한 바 있다. 현대적 지평에서 여러 유형의 자본주의에 대한 논의는 알베르(Albert, 1991)에 의해 시도되었다. 그는 현대 자본주의를 크게 영미형 자본주의와 라인형 자본주의로 분류하여 그 특장을 비교하면서 프랑스식 자본주의나 일본식 자본주의의 가능성도 언급했다. 결국 자본주의란 나라마다 정치·경제의 제도적 맥락에 따라 달라질 수밖에 없다는 지적이다. 생산의 사회적 체제론의 모태가 된 조절이론은 이미 오래전부터 자본주의의 지속성을 통시적 맥락에서 축적 체제와 조절 양식의 변화에서 찾으려 했다. 자본주의 발전 단계에 따라 서로 다른 축적 체제가 만들어지면 그에 상응하는 조절 양식이 태동한다는 분석이다. 자본주의의 생존력은 환경적 적응에 의한 부단한 자기개선에 기인한다고 볼 수 있다.[1]

2. 자본주의의 다양성

비교 시각에서 자본주의에 관한 연구는 세 단계를 거쳐 이루어져 왔다. 첫 번째 단계인 '자본주의 다양성론'에서는 선진 자본주의 국가들을 자유시장경제와 조정시장경제로 구분했다. 두 번째 단계에서는 국민국가의 경계를 넘어 활동하는 초국적기업과 동남아시아국가연합(ASEAN), 유럽연합(EU), 세계무역기구(WTO)와 같은 국제기구들 사이의 상호 연계에 관심을 가졌다. 그리고 세 번째 단계는 아시아, 라틴아메리카, 아프리카 등 비서구 자본주의 국가들과 새롭게 떠오르는 브

1 복지국가의 현실적 퇴조에도 불구하고 그 이상에 대한 추구도 그러한 환경적 적응의 결과라 하겠다. 정부의 개입을 중시하는 복지국가에서 시장기제에 맡기는 복지국가에 이르기까지 변화의 양상도 매우 다양하다. 특히 스칸디나비아형 복지국가의 경우 자본주의에서 사회민주주의로 점진적 이행을 전제하고 있는 것은 매우 흥미롭다.

릭스(BRICS) 나라들에 초점을 맞추고 있다(Kristensen and Morgan, 2012: 12-13).

1) 자본주의 다양성론

자본주의 다양성론은 홀과 소스키스(Hall and Soskice, 2001)의 논의를 기점으로 형성된 현대 자본주의에 대한 비교정치경제학의 새로운 이론적 흐름이다. 홀과 소스키스는 1990년대 이후 세계화가 심화되는 가운데 점차 강화되고 있는 자본주의 발전 모델의 신자유주의적 수렴론에 반기를 들면서 "어떤 유형의 경제정책과 제도체계가 다른 국가들보다 더 나은 경제 실적을 만들어 내는가? 서로 다른 국가들에 위치한 기업들은 기업구조, 전략, 혁신의 성격에서 체계적인 차이를 보이는가?"와 같은 질문을 제기했다. 이에 대해 홀과 소스키스는 여러 차원의 비교제도분석을 통해 서구 자본주의의 대표적 유형화를 제시했는데, 이들의 논의가 학계에 엄청난 반향을 불러일으키고 다양한 논쟁과 후속 연구를 이끌어내면서 '자본주의 다양성론'은 하나의 고유명사적 의미를 획득하고 현대 자본주의론을 대표하는 독립된 학파로 발전했다(Coates, 2005; Hancké, Rhodes and Thatcher, 2007; Menz, 2005; Pierson, 2001).

홀과 소스키스의 자본주의 다양성론은 정치경제학적인 전통에 기반을 두고 있음에도 구조적 접근이 아니라, 행위자 중심 접근법을 지향한다는 점에서 독특하다. 경제란 타인과의 전략적 상호작용 속에서 자신의 이익을 합리적인 방식으로 증진하려는 다중적 행위자들로 구성되는 영역이다. 그 주된 행위자로는 개인, 기업, 생산자집단, 정부 등을 들 수 있는데, 이들은 특히 기업이 자본주의 경제의 결정적 행위자라는 점에서 '기업 중심적 정치경제학'을 천명한다.

홀과 소스키스(Hall and Soskice, 2001: 6-7)는 자본주의 모델의 다양

성을 이해하는 출발점으로 '기업에 대한 관계적 접근'을 채택한다. 기업은 이윤을 위해 재화와 서비스를 개발·생산·분배할 수 있는 핵심 역량을 발전시키는 행위자다. 이를 위해 기업은 내부적으로는 피고용자와 관계를 맺고 외부적으로는 부품공급자, 고객, 협력기업, 노조(산별), 기업결사체, 정부 등과 관계를 맺는데, 이 과정에서 기업은 수많은 조율(coordination) 문제에 직면하게 된다. 기업의 핵심 역량과 관계된 조율 영역으로는 노사관계, 직업훈련 및 교육, 기업지배구조, 기업 간 관계를 들 수 있는데, 이러한 조율 문제를 시장적으로 해결하는가 여부에 따라 자본주의의 다양한 모델이 출현하게 된다.

이것을 기업 측면에서 보면 다음과 같다(Hall and Soskice, 2001: 56-60).[2] 첫째, 세계화에 대응하여 기업들은 시장경제의 형태에 따라 나름대로 경영전략을 세우고 조직구조화를 꾀하는데, 국내의 제도적 조건에 따라 그 반응 양식이 달라진다. 둘째, 기업들은 저렴한 임금 때문에 무조건 생산기지를 해외로 이동하는 것은 아니며, 국내 기업 내부의 여건과 기업 간 제도적 여건이 중요하게 작용한다. 셋째, 기업들이 생산기지를 이동하는 것은 국외에서 혁신을 위한 기회가 보장될 때다. 독일 기업이 미국에 진출하는 것은 자유시장경제(liberal market economy)의 이점을 살리려는 것이며, 마찬가지로 미국 기업이 독일에 자회사를 설립하는 것도 조정된 시장경제(coordinated market economy)의 실리를 취하

2 자본주의 다양성론의 특징은 기업을 정치·경제의 중심 단위로 보는 데 있다. 심화된 국제경쟁과 과학기술의 변화가 결국 국경을 넘는 경쟁에서 기업의 조정을 강요하고 그 능력 여하에 따라 경제적 성과가 달라지기 때문이다. 기업의 중요성은 노사관계, 직업훈련 및 교육, 기업지배구조, 기업 간 관계, 피고용인과의 관계 등에서 관계론적으로 이해된다. 이러한 문제들을 해결하는 기업의 조정능력이 결국 국가별 생산체제의 성격을 규정한다는 것이다(Hall and Soskice, 2001: 6-7).

기 위함이다.

세계화에 대한 국가별 정치역학도 매우 다르게 나타난다. 자유시장경제를 채택한 국가들은 규제완화를 통해 시장기제에 기반을 둔 비교우위를 추구하는 경향이 있는데, 그 결과 노동의 저항을 불러일으켜 계급갈등을 초래할 소지가 있다. 그러나 자유시장경제 국가들의 경우에는 세계화가 기업의 해외 이전을 용이하게 한다는 점에서 일단 기업이 주도권을 갖게 되며, 그 결과로 노동조직의 약화가 나타난다. 반면 조정된 시장경제를 취하는 국가들은 규제완화를 적극적으로 받아들이지 않는다. 이 경우 기업과 노조는 특정 산업기술이나 노동력 면에서 공유하는 것이 많기 때문에 지나친 자유화에 거부반응을 보이고, 계급갈등의 소지도 적다. 오히려 조정된 시장경제를 취하는 나라들에서 세계화에 대한 초계급적 연합이 이루어질 수도 있다.

일반적으로 세계화는 노조를 약화시키는 것으로 알려져 있다. 그러나 자유시장경제와 달리 조정된 시장경제에서는 노조조직과 단체협상이 꾸준히 유지되어 왔다. 조정된 시장경제 아래에서 세계화에 대한 초계급적 연합이 광범한 임금조정을 가능하게 하기 때문이다. 국경의 장벽을 넘어 투자, 생산, 유통, 소비가 이루어지는 세계화가 국민경제의 자족성 내지 자율성을 제한하는 것은 사실이지만, 그렇다고 국민경제의 경계선이 완전히 무너지는 것은 아니다. 여전히 국가는 국익의 극대화를 위해 세계경제 변화에 따라 국내 산업·금융·복지·노동 관련 정책을 조정해 비교우위를 제고하려고 시도한다. 특히 국가는 시민사회뿐만 아니라 기업의 역할을 중시한다.

자유시장경제에서 기업은 위계조직(기업)과 경쟁적 시장제도, 공식적 계약을 통해 조율 문제를 해결하는 반면, 조정된 시장경제에서 기업은 광범위한 관계적 계약, 내부자들 간의 정보교환에 기반을 둔 네트워크 감독, 협력적 관계 구축 등 비시장적 방식을 통해 조율 문제를 해결

[표 1-1] 자유시장경제와 조정된 시장경제의 제도적 기반구조

구분	자유시장경제(미국)	조정된 시장경제(독일)
금융체제	- 기업에 상대적으로 단기적 시계를 부과하고 높은 위험부담을 감내하게 하는 금융체제 - 자본시장에서 공식적으로 접근 가능한 정보 제공 - 벤처자본, 단기순이익에 민감	- 기업의 장기적 자본 조달을 가능하게 하는 금융체제 - 자본시장에서 공식적으로 접근 가능한 정보(주식시장 공시)는 없음 - 신뢰할 만한 이해당사자의 정보·협력 네트워크를 통해 장기자본 제공
기업지배구조	- 최고경영진의 재량권을 폭넓게 인정하는 유인 제공 - 주주 외 경영진 간섭 불가	- 최고경영진은 주요 의사결정에서 이사회(주주, 은행, 노조), 여타 경영진, 협력업체의 동의를 확보해야 함
노사관계	- 탈규제된 노동시장의 노사관계 - 기업 내 노동자 대표성 및 노조의 취약성 - 낮은 고용·해고 비용, 유연한 보상체계	- 노조가 중요한 부분을 담당하는 노사관계 - 기업 내에서 협력적 노사관계, 조정된 임금교섭을 가능하게 함(과도한 임금인상 자제)
직업훈련 및 교육	- 일반교육(대학)을 강조하는 교육·훈련체계 - 초급 직업훈련은 부족하나, 대졸자들의 순차적인 숙련습득은 촉진됨	- 젊은 층을 대상으로 초급 직업훈련을 촉진하는 교육·훈련체계 - 직업훈련에는 산업 단위의 기업결사체와 노조가 공적으로 보조되는 기업훈련체제 감독
기업 간 관계	- 강력한 경쟁정책, 경쟁을 통한 표준 설정, 시장을 통한 기술이전	- 협력, 표준 설정, 기술이전을 용이하게 하는 긴밀한 기업 간 관계

출처: Hall and Soskice (2001: 21-33); Soskice (1999: 106-110).

한다. 이 과정에서 형성된 각 경제 모델의 제도적 기반구조(institutional infrastructure)는 행위자들이 일반적으로 따르는 공식적·비공식적 규칙으로서 기능하며, 각 경제 모델에 따라 차별적인 기업전략을 수립하게 하는 배경으로 작용한다.[3] 홀과 소스키스는 자유시장경제의 대표적 예

3 예를 들어, 환율변동 같은 외부 충격에 대해 영국 기업들은 수익성을 유지하기 위해 가격을 인상함으로써 고객에게 부담을 전가하는 방식을 취한다. 자유시장경제의 자본시장구조에서 자금을 조달하기 위해서는 수익성이 중요하기 때문이다. 손쉬운 해고가 가능한 노동시장 유연성도 이와 마찬가지 맥

로 미국을, 조정된 시장경제의 대표적 예로 독일을 드는데, 각 모델의 제도적 기반구조의 특징을 요약하면 [표 1-1]과 같다.

또한 경제의 하위 제도 영역들 사이에는 제도적 상호보완성이 존재한다(Hall and Soskice, 2001: 17-18). 즉 어떤 한 제도 영역에서 특정한 유형의 조율 방식을 가지고 있는 나라는 다른 영역에서 이를 보완하는 제도적 관행을 발전시키는 경향이 있다. 제도적 상호보완성이 존재할 경우, 다양한 유형의 제도들이 여러 나라에 무작위로 분포되는 것이 아니라 상호보완적인 일련의 제도가 나라에 따라 서로 다른 군집 현상을 보일 것이다. 이런 상호보완적 제도들의 서로 다른 조합이 바로 자본주의 발전 모델에 다양성을 가져오는 요인이 된다(김형기, 2007: 22). [그림 1-1]은 제도적 상호보완성의 예를 보여 주는데, 노동시장에서 장기고용제도는 금융시장에서 단기수익성에 민감하지 않은 자본들이 지배하는 금융체제가 존재할 경우 성립할 가능성이 높다.

자유시장경제와 조정된 시장경제로 대표되는 자본주의 경제 모델은 각기 차별적인 비교제도우위(comparative institutional advantage)로 이어진다. 이를 확인할 수 있는 영역으로는 '혁신'을 들 수 있는데, 자유시장경제는 급진적 혁신에, 조정된 시장경제는 점진적 혁신에 각각 비교우위를 지닌다(Hall and Soskice, 2001: 38-41; Soskice, 1999: 115-118). [표 1-2]에서 볼 수 있듯이, 급진적 혁신은 생명공학, 반도체, 소프트웨어, 통신, 군수, 항공, 광고, 금융, 엔터테인먼트 등 빠르게 변화하는 과학기술과 R&D에 기반을 둔 신속한 제품개발이 필요한 부문에서 일어난다. 자유시장경제가 이윤을 강조하는 금융제도, 유연한 노동시장, 기

략이라 할 수 있다. 반면에 독일 기업들은 제품가격을 높이는 대신 시장점유율을 유지하기 위해 기존 가격을 유지하고 낮은 수익률을 감내한다. 조정된 시장경제의 금융체계는 현재의 수익성과 무관하게 장기자본에 대한 접근이 가능하기 때문이다(Hall and Soskice, 2001: 16).

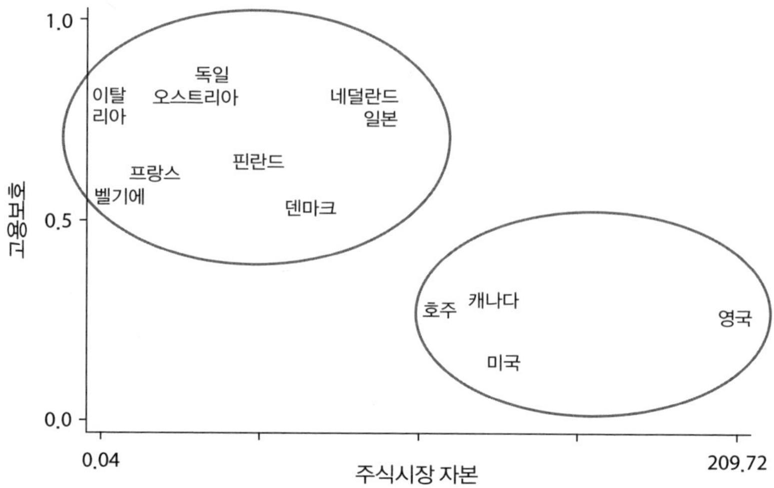

[그림 1-1] 제도적 상호보완성에 따른 군집화

출처: Hall and Soskice (2001 : 19).

[표 1-2] 자유시장경제와 조정된 시장경제의 혁신 부문 비교

구분	자유시장경제(미국)	조정된 시장경제(독일)
혁신 양상	- 급진적 혁신의 비교우위	- 점진적 혁신의 비교우위
혁신 집중 부문	- 생명공학, 반도체, 소프트웨어, 통신, 군수, 항공, 광고, 금융, 엔터테인먼트 부문 - 빠르게 변화하는 과학기술과 R&D에 기반을 둔 신속한 제품개발이 필요한 부문	- 기계·공장설비, 내구소비재, 전문화된 운송설비 부문 - 생산 과정의 지속적인 개선과 제품의 경쟁력 강화, 다각화된 생산 방식에 관련된 부문
비교우위의 이유	- 이윤을 강조하는 금융제도, 유연한 노동시장, 기업 간 시장경쟁에 바탕을 두기 때문	- 노동자의 안정된 고용, 산업특수적 기술에 바탕을 둔 지속적 숙련 학습체제, 하청기업과의 긴밀한 생산협력에 기반을 두기 때문

출처: Hall and Soskice (2001 : 38-41).

업 간 시장경쟁에 바탕을 두기 때문이다. 이와 달리 점진적 혁신은 기계·공장설비, 내구소비재, 전문화된 운송설비 등 생산 과정의 지속적

개선과 제품의 경쟁력 강화, 다각화된 생산 방식과 관련된 부문에서 나타난다. 이는 조정된 시장경제가 노동자의 안정된 고용, 산업특수적 기술에 바탕을 둔 지속적 숙련학습체제, 하청기업과의 긴밀한 생산협력에 기반을 두기 때문이다.

흥미로운 사실은 자유시장경제와 조정된 시장경제를 취하는 국가들에서 시간이 흐름에 따라 특화산업의 전문성이 더욱 심화되고 있다는 점이다. 즉 일부 산업(제약, 생명공학, 신소재 등)을 제외하고, 미국과 독일에서 서로 다른 비교우위산업의 상승과 하락을 1980년대에서 1990년 사이에 발견할 수 있다. 결국 세계화가 자본주의의 수렴을 가져오기보다 나라별로 조정 방식에 따라 각국 나름의 특화된 비교우위를 강화하는 경로의존적 결과를 가져오고 있는 것이다.

2) 자본주의 모델의 유형화[4]

홀과 소스키스가 자유시장경제와 조정된 시장경제 모델을 제시한 이후 자본주의 경제 모델에 어떠한 하위 유형이 존재하는가 하는 문제는 가장 많은 논란과 후속 논쟁을 유발한 쟁점이었다. 홀과 소스키스와 유사하게 이분법적인 자본주의 모델을 주장하는 논자들도 있었지만, 상당수의 후속 논의는 이들의 단순한 이분법적인 유형화를 비판하면서 현실에는 더 많은 자본주의 모델이 존재한다고 주장한다.[5] 이처

4 이 부분의 논의는 윤상우(2018a: 제1장)에 의존하고 있다.

5 사실 홀과 소스키스가 이분법적인 자본주의 모델만 주장한 것은 결코 아니다. 이들은 자유시장경제와 조정된 시장경제로 분류하기 어려운 '지중해 시장경제 모델'(기업금융은 비시장적 조율을, 노사관계에서는 시장적 조율 형태를 지님: 프랑스, 이탈리아, 스페인, 그리스)이 존재한다는 것과 조정된 시장경제 유형이 산업 부문별 조율 및 기업집단별 조율 형태로 분화될 수 있음을 언급한 바 있다(Hall and Soskice, 2001: 21, 34).

럼 자본주의 다양성론은 스스로 다양하게 분화하고 있다.

따라서 홀과 소스키스의 논의 이후 제기되어 온 자본주의 모델에 대한 대안적 유형화를 세부적으로 살펴볼 필요가 있다. 스트릭(Streeck, 2001)은 홀과 소스키스와 비슷하게 '자유주의적 자본주의'와 '비자유주의적 자본주의'라는 이분법적 유형을 제시한다. 자유주의적 자본주의는 자유시장과 자유방임 원리에 기반을 둔 영미형 자유시장경제를 의미하며, 비자유주의적 자본주의는 위계적·조직적 조율과 공권력 개입 등에 의존하는 독일과 일본의 경우에 해당한다.[6]

자본주의 모델에 대해 다분법적인 접근을 취하고 있는 대표적 학자 가운데 키첼트 등(Kitschelt et al., 1999: 429-430)은 홀과 소스키스의 자유시장경제와 조정된 시장경제의 유형화를 수용하면서도 조정된 시장경제를 다시 세분화해 ① 국가적으로 조정된 시장경제, ② 산업부문별로 조정된 시장경제, ③ 기업집단별로 조정된 시장경제로 유형화한다. 국가적으로 조정된 시장경제는 노동과 자본의 전국적 정상조직(頂上組織)에 의해 임금교섭과 조율, 공공정책이 결정되며 스웨덴, 노르웨이, 핀란드, 덴마크 등 노르딕 국가들이 이에 해당한다. 산업부문별로 조정된 시장경제는 산별노조와 직능조직에 의한 교섭 및 조율이 이루어지며, 숙련획득의 전통이 강한 유럽 국가(독일, 벨기에, 스위스로 대표되는 라인형 자본주의)들이 이에 해당한다. 기업집단별로 조정된 시장경제는 케이레츠나 재벌과 같이 기업집단별로 조율이 이루어지는 일본과 한국의 유형이 해당된다. 키첼트 등은 이러한 다양성의 근원으로 정당체계와 계급 타협의 조직화 방식을 강조하는데, 그 각각의 특징을 요약

6 스트릭(Streeck, 2001: 6)은 '비자유주의적'이라는 개념이 '배태된(embedded)', '조직된(organized)', '제도화된(institutionalized)' 자본주의를 의미한다는 점을 분명히 밝히고 있다.

[표 1-3] 키첼트 등의 자본주의 유형화

구분	정당체계	계급 타협의 조직화
조정되지 않은 자유시장경제	양당체제, 경제적·분배적 균열에 따른 분화	잔여적 복지국가, 소득조사 공적부조 프로그램이 다수
국가적으로 조정된 시장경제 (노동조합주의적)	헤게모니적 사회민주당과 분열된 나머지 정당들, 중도좌파와 보수우파 정당의 부상	포괄적·평등주의적·재분배적 복지국가, 높은 탈상품화, 직접적인 공공서비스
산업부문별로 조정된 시장경제 (라인형 자본주의)	삼극정당체제(자유, 가톨릭, 사민당), 강력한 중도좌파 정당과 보수우파 정당의 출현	고용·소득 연계적 공적 이전 프로그램, 중간적 탈상품화, 낮은 공공서비스
기업집단별로 조정된 시장경제	헤게모니적 부르주아 정당, 비이데올로기적·후견주의적 정당의 경쟁 체제	잔여적·가부장적 복지국가

출처: Kitschelt et al. (1999: 434).

하면 [표 1-3]과 같다. 이들은 자본주의 유형화에서 노사관계의 제도화 방식과 복지국가의 측면을 특히 중시한다는 점에서 에스핑앤더슨(Esping-Andersen, 1990)의 복지국가 유형론과 유사한 점이 많다.

슈미트(Schmidt, 2002)는 홀과 소스키스의 논의가 가지는 한계를 지적하면서 서구 자본주의의 이념형적 유형으로 시장자본주의(market capitalism), 관리자본주의(managed capitalism), 국가자본주의(state capitalism)를 제시한다. 시장자본주의는 경제행위자들이 자율적으로 활동하며 자신들의 경제행위를 스스로 결정하도록 허용한다. 관리자본주의는 경제행위자들이 협력적으로 활동하고, 그들의 경제행위가 다른 행위자 및 국가와 조율될 수 있도록 촉진한다. 국가자본주의는 개입주의적 국가가 자율적 경제행위자들 간의 협력을 조직하며 그들의 경제활동을 지시하는 특성을 지닌다. 각각의 유형은 기업 관계(기업 간 관계 및 산업-금융 관계), 정부 관계(정부-기업, 정부-노동 간 상호작용), 노사 관계(임금협상, 경영진-노동관계, 노동규제에서의 정부 역할)라는 제도적

[표 1-4] 슈미트의 자본주의 유형화

구분	시장자본주의 (미국, 영국)	관리자본주의 (독일, 네덜란드, 스웨덴)	국가자본주의 (프랑스, 이탈리아)
기업 관계 - 기업 간 관계 - 산업-금융 관계 - 투자시계	시장추동적 - 개별적·경쟁적·계약적 - 소원함 - 단기적 시야	비시장적 관리 - 상호 강화, 네트워크 - 긴밀함 - 장기적 시야	국가가 조직 - 국가 중재, 경쟁적 - 국가 중재 - 중기적 시야
정부 관계 - 국가의 특징	소원함 - '자유주의적' 중재자	협상적 - '유능한' 촉진자	국가 지시적 - '개입주의적' 리더
노동 관계 - 임금교섭 - 노동규제에서 국가의 역할	적대적 - 시장의존적 - 방관자	협력적 - 조정된 형태 - 상호 동등 또는 방관자	적대적 - 국가 통제적 - 국가가 부과

출처: Schmidt (2002: 113).

변수에 의해 구분된다. [표 1-4]는 슈미트가 제시한 세 가지 자본주의 유형의 제도적 특징을 요약한 것이다.

'자본주의 다양성'을 주장하는 여타 학자들과 마찬가지로, 슈미트는 자본주의 모델들의 수렴 가능성을 부정한다. 세계화와 신자유주의, 유럽 통합의 압력이 서구 자본주의를 보다 경쟁적이고 시장지향적인 방향으로 이끌겠지만, 그것은 시장자본주의, 자유시장경제로의 잡종교배(hybridization)가 아니라 각각의 제도적 특성을 상당 부분 유지하는 경로의존적 형태를 보일 것으로 전망한다(Schmidt, 2002: 111).

3. 아시아 자본주의의 성격: 후기-후발 발전

오늘날과 같은 글로벌 시대에 제3세계는 더 이상 존재하지 않는다. 냉전체제의 해체가 자본주의에 의한 전 지구화를 가져오면서 동서 갈등은 사라지고 남북 문제만 남게 되었으며, 남북 문제 차원에서 잘사는 제1세계와 가난한 제2세계가 있을 뿐이다.[7] 일반적으로 제3세계라 하면 과거 식민지 경험을 가진 아시아, 아프리카 및 라틴 아메리카 지역에서 제2차 세계대전 이후 새로 독립한 개발도상국가를 통칭한다. 제3세계의 집합적 지향은 1955년 반둥회의를 효시로 하면서, 미국과 구소련의 제국주의적 패권에 대해 아시아와 아프리카 지역을 중심으로 한 비동맹노선을 핵심으로 한다. 하지만 1967년 77그룹회의를 계기로 라틴 아메리카 국가들이 대거 참여하면서 제3세계는 남북 문제에서 경제협력을 도모하는 것으로 성격이 바뀐다. 비동맹에서 경제협력으로의 전환은 1974년 신국제경제질서(New International Economic Order) 공표 이후 절정에 이른다. 그러나 이러한 제3세계는 동질적 정치·경제 단위로 행동하기에는 내부적 결속력과 연대감이 부족하고, 자본주의 중심부 국가들의 자본 논리와 힘의 역학에 따른 분할지배 방식으로 독자적인 역량을 키우기 어려웠다(임현진, 1993: 6-7).

지구상의 200여 개국 중에서 거의 4분의 3을 차지하는 옛 제3세계는 여섯 개 대륙 중 주로 아시아, 아프리카, 라틴 아메리카 지역에 걸쳐 있다. 이들이 세계체제의 변방으로서 과거 식민주의를 경험했고

7 그러나 지난날의 제3세계가 없어졌다고 하더라도 그중에서 희망을 잃어버린 국가군을 '제4세계'라고 표현하기도 한다(Sauvy, 1952). 이 점에서 제1세계라는 선진국과 제2세계라는 개발도상국 사이의 범주로서 지난날 제3세계와 다른 제4세계를 상정할 수 있다.

현재 신식민주의 상황에 직면한 점은 외형적으로는 같지만, 발전과 저발전의 내용에서 서로 양상을 달리한다. 라틴 아메리카 국가들은 대부분 19세기에 걸쳐 정치적 독립을 얻기까지 스페인과 포르투갈의 지배 아래 있었으며, 독립한 후에도 미국의 대외정책에 직간접으로 영향을 받으면서 경제 종속이 지속되어 왔다. 먼로 독트린 이후 20세기 초 시어도어 루스벨트(Theodore Roosevelt)의 이른바 '곤봉정책(Big Stick Policy)' 아래 농업과두제의 정치권력에서 산업발전이 왜곡되고 지체되었다. 풍부한 자원과 노동력을 보유하고 있었지만 자본 축적 기제의 외향성은 자본 이전과 부의 불균등 분배를 가져왔다.

아시아의 식민체제는 제국주의 열강에 의한 분할지배로서 프랑스에 의한 인도차이나 통치, 일본에 의한 동북아시아와 동남아시아 점거, 그리고 미국에 의한 필리핀 지배로 나누어졌다. 제2차 세계대전을 전기로 정치적 독립이 주어졌으나, 냉전체제에서 자본주의와 사회주의 대결의 전초기지로서 미국과 소련의 강국정치 영향권 아래 놓이게 되었다. 중국과 대만, 남한과 북한, 그리고 남베트남과 북베트남 등이 그런 첨예한 체제 대립의 일면을 보여 준 바 있다. 아시아는 그 어느 대륙보다 지역 내 격차가 심한 가운데 식민체제의 유산과 냉전체제의 질곡 속에서도 일부 나라에서는 괄목할 만한 자본축적과 구조분화가 이루어졌다.

21세기라는 전 인류적 대전환기를 맞이하여 아시아가 인구에 회자되고 있다. 그 내용의 요체는 문명의 중심축이 서양에서 동양으로 옮겨 가고 있다는 것이다. 그러나 서풍동점(西風東漸)에서 자라난 '제국주의의 햇병아리'가 장닭이 되어 동풍서점(東風西漸)을 가져오고 있다는 역설을 통해 우리는 불행하게도 오리엔탈리즘의 연장선상에서 옥시덴탈리즘을 발견하게 된다. 왜냐하면 이른바 '태평양의 세기'라는 유행어의 배후에 동양의 도전을 극화시켜 서양의 재건을 도모하려는 서양문명 중심주의가 자리 잡고 있기 때문이다.[8] 현재 구미 사회는 사회 해체의 징후, 과학기술의 역기능, 성장동력의 소진, 민주주의의 쇠퇴, 외국인과 난민에 대한 혐오, 포퓰리즘의 등장 등 여러 문제에 직면해 있다. 이렇듯 위험사회로 치달은 근대성의 위기에서 동아시아의 발전 경험은 서구식 근대 모델의 결함에 식상한 동서양의 지식인들에게 신선한 자극을 주기에 충분하다. 동아시아는 그 역사적 전개 과정에서 외세와 자주, 민주와 독재, 성장과 평등 같은 고통을 짊어지고 오면서 나름대로 유의미한 사회체제를 만들어 보려고 했기 때문이다.

그렇다고 동아시아를 서구적 근대 모델의 대안으로 삼기에는 그 발전 경험 자체가 모순적이다. 냉전체제 해체 이후 좌우 전망의 시계가 흐려지고 있는 것이 작금의 세계사적 조류라 할지라도, 동아시아의 발전 경험에서 기존의 자본주의, 사회주의, 사민주의가 직면한 위기의 해답을 찾으려는 시도는 야심적이지만 적실하다고 할 수 없다. 사실상 아시아의 적지 않은 나라가 경제적 불평등, 도농격차, 환경오염, 부정부패, 일인독재에 시달리고 있다. 그럼에도 아시아 자본주의에 대한 논의에서 나타나듯이 그동안 서양문명 중심주의에 매몰된 역사·문화적 정체성을 되찾고자 하는 한국을 포함한 주변 국가들의 노력은 매우 중요한 의의를 지닌다. 다만 아시아의 발전 경험을 통한 대안적 근대성 추구는 그 가능성만 열려 있을 뿐 아직 미완의 영역으로 남아 있다.

8 물론 태평양시대의 도래에 대해서 나이스비트(J. Naisbitt), 후쿠야마(F. Fukuyama)와 같은 확신론자와 헌팅턴(S. Huntington), 크루그먼(P. Krugman) 같은 회의론자의 견해가 서로 엇갈린 바 있다. 그러나 서구의 또 다른 천년기획을 위해 동아시아의 지나온 역정에서 교훈을 찾으려는 노력을 이들에게서 읽을 수 있다.

1) 후기-후발 발전으로서 아시아

동양이 하나의 통합적인 지역 단위로 인식되기 시작한 것은 서양과의 접촉 이후였고, 원래 '동양'은 중국 상인들이 자바 해역을 지칭하던 표현으로 알려져 있다.[9] 이러한 '동양'이 '서양'에 대칭되는 광역 개념으로 널리 사용된 것은 일본이 중국을 능가하는 아시아 지역의 최선진국으로서 유럽과 대등한 나라임을 자처한 패권주의적 사고와 연관되어 있다(다나카, 1995). 즉 서구의 오리엔탈리즘이 아시아를 '동양화'시킨 것처럼 동양권 안에도 또 하나의 오리엔탈리즘이 존재하는 것이다.[10] 흔히 동양은 서양에 대비된다. 예컨대, 정신 지향의 동양이 이상적·내향적·종합적이라면, 물질 선호의 서양은 현실적·외향적·분석적이라는 통념이 바로 그것이다. 그러나 동양과 서양에 대한 이와 같은 단순한 비교는 두 문명 간 시공간적 접촉의 의미를 경시할 우려가 있다.

제3세계 주요 지역으로서 아시아에 세계적 이목이 집중되기 시작한 배경에는 제2차 세계대전 이후 일본의 선진국 진입, 한국·대만·홍콩·싱가포르라는 '네 마리 용'의 등장, 대륙 규모의 경제를 보유한 중국과 인도의 부상, 그리고 인도네시아·말레이시아·태국·필리핀·베트남이라는 '다섯 마리 호랑이'의 출현이 있다. 이 중에서 중국, 인도, 인도네시아, 말레이시아, 베트남 등은 대규모 시장과 자원을 지닌다는

9 서구인의 눈에 비친 아시아는 마르크스(K. Marx)의 '아시아적 생산양식', 베버(M. Weber)의 '유교국가', 비트포겔(K. Wittfogel)의 '동양적 전제론', 스키너(W. Skinner)의 '시장공동체' 등에서 볼 수 있듯이 상당히 독특한 모습이다.

10 그러므로 우리는 아시아주의에 숨어 있는 중화주의(예컨대, 대중화경제권)와 일본주의(예컨대, 대동아공영권)를 예의 주시해야 한다. 이에 관한 일본과 중국, 나아가 한국의 입장과 상호 비판에 관해서는 정문길 등이 엮은 『동아시아, 문제와 시각』(문학과지성사, 1995)에 수록된 논문들이 매우 유용하다.

의미에서 '신흥경제국'이라고도 불린다.

유럽, 아메리카 대륙과 함께 아시아가 근대세계의 3대 지주 중 하나로서 역동성을 보여 주고 있다는 사실은 부인하기 어렵다. 제2차 세계대전 당시 미소 냉전체제에서 미국은 아시아에 안보 보호막을 제공했다. 일종의 수혜-후원(patron-client) 관계에서 아시아 국가들은 미국 중심의 자본주의 세계경제 안에서 무역과 이윤 추구를 위해 정부 주도로 노동을 배제하고 기업과 제휴하여 수입대체 산업화를 시작으로 수출증진 산업화를 추진해 왔다. 그럼에도 불구하고 아시아의 발전 경험을 하나의 모델로 일반화하기에는 정치체제, 경제정책, 사회구조, 문화제도 등에서 국가들마다 많은 편차를 드러내고 있다. 실제로 이 지역 국가들은 발전 수준에서 주변부, 반(半)주변부, 중심부가 공존하는 상태다. 정치체제 면에서 중국과 베트남 같은 일당 국가, 북한과 같은 왕조사회주의 체제, 필리핀의 독재 체제, 터키의 술탄 체제 등이 존재할 뿐만 아니라, 경제체제 면에서는 한국·일본·대만·싱가포르의 혼합경제, 홍콩의 자유시장경제, 중국과 베트남의 전환경제 등이 병존한다.

오늘날의 자본주의 세계체제가 유럽 중심적인 가닥을 잡기 전에 아시아는 이미 독자적인 지역체제를 형성하고 있었다.[11] 그렇지만 아시아 지역이 하나의 동일한 문명지대(civilization zone)를 구성한 것은 아니다.[12] 최소한 인도의 불교문명과 중국의 유교문명을 대등하게 위치

11 독자적인 동아시아 지역체제에 관해서는 프랭크(Frank, 1994)의 논의를 참고할 수 있다. 또한 아부-루고드(Abu-Lughod, 1989)는 자본주의 발생 이전 세계 여러 지역의 관계를 무역망을 중심으로 선구적으로 고찰한 바 있다.

12 이러한 견해는 일찍이 미국학계의 제1세대 동아시아 전문가인 페어뱅크 등(Fairbank, Reischauer and Craig, 1965: 3-4)에 의해 주장된 바 있다. 문제는 이들의 견해에 지극히 중국 내지 일본 중심의 동아시아관이 자리 잡고 있다는 사실이다.

시켜야 할 뿐만 아니라 회교문명의 영향을 배제할 수 없기 때문이다. 이는 동아시아 지역을 아우르는 문화적 전통의 핵심으로 유교를 중시하는 것이 무리가 있음을 시사한다. 마찬가지로 아시아 지역체제 내 힘의 역학을 중국 중심의 질서에 대한 인접국들의 도전으로 보기에는 그 내부 관계가 복잡하다.[13] 동아시아는 북부뿐만 아니라 남부까지 포함하며, 그러한 지리적 광역성에서 볼 때 상당히 열린 지역체제로 이해할 필요가 있다. 그러나 중국의 천하질서관에는 아시아가 닫힌 체계라는 인식이 깔려 있으며, 그 결과 유럽이나 중동 같은 다른 지역체제와의 관련이 경시되는 약점이 나타날 수 있다.

사이드(Said, 1978)의 표현을 빌리면 아시아는 일종의 '혼혈아'다.[14] 이것은 동아시아의 근대에 관해 논의하는 경우 문화접촉 과정의 식민지화를 지적하지 않고는 그 본질을 파악하기 어렵다는 사실을 말해 준다. 비단 과거의 제국주의뿐만 아니라 현재의 신제국주의 시대에도 이 지역은 종속 과정에서 벗어나지 못하고 있기 때문이다. 사실상 아시아 지역의 발전 경험은 다양하고 복합적인 근대화 과정만큼이나 이질적이고 기형적인 근대성의 내용을 담고 있음을 부정하기 어렵다.

통사적으로 볼 때, 국제 교류의 중심은 지중해에서 대서양을 거쳐 태평양으로 이동해 왔다. 그리고 아시아는 유럽과 아메리카에 양쪽으로 맞닿아 있는 대륙이다. 바로 여기에 아시아·태평양권[15]의 정치·

13 조공무역관계를 바탕으로 중국 중심의 동아시아 지역체제를 파악하는 하마시타 다케시(濱下武志, 1989; Hamashita, 1994: 91-107)의 주장이 대표적이다.

14 물론 사이드가 말하는 오리엔탈리즘의 준거는 중근동이지만, 지리·문화적 의미에서 동아시아에 적용해도 무리가 없다고 본다.

15 우리가 흔히 사용하는 '아시아·태평양권'은 실상 유럽 국가들과 미국의 전지구화된 이해에 의해 개념화되었다는 사실을 유념할 필요가 있다. 이는 APEC을 둘러싼 미국의 입장이나 ASEM을 통해 보인 유럽 국가들의 지향에서 잘 나타난다(Dirlik, 1996).

경제·문화적 중요성이 놓여 있다. 아시아·태평양권은 전 세계 인구의 40%, 지표 면적의 32%, 국민총생산의 55%, 에너지소비의 49%, 교역의 65%를 차지하고 있다. 기실 NAFTA와 EU에 비견할 수 없을 정도로 큰 지역 블록의 가능성을 지니는 것이 APEC과 ASEAN이다. APEC의 경우 미국과 중국 간 패권갈등에서 활동성을 잃고 미국의 TPP와 중국의 RCEP로 세력화가 이루어지다가 남중국해를 둘러싸고 미국의 인도-태평양 전략과 중국의 일대일로(一帶一路)가 부딪치고 있다. 아시아 지역의 정치·경제적 중요성이 부각될 수밖에 없는 배경이다. 동남아시아 10개국의 역내 집단안보를 위해 출발한 ASEAN은 경제·문화공동체를 지향하면서 ASEAN+3(한국, 중국, 일본), ASEAN+6(한국, 중국, 일본, 인도, 뉴질랜드, 호주), 그리고 거의 모든 아시아 국가를 포함하는 아세안지역안보포럼(ARF)을 구성하고 있다.

이러한 아시아 지역의 발전을 하나의 모델로 일반화하여 설명하기는 쉽지 않다. 그럼에도 불구하고 '발전'이라는 맥락에서 시기적으로 선발, 후발, 후기-후발로 구분하여 접근할 수 있다. 흔히 '발전'이라고 할 때 그것은 유럽이 최초로 겪은 역사적 발전 경험인 '근대화'를 지칭한다. 유럽은 영국의 산업혁명과 프랑스의 시민혁명을 전기로 하여 내셔널리즘이라는 민족주의 이데올로기를 주조함으로써 자본주의의 틀 안에서 국민국가 건설과 시민사회 형성으로 나아갈 수 있는 결정적인 돌파구를 열었다. 이렇듯이 18세기 이후 200여 년에 걸쳐 유럽의 정치, 경제, 사회, 문화 면에서 이루어진 총체적 변동을 '근대화'라고 통칭한다(임현진 외, 2009: 13-20).

이렇듯 발전의 한 유형에 불과한 근대화가 옛 제3세계 나라들에서 오히려 발전의 전형적인 모델로 자리 잡은 것은 근대화를 선구적으로 추진한 서부 유럽의 발전 경험이 그 뒤를 좇아가려는 나라들에게 가장 중요한 전범이 되었기 때문이다. 그러나 벤딕스(Bendix, 1967)

가 일찍이 지적한 대로 근대화는 시기(timing)와 국면(sequence)에 따라 달라지기 마련이다.[16] 세계 체제 내 위상과 사회구성의 성격이 근대화의 상수라면 시기와 국면은 근대화의 변수가 된다. 공통된 근대화 조건에 있더라도 나라마다 발전이 똑같은 형태로 되풀이되지 않는 이유가 바로 여기에 있다. 무어(Moore, 1966)가 옆으로부터의 근대화(프랑스, 영국), 위로부터의 근대화(독일, 일본), 그리고 아래로부터의 근대화(러시아, 중국)라는 세 가지 길을 제시한 것도 그러한 맥락이다. 프랑스와 영국이 발전의 선발국이라면 독일·미국·일본은 발전의 후발국이고, 그 뒤를 따르는 한국·대만·중국을 포함한 제3세계 나라들은 후기-후발 발전국(late-late development countries)이라 할 수 있다.

그러므로 발전의 동인, 과정, 결과를 비교 시각에서 그 차이점과 유사점을 면밀히 검토하기 위해서는 선발 발전과 후발 발전의 특성을 비교해 보는 것이 필요하다. 여기서는 수평적 근대화와 수직적 근대화라는 이념형에 의해 선발 발전과 후발 발전의 특징을 대비하고자 한다. 수평적 근대화가 민중에 기반을 두고 밑에서부터 발전의 동력이 마련되는 것이라면, 수직적 근대화는 발전의 동력이 위에서부터 주어져 엘리트 동맹에 의해 추진되는 경향이 있다. 수평적 근대화에서는 정복적 부르주아의 형성에 따라 자유방임국가가 나타나고, 시민권의 확대가 대의민주주의라는 형식을 통해 계급타협적인 자본주의 발전을 가져온다. 이와 달리 수직적 근대화에서는 개입주의 국가의 보호막 아래에서 합작적 부르주아가 기생하면서 권위주의 체제의 형태로 시민

16 이에 관해서는 많은 연구가 있으며, 거셴크론(Gerschenkron, 1962)의 선도적 연구에 이어 허슈먼(Hirschman, 1968)과 커스(Kurth, 1979)를 참고할 수 있다. 이들은 산업화의 시기와 계기 면에서 볼 때 서부 유럽, 동남부 유럽, 남미 나라들의 발전전략뿐만 아니라 부르주아의 역할, 권위주의의 성격, 민주주의로의 이행 등에서 현저한 차이가 있음을 고찰한다.

권이 부정되고 계급배제적인 자본주의의 발전이 이루어진다.

대체로 수평적 근대화가 세계체제로부터 자유로운 여건에서 자생적이고 내생적인 발전 과정을 밟는다면, 수직적 근대화는 세계체제로부터 구속을 받으면서 종속적이고 외생적인 발전 과정을 거친다. 수직적 근대화를 시도하는 나라들의 경우 과거 식민지 경험이 이와 무관하지 않다. 그럼에도 불구하고 국가의 구심적 역할이 후발 발전으로 갈수록 현저하게 나타나고, 따라서 자원 동원을 위한 동의 기제도 선발 발전에서는 합의가 중시되는 반면 후발 발전에서는 강제가 편재한다. 후발 발전의 시점에 있는 국가일수록 선발국을 따라잡기 위해 평등보다 성장, 형평보다 효율, 자율보다 통제와 같은 발전 기제를 추구함으로써 잉여 배제적인 수직적 근대화는 잉여 포함적인 수평적 근대화에 비해 사회에 대한 침투 능력은 강하지만 통합 능력은 약하다. 그렇다고 유럽의 발전이 수평적 근대화의 원형이고 아시아의 발전이 수직적 근대화의 전형을 보여 주는 것은 물론 아니다.[17] 세계사의 경험은 두 가지 근대화의 방법이 시간과 장소를 불문하고 혼재 또는 중첩되거나 전환하는 모습을 보여 준다. 제3세계 안에서 나타나는 발전 경험의 다양성과 복잡성만 보더라도 자본주의 발전 과정의 역동성에는 이론의 여지가 없다.

17 한 연구(Halperin, 1997)는 서부 유럽조차 제2차 세계대전 이전까지 지금의 제3세계와 권위주의 국가, 국가·지주계급·산업자본가의 연합, 해외시장에의 종속, 취약한 중간계급, 현저한 불평등과 빈곤, 부분적 민주주의라는 측면에서 거의 비슷한 수준에 있었다고 주장한다. 서부 유럽이 오늘의 민주주의와 경제발전을 향유하는 데에는 두 차례 전쟁을 거치면서 나타난 계급갈등과 계급타협이 주효했다는 것이다. 이 견해에 일부 동의하지만 국내 변수에 비해 국제 변수가 경시됨으로써 선발 발전과 후발 발전의 세계체제적 맥락이 제대로 고려되지 않고 있음을 지적하고 싶다.

일반적으로 자본주의 후발 발전에서 나타나는 공통점은 후발국이 선발국을 따라잡아야 한다는 강박감 속에서 세계체제로부터의 제약을 후발 발전의 효과(late-development effects)로 극복하는 방식에 따라 발전의 경로와 귀결이 달라질 수 있다는 사실이다. 후발국은 선발국의 경험에 바탕을 두고 지식과 제도와 기술을 손쉽게 유입해 기획, 교육, 훈련, 동원, 투자 등에서 시행착오를 줄일 수 있지만(Vogel, 1979), 선발국과의 현격한 격차로 국제적 국가체제와 자본주의 세계경제로부터 시장, 금융, 기술 면에서 압력과 통제를 받아들일 수밖에 없어 상대적으로 어려운 처지에 놓이게 된다(Senghaas, 1990). 제3세계 나라 대부분에서 관찰되는 빈곤과 억압은 후발의 이점보다 불리함이 만만치 않다는 사실을 입증한다. 월러슈타인(Wallerstein, 1991: 115-116)은 자본주의 체제뿐만 아니라 사회주의 체제에서도 후발국은 선발국을 따라잡아야 한다는 일념에서 성장에 집중한 나머지 불평등 문제를 해결하는 데 근본적인 한계를 보여 왔다고 지적한다. 이것이 제3세계 국가들이 보인 발전의 실상이다.

사실상 후발 발전의 맥락에서 수직적 근대화를 성공적으로 이끈 사례는 아주 적다. 일본이 후발 발전의 효과를 잘 활용한 경우라면, 독일은 세계체제로부터 제약을 거의 받지 않은 경우라고 할 수 있다. 실제로 두 나라는 모두 산업자본주의의 세계적 팽창 시기에 식민지 내지 유사(類似)식민지를 경영한 제국국가였다. 흥미로운 사실은 1인당 국민소득이 1만 달러에서 2만 달러로 넘어가는 데 일본이 4년, 독일은 11년 걸렸고, 다시 2만 달러에서 3만 달러가 되는 데 일본은 4년 걸린 반면, 독일은 15년 걸렸다. 이에 비해 한국은 전자에 16년, 후자에 12년이라는 가장 긴 시간을 거쳐 2019년 세계에서 일곱 번째로 이른바 30-50클럽에 가입했다.

아시아 자본주의의 특질을 알아보기 위해 비교자본주의 시각을 소개한 바 있다. 그러나 비교자본주의론은 서구 중심적 분석 모델이라는 한계를 지닌다. 이들의 유형화는 서구 선진 자본주의 국가들만을 대상으로 할 뿐 아시아, 남미, 아프리카의 수많은 제3세계 국가, 동구권의 이행경제 등 전 세계 자본주의 모델 전반을 포괄하지 않는다. 몇몇 학자는 일본과 한국 등 아시아 자본주의를 유형화에 포함시키고 있지만, 이는 어디까지나 조정된 시장경제 모델의 하위 유형으로 간주될 뿐이다. 이들의 분석은 동아시아 경제권(예컨대 한국, 중국, 일본, 동남아) 내에서도 상당히 차별적인 경제 모델이 존재할 수 있다는 사실 자체를 제대로 인식하지 못한 결과인데, 이는 명백히 서구 중심적인 자본주의 인식에서 비롯된 한계로 볼 수 있다.

2) 아시아 자본주의의 특질

서구 중심적 유형화를 넘어서려는 시도가 아마블(Amable, 2003)에 의해 이루어져 왔는데,[18] 그는 홀과 소스키스가 자본주의 분석에서 근거로 했던 제도적 원리, 즉 기업 중심적 접근법, 이해관계 조율 기제로서의 제도, 제도적 상호보완성, 제도와 정치·사회적 블록 간 연계성 등의 원리를 거의 그대로 수용하여 논의를 전개한다. 아마블(Amable, 2003: 14)은 자본주의 유형화의 제도적 변수로서 자본주의의 3대 시장이라 할 수 있는 상품시장, 노동시장, 금융시장을 설정하고, 여기에 이를 보완하는 제도 영역인 사회적 보호(복지국가 관련)와 교육 부문(직업훈련 및 숙련형성 관련)을 추가한다. 이와 같은 자본주의 유형은 ① 상품시장 경쟁, ② 임노동관계 및 노동시장제도, ③ 금융 부문과 기업지배구조,

18 그는 프랑스 조절이론의 일원이지만, 그의 다양성론이 조절이론의 입장을 대표하는 것은 아니다.

[표 1-5] 자본주의 다양성 모델 요약

영역	시장기반 모델	사회 민주주의 모델	아시아 모델	유럽 대륙형 모델	남부 유럽 모델 (지중해 모델)
상품시장 경쟁	탈규제된 상품시장	규제된 상품시장	규제되기보다는 '관리된' 상품시장	온건하게 규제된 상품시장	규제된 상품시장
임노동 관계	노동시장 유연성	규제된 노동시장	규제된 노동시장	조정된 노동시장	규제된 노동시장
금융 부문	시장 기반 금융체계	은행 기반 금융체계	은행 기반 금융체계	금융기관 기반 금융체계	은행 기반 금융체계
사회적 보호	자유주의적 복지국가 모델	보편주의적 모델	낮은 수준의 사회적 보호	조합주의적 모델	제한적 복지국가
교육	경쟁적 교육체계	공공교육체계	민간 3차 교육체계	공공교육체계	취약한 교육체계

출처: Amable (2003: 174-175).

④ 사회적 보호와 복지국가, ⑤ 교육 부문을 중심으로 한 구분이다.

아마블의 분석에서 특징적인 것은 그가 다른 연구들과 달리 자본주의 모델의 유형을 선험적으로 전제하는 연역적 방법이 아니라, 경험적 분석결과로 유형화를 제시하는 귀납적 방법을 사용한다는 점이다. 그는 OECD 21개국을 대상으로 5개 제도 영역에서 지수를 매겨 군집분석(cluster analysis)을 시도하여 다섯 가지 자본주의 유형인 ① 시장기반 모델, ② 사회민주주의 모델, ③ 유럽 대륙형 모델(이것은 다시 A와 B 유형으로 나뉨), ④ 남부 유럽 모델(또는 지중해 모델), ⑤ 아시아 모델을 추출했다.[19] [표 1-5]는 이러한 자본주의 유형의 핵심 제도적 특성을

19 더 자세한 분석 방법과 자료 유형에 대해서는 아마블(Amable, 2003: 16-23)을 참고할 수 있다.

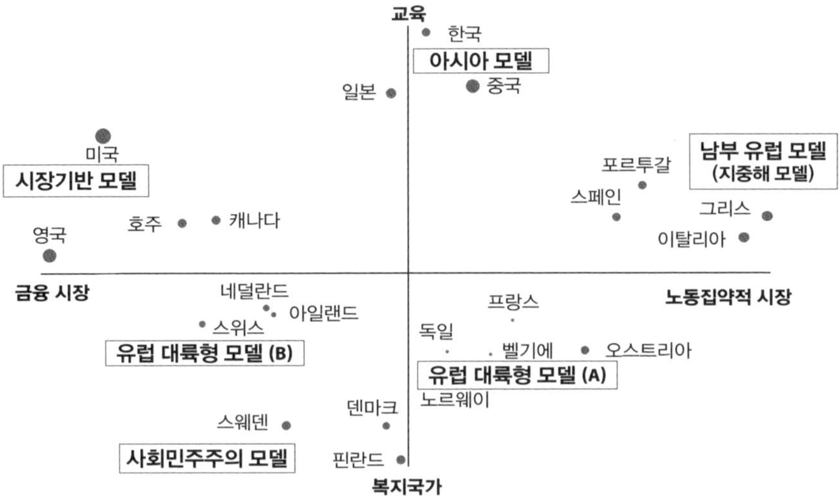

[그림 1-2] 아시아 자본주의의 위상

요약한 것이며, 이를 그림으로 나타내면 [그림 1-2]와 같다.

아시아 지역의 한국, 일본, 대만, 중국이 세계계층구조 안에서 차지하는 위상은 자못 독특하다. 중국은 15세기 이전에 세계의 중심부였으나 서구열강에 의해 반식민화되면서 주변부화되었고, 제2차 세계대전을 전기로 사회주의와 자본주의의 길을 거쳐 지금은 반주변부로 올라섰다. 일본은 메이지유신을 계기로 주변부에서 반주변부로, 그리고 제2차 세계대전 이후 반주변부에서 중심부로 그 위상이 상승했다. 한국과 대만은 일본의 식민지배 아래 주변부 신세를 면치 못했으나, 제2차 세계대전 이후 독립과 함께 반주변부로 올라섰다. 한국이 30-50클럽에 이름을 올리면서 중심부로 향하고 있다면, 한국에 앞섰던 대만은 중국의 견제로 반주변부를 벗어나지 못하고 있다.

아시아 자본주의는 무엇보다 정부의 생산 과정 직접 개입과 금융 부문 통제, 낮은 복지와 낮은 임금을 특징으로 한다. 그중에서 한국, 일본, 대만은 초기에 자본주의 부문이 취약하여 국가가 자본 축적 기제를 스스로 마련한 경우다. 한편 중국은 사회주의 국가계획에 의해 생산수단을 직접 소유했으나, 개혁개방 이후 국영 부문과 민간 부문으로 이원화했다가 근래에 이르러 다시금 국영기업의 중요성을 강조하고 있다.

국가는 세계체제 안의 외생적 제약에 따라 자본 축적을 도모해야 하기 때문에 경제와 사회의 주도권을 장악하여 기업 부르주아와 행정 관료의 역할을 동시에 수행하도록 요청받는다. 이것이 정부의 기업가적 역할이다(Duvall and Freeman, 1981). 국가는 경제적으로 생산수단을 소유하고 통제를 확대하여 생산 과정을 총괄하고, 사회적으로 공공선의 구호 아래 관제화된 이익집단 안에 국민을 참여시킴으로써 시민사회와의 이해관계 결집을 규제하며, 경제를 재조직하고 사회를 재구조화한다. 이러한 국가자본주의적 성향은 자본주의 이념에 입각한 혼합경제의 기반 위에 정부 주도의 관료적인 경제계획을 전개하는 것으로, 아시아 국가들에서 발견되는 발전국가의 특이점이라 할 수 있다. 해외시장에서 경쟁력을 확보하고 내수시장에서 경기침체를 방지하기 위해 국가는 투자 결정, 노사 조정, 자원 배분, 금융 통제, 시장 개입을 통해 국영 부문과 민간 부문을 직간접으로 관리한다. 사적 소유를 원칙으로 하는 자본주의적 생산관계에서 공적 소유가 이루어지고, 국가는 자본 축적 과정에서 특정 계급이나 집단과 별개로 독자적인 집합적 이해관계를 표출한다.[20]

20 아시아 지역의 국가는 의도적이고 적극적으로 경제와 사회를 재조직하여 개입주의적 생산 수단을 소유함으로써 통제를 통해 생산 과정을 총괄하며 시민사회의 다양한 이해관계를 조정했으나, 사회적 생산관계를 근본적으로 바

4. 문화주의적 해석과 제도주의적 해석: 발전국가론

제2차 세계대전 이후 아시아 국가 중에서 일본을 필두로 한국, 대만, 싱가포르, 홍콩 등은 괄목할 만한 자본 축적과 구조 변화를 이루었다. 후발국 가운데 일본은 이미 중심부의 위상을 확보한 반면 한국, 대만, 싱가포르, 홍콩은 2000년대 들어 반주변부 이상의 지위상승을 이루었다. 일찍이 '네 마리 용'이라고 불린 이들 신흥공업국이 경제적 성공을 거둔 데에는 국가의 주도적 역할이 있었다는 사실에 주목하여 발전국가에 관한 이론이 등장했다.

이러한 고도의 지속적인 경제성장이 보다 균등한 소득분배와 결부되어 왔다는 사실에서 동아시아 발전 경험이 지니는 의의를 찾을 수 있다. 이 점이 아시아를 만성적인 저발전과 불평등으로 시달리는 라틴아메리카 및 아프리카 대륙과 구분 짓게 하는 주요한 특징이다. 그러나 그러한 경제발전이 연성이든 경성이든 권위주의 정치체제와 연결된 정치안정에 기초한다는 점에서 개발독재의 범주를 벗어나지 못한다는 본질적 한계가 있다.

이러한 동아시아 발전의 공과(功過)에 관해서는 대체로 예찬론이 회의론을 압도해 왔다. 1997년 아시아의 경제위기와 연관하여 '종이호랑이론'이 주목받기 전까지만 해도 '경제기적론'이 대세를 이루었다.[21]

꾸거나 배외주의적인 입장을 취한 것은 아니었다. 국가가 자본가 역할만 수행한다는 점에서 국가주도 자본주의, 즉 발전국가에 가깝다고 할 수 있다.

21 동아시아의 경제성장이 일본을 제외하고는 자본과 노동이라는 생산요소를 투입한 결과일 뿐 기술혁신에 의한 생산성 향상이 아니기 때문에 외연적 성장에서 내포적 성장으로 전환하기 어렵다는 크루그먼(Krugman, 1994)의 비판이 대표적인 종이호랑이론이다. 이에 대한 실증적인 분석으로 영(Young, 1994)의 논문이 있다. 그러나 후발국의 경우 외연적 성장의 시기에는 통상적으로 기술혁신이 일어나지 않으며 저축과 투자의 양과 질 면에서 동아시

동아시아 발전에 관한 한 자유주의 계열과 마르크스주의 계열의 학자들 사이에 '좌우합의(left-liberal consensus)'가 이루어졌다는 얘기가 나올 정도로 이 지역은 비교자본주의 시각에서 볼 때 성공적인 사례를 제공한다. 실제로 동아시아 지역의 경제기적이 제3세계의 퇴장을 가져왔다는 주장에서 구(舊)사회주의 국가의 체제전환을 향한 대안적 모델을 제공한다는 논리로 이어지고 있다(Arrighi, 1991; 1996). 여기서 한 걸음 더 나아가, 세계화 와중에 동아시아는 국가의 기능이 살아남는 한 지속적으로 성장할 것이라는 '동아시아 예외론'까지 전개된 바 있다(Evans, 1997; Weiss, 1997).

동아시아의 경제발전은 국내외적 요인들의 상호작용에 힘입은 바가 크다. 제2차 세계대전 이후 두 차례의 석유파동과 경제위기를 겪으면서 팽창과 수축을 반복해 온 세계경제는 동아시아 국가들에게 국제교역을 통한 성장의 외적 기회를 제공해 왔다. 또한 세계경제의 주기적 변화는 미국과 유럽의 산업과 생산 시설이 동아시아로 옮겨 가는 주요 배경이 되었다(Wallerstein, 1976). 따라서 동아시아 국가들은 새로운 국제 분업질서에서 제조업에 기반을 둔 비교우위로 격발적 발전(spurt of development)을 이룸으로써 주변부에서 반주변부로 지위를 높일 수 있었다. 이 나라들은 시기상 차이는 있지만 중심부 자본주의 국가들의 경쟁 압력을 극복하기 위해, 세계시장에서 국제분업의 이점을 활용하는 한편, 중상주의적 보호무역 아래 내수시장을 확충하는 젱아스(Senghaas, 1990)가 명명한 '선택적 이탈(selective delinking)'이라는 발전전략을 통해 추격발전에 성공해 왔다. 수출증진 산업화를 주(主)로 하고 수입대체 산업화를 종(從)으로 하여 내수시장의 부진을 해외시장에

아가 특이점을 보인다는 사실을 고려할 때 크루그먼의 논지는 결함을 갖는다. 이러한 반론으로 헤일(Hale, 1997)의 논문을 참고할 수 있다.

서 보충하는 대외지향성이 그러한 발전전략의 핵심을 이루었다고 볼 수 있다.

동아시아 발전의 성공을 내인적으로 설명하는 여러 이론 중에서 우리의 관심을 끄는 것은 무엇보다 문화주의적 해석과 제도주의적 해석이다.[22] 문화주의적 해석은 일본의 초기 근대화 과정에서 신도(神道)의 긍정적 기능에 대한 벨라(Bellah, 1957)의 연구를 효시로 하여, 모리시마(Morishima, 1981), 호프하인즈와 콜더(Hofheinz and Calder, 1982), 뚜웨이밍(杜維明, 1990) 등의 논의를 거쳐 '유교자본주의론'으로 절정에 달하고 있다. 반면에 제도주의적 해석은 일본의 자본주의적 산업화 과정에서 국가의 적극적 역할에 대한 존슨(Johnson, 1982)의 연구를 기점으로 화이트(White, 1993), 앰스덴(Amsden, 1989), 에반스(Evans, 1995) 등의 논의를 거쳐 '발전국가론'으로 집약되고 있다.

문화주의적 해석은 전통문화로서 유교가 프로테스탄트 윤리와 같은 순기능을 수행해 왔다고 본다. 가족중심주의, 교육에 대한 강조, 조직에 대한 충성, 위계서열 존중, 정부의 지도력, 공동체적 집합주의, 강한 성취욕, 헌신성, 기율 등이 경제발전에 동력을 제공해 왔다는 주장이다. '고급 유교(High Confucianism)'가 지난날 지배층에 통치 명분을 제공해 왔다면, 오늘날에는 그것이 '하급 유교(Low Confucianism)'로서 사람들의 의식과 행동에서 생활윤리로 작용하고 있다는 것이다(Kim, 1994: 99).[23] 그러나 모든 문화주의적 해석이 유교를 동아시아 발전의 독립변수로 파악하는 것은 아니다. 유교가 산업화를 가져오는 데 제도적 변환을 촉진한 매개변수라는 설명도 주목해야 한다.[24]

22 이 부분에 관한 논의는 임현진(2001: 제3장)을 참고할 수 있다.

23 뚜 웨이밍은 '고급 유교'와 '하급 유교'를 '정치적 유교'와 '유교적 개인윤리'라고 부른 바 있다.

24 이러한 견해로는 Kim(2017)을 참고할 수 있다.

문화주의적 해석의 백미라 할 수 있는 유교자본주의론은 한 걸음 더 나아가 유교가 동양적 근대화를 가져온 핵심 인자라고 파악한다. 뚜 웨이밍은 동아시아를 인류 역사상 세 번째 산업문명으로 파악하고 있다. 그는 유럽과 미국처럼 시장경제에 기반을 둔 자본주의와, 구소련과 동구로 대표되는 계획경제에 기초한 사회주의에 대해 유교자본주의를 제3의 발전 대안으로 제시한다(Tu Weiming, 1995: 382, 368-390). 역사적으로 볼 때, 유교는 과거에 불교나 도교에 비해 커다란 영향력을 발휘하지 못했으나 민간에 광범위하게 침투된 이후 창조적으로 적응했으며, 따라서 향후 서양의 사상에 대한 발전적 대응에 따라 세계의 현대화를 주도할 수 있다는 논지다.

그러나 유교자본주의론은 다음과 같은 문제점을 지닌다. 첫째, 동아시아를 중국문화권으로 보아 이 지역을 아우르는 문화의 핵심 요소로서 유교를 강조하는 것은 무리가 있다. 불교나 회교 같은 세계종교뿐만 아니라 각 나라에 존재하는 샤머니즘을 비롯한 전통 종교의 영향도 고려해야 한다. 둘째, 자본주의를 영미형, 독일형, 일본형으로 구분하는 것은 가능하다. 이 점에서 유교와 일본형 자본주의 사이의 친화관계를 얘기할 수 있을지는 모르지만, 유교자본주의라는 범주로 동아시아 지역을 모두 포괄하는 것은 지나친 일반화다. 셋째, 유교자본주의는 정치인, 관료, 기업인의 과두적 이해를 대변하는 조합주의, 그리고 인치가 법치를 압도하는 권위주의와 연관되어 있다. 여기에는 지대추구(rent-seeking), 부정부패, 정경유착, 매관매직과 같은 부정적 현상이 뒤따른다.

이와 달리 제도주의적 해석은 국가에 의한 효율적인 산업정책의 입안과 집행이 급속한 경제성장과 구조분화를 가져오는 데 크게 기여해 왔다고 본다. 기업과 노동으로부터 상대적으로 자유로운 위치에 있는 국가가 직간접적인 경제 개입으로 자본 축적을 견인해 낼 수 있었다는 것이다. 이러한 제도주의적 해석은 시민사회로부터 자율적인 국가를 상정한다는 점에서 스카치폴(Skocpol, 1985)이 명명한 '국가 중심적 국가관(state-centered approach)'에 입각한 것이다. 특히 경제행위를 전체사회와 관련해서 파악하는 신제도주의의 입장에서, 국가를 문제아로 보는 시장중심론을 넘어, 문제 해결의 주체로서 적극적인 국가관을 선호한다. 제도주의적 해석은 경제발전 과정에서 국가의 역할을 계획과 시장이라는 이분구조로 파악하기보다 효과적인 개입과 보완이라는 시각에서 시장의 불완전성을 막기 위해 계획의 합리성을 중시한다.[25]

제도주의적 해석의 핵심을 이루는 발전국가론에 의하면 동아시아 국가는 다른 대륙의 후발국보다 자원형성과 투자배분뿐만 아니라 금융, 시장, 조세, 가격 등 거의 전 영역을 통제함으로써 국내 산업과 국제 경제 관계를 조절하는 모습을 두드러지게 보여 왔다. 에반스(Evans, 1997: 12-13)에 따르면 발전국가의 효과성은 '배태된 자율성(embedded autonomy)'에서 유래하며, 국가는 사회와 절연된 것이 아니라 잘 연결되어 있다. 사회의 이해집단으로부터 영향을 받는 약탈국가(predatory state)와는 반대로, 자체 충원과 승진의 원칙을 갖는 관료제에 의해 뒷받침됨으로써 특정 집단이나 계급의 이해를 넘어 전체 사회를 향한 비교적 독자적인 정책을 추진할 수 있다. 그런데 이러한 발전국가의 배태된 자율성은 자본 축적 과정에서 기업의 독자적 능력이 증가함에 따라 국가의 상대적 우위가 약화되는 것처럼 변화되기 마련이다.[26]

25 웨이드(Wade, 1990b)의 표현에 따르면, 시장은 지도(guide)되고 관리(govern)되는 것이다. 이 점에서 시장 순응보다 시장 형성 정책이 보다 중시되었다고 볼 수 있다.

26 예를 들어, '한국주식회사(Korea, Inc.)'에서 정부와 기업 간 주종관계의 변화가 좋은 사례를 제공한다.

그러나 발전국가론은 다음과 같은 취약점을 지닌다. 첫째, 발전국가론은 과거 고도성장기의 한국, 일본, 대만에 대해서는 적합한 틀을 제공하지만, 지구화된 세계경제에서 보호주의가 더 이상 가능하지 않은 시점에서는 설명력이 떨어질 수밖에 없다. 국가의 정책 입지가 약화되는 현실에서 발전국가는 더 이상 중상주의적 전략을 추구하기 어려워진다. 둘째, 자본 축적 과정에는 계급 형성과 분화가 뒤따르며, 그 결과 발전국가의 배태된 자율성은 침식될 수밖에 없다. 그러므로 국가와 자본의 변화하는 관계는 포착할 수 있지만 노동과의 연관성을 적절히 파악하지 못하는 한계가 있다. 셋째, 국가의 재량적인 경제정책의 근간을 이루는 금융통제가 정경유착을 심화시킬 수 있다. 2007년 아시아의 경제위기에서 보았듯이, 발전국가도 약탈국가와 마찬가지로 지대 수수를 통한 부정부패의 소지를 다분히 안고 있기 때문이다.

지금까지 살펴본 문화주의적 해석과 제도주의적 해석은 동아시아 발전의 열쇠를 각각 자본주의 국가와 유교문화에서 찾는다는 점에서 매우 상이하다. 그럼에도 불구하고 서로 수렴되는 점이 전혀 없는 것은 아니다. 동아시아 일부 나라에서 발견되는 강력하고 효율적인 국가의 성격은 공공권위와 위계질서를 강조하는 유교의 전통과 무관하지 않다. 바꾸어 말해, 이는 제도와 문화를 동시에 고려할 때 동아시아의 발전 경험이 보다 적확히 설명될 수 있음을 시사한다. 사실상 동아시아의 발전 경험에서 가장 중요한 변수라 할 국가주의는 이 지역에서 단일 국가와 민족 형성의 오랜 전통에 근거한다. 일종의 유기체적 국가라는 일극적 국가체제(state monism)가 이 지역 정치체의 특성을 이루고 있다는 말이다. 그러나 여기서 우리가 주목해야 할 사실은 그러한 일극적 국가체제는 유교문화가 정착되기 전부터 이미 존재했고, 바로 그 유교문화는 일극적 국가체제를 강화하는 작용을 해왔다는 점이다.

헌팅턴(Huntington, 1991: 24) 같은 서구 학자는 국가의 권위와 책임을 강조하는 유교는 개인의 권리와 자유를 중시하는 민주주의와 양립할 수 없다고 지적한 바 있다. 그러나 오늘날 아시아 국가 가운데 산업화 이후 권위주의에서 민주주의 정치체제로 이행을 거쳐 공고해지는 과정에서 유교가 교육을 통해 중간층을 육성하고 시민성을 제고함으로써 민주주의와 친화력을 지니고 있음을 알 수 있다.

제2장 포스트 발전국가로의 전환

한국·일본·대만의 경험

1. 포스트 발전국가의 이론적 검토

'발전국가'는 20세기 동아시아 국가들이 성취한 고도성장의 독특성과 역사성을 보여 주는 핵심 키워드다. 발전국가는 제2차 세계대전 이후 한국, 일본, 대만 등에서 나타난 후발산업화, 캐치업(catch-up) 모델, 경제적 민족주의의 동아시아 버전이라 할 수 있다. 동아시아 국가들은 발전국가에 기반을 둔 국가 주도적 산업화 모델에 힘입어 20세기 중반의 이른바 '발전의 시대'에서 누구도 범접할 수 없는 장기적이고 독보적인 경제실적을 거뒀으며, 자본주의 세계경제에서 사실상 유일하게 성공적인 상향이동을 달성했다(World Bank, 1993).

그러나 발전국가가 어떠한 시공간적 조건에서나 적용될 수 있는 보편적 발전 모델이라고 보기는 어려우며, 동아시아 국가들이 처했던 20세기의 특정한 역사적 상황에서만 가능했다는 점에서 오히려 역사적 특수성을 지니는 발전 모델로 이해해야 한다(윤상우, 2006; Castells, 1992; Cumings, 1984). 동아시아 발전국가의 성립과 발전은 대외적으로 동아시아 지역의 냉전질서, 미국 헤게모니, 전후의 배태된 자유주의(embedded liberalism) 등의 조건과 맞물려 있고, 대내적으로는 동아시아 국가들의 독특한 역사적 조건(식민통치, 분단, 전쟁 등)에서 연유하는 '과대성장 국가-저발전 시민사회'와 밀접한 관련이 있기 때문이다.

동아시아 발전국가의 역사성은 그것이 일종의 생애주기적 수명을 지니고 있음을 함축하는 것이기도 하다. 즉 발전국가의 형성과 발전을 가능하게 했던 특정한 역사적 국면에서 그 대외적·대내적 조건과 정치·경제·사회적 조건이 소멸하면 발전국가는 쇠퇴하거나 전환될 수밖에 없기 때문이다. 실제로, 20세기 중반 '발전의 시대'에서 승승장구하던 동아시아 발전국가는 20세기 후반 '세계화의 시대'가 도래하면서 삐걱거리기 시작했고(맥마이클, 2013), 또한 발전국가에 의한 수십 년간의 고도성장이 가져온 '성공의 역설'로 인해 대내적인 국가자율성이 약화되면서 위기에 직면하게 된다(윤상우, 2005; Evans, 1995).

동아시아 발전국가의 쇠퇴와 위기는 곧 포스트 발전국가로의 전환을 의미한다. 현 시기 발전국가의 위기가 상당 부분 신자유주의적 세계화의 흐름과 맞물려 있다는 점에서 포스트 발전국가의 경로는 국가 주도적 발전 모델에서 벗어나 시장 중심적인 신자유주의 발전 모델로의 이행을 어느 정도 함축한다. 그런데 동아시아에서 포스트 발전국가로 전환된 계기는 국가별로 다양했다. 한국은 1990년대 이후 내부적으로 발전국가 모델의 해체가 진행되는 가운데 1997년 외환위기를 겪었고, IMF 구조조정 프로그램에 입각하여 신자유주의 경제 모델로 강제 전환된 사례였다. 일본은 1990년대 장기 불황에서 다양한 경기부양책과 구조조정정책이 모두 실패한 뒤, 2000년대 고이즈미 내각이 급진적인 신자유주의적 개혁을 추진하는 자생적 전환의 경로를 걸었다. 대만은 동아시아 외환위기를 겪지 않았고 발전국가의 제도적 형태도 여전히 유지되고 있지만, 2000년대 이후 정권교체와 저성장·저투자의 경기침체 상황이 이어지자 부분적으로 신자유주의 정책을 도입해 발전국가 모델을 보완하려는 시도를 한 바 있다. 중국은 1990년대 동아시아 발전국가와 유사한 발전 모델의 특성이 나타나는데, 2008년 글로벌 금융위기 이후로는 발전국가에서 한 발 더 나아간 국가자본주의 모델이 강화되는 추세를 보이고 있다.

제2장에서는 동아시아 자본주의에서 발전국가 이후 포스트 발전국가로의 전환을 고찰하고, 포스트 발전국가의 유형과 그 특성을 규명하고자 한다. 주요 분석 대상은 동아시아 발전국가 모델의 핵심이라 할 수 있는 한국과 일본, 대만으로, 이들 국가에서 1990년대 이후 나타난 발전국가의 변화 요인과 전환 경로의 다양성을 밝히는 데 주력할 것이다. 중국도 1990년대에는 발전국가적 특성을 보였지만, 최근 국가자본주의로 발전 모델이 전환된 것은 동아시아의 보편적인 현상으로 보기는 어렵고, 사회주의 시장경제라는 중국 경제의 예외성에서 연유한다고 판단되어 포스트 발전국가의 분석에서 제외했다.[1]

사실 동아시아 발전국가론을 제기했던 학자들도 발전국가 모델이 시효성을 지닌다는 점과 그것이 위기를 맞이하면서 전환될 가능성을 인식하고 있었다(Evans, 1995; Johnson, 1994; Kim, 1997; Weiss, 1998). 발전국가에 의한 장기간의 경제성장 결과, 발전국가의 제도적 토대였던 국가자율성과 국가능력성이 국가-사회 관계(자본, 노동)의 변화와 신자유주의 세력(국가관료, 기업 부문)의 성장으로 약화되기 때문에 발전국가는 점차 쇠퇴하리란 것이다. 그러나 많은 학자가 발전국가의 위기 가능성

1 최근 중국이 보인 국가자본주의로의 역주행은 이른바 '국진민퇴(國進民退)' 현상으로 지칭되는데, 국유기업 재강화와 경제 전반에 대한 국가의 통제력 증대를 주된 내용으로 한다. 이는 개혁개방 이후 외국 기업들에게 내준 시장 점유율을 재탈환하고 국유 기업들을 글로벌 챔피언으로 육성하려는 중국공산당 지도부의 전략적 판단에서 기인한 것이다. 이에 대한 상세한 분석은 윤상우(2018b)를 참고할 수 있다.

에 대해서는 대체로 동의하고 있지만, 발전국가 이후의 발전 모델인 포스트 발전국가의 성격과 지형에 대해서는 이론적 합의를 이루지 못하고 있다. 포스트 발전국가의 지형과 관련해서는 서로 다른 세 가지 주장이 제기되고 있다(문돈·정진영, 2014; 박상영, 2015; 윤상우, 2005).

첫째는 발전국가 해체론으로, 1990년대 이후 세계화와 신자유주의의 영향으로 발전국가의 자율성이 쇠퇴하면서 발전국가의 해체 또는 소멸이 진행되고, 결국 신자유주의적 규제국가(regulatory state)로 변모하게 되었다는 것이 그 핵심 주장이다(손호철, 2006; 지주형, 2011; Minns, 2001; Pirie, 2008). 외환위기로 IMF 구조조정이 강제된 한국이 발전국가 해체론의 전형적인 사례로 꼽힌다. 여기서 국가는 대외개방, 자유화, 규제완화 등으로 인해 전략적 산업정책과 적극적 시장 개입이 점차 불가능해짐에 따라 시장기제의 자유로운 작동과 시장안정성을 보장하는 관리감독 및 중립적 심판 역할을 하는 규제국가로 변모할 것으로 전망된다.

둘째는 발전국가 지속론으로, 전통적인 발전국가가 약화·쇠퇴하고 있는 것은 사실이지만 발전국가의 특성이 완전히 소멸했다고 보기는 어려우며, 제도적 관성과 경로의존성으로 개입주의적·발전주의적 속성이 여전히 유지되고 있다는 입장이다(류석춘·왕혜숙, 2007; 이연호, 2000; Chu, 2013; Lim, 2010; Wade, 2018; Weiss, 2003). 그 근거로 한국에서 신자유주의 구조조정이 국가 주도의 하향식으로 추진된 점과, 금융부문 및 경제 전반에 대한 국가의 개입 의지와 통제력이 여전히 높은 점, 그리고 벤처산업 같은 전략산업 육성이 여전히 시도되고 있는 점 등을 든다. 또한 대만의 경험을 토대로 R&D 부문이나 첨단산업으로 산업정책을 전환하는 유연한(flexible) 발전국가론 또는 적응적(adaptive) 발전국가론도 발전국가 지속론에 포함시킬 수 있다(Wong, 2004; Wu, 2007).

셋째는 발전국가 혁신론이라 칭할 수 있지만, 실제로 존재하는 포스트 발전국가의 경로라기보다는 발전국가론자들의 소망 사고가 투영된 발전국가의 대안 모델이다. 주로 1990년대에 제기된 이 주장은 '사회조합주의적 발전국가'의 가능성을 언급한다(Evans, 1995: 234-243; Johnson, 1994: 81-82). 이에 따르면, 자본 부문에 국한되었던 발전국가의 '배태된 자율성(embedded autonomy)'을 노동계급 등 민중 부문으로 확장한다면 성장과 분배를 동시에 달성하는 긍정적이고 혁신적인 발전국가로 전환하는 것이 가능하다는 것이다. 그러나 모두가 잘 알고 있듯이, 이러한 유형의 포스트 발전국가는 아직 출현하지 않았다.

포스트 발전국가에 대한 이와 같은 다양한 주장은 설득력을 지닌 부분도 있지만, 대부분 많은 약점과 한계를 노출하고 있다. 포스트 발전국가론에 대한 기존 연구들을 비판적으로 평가하면 다음과 같다. 먼저 발전국가 해체론의 경우, 발전국가의 쇠퇴와 해체가 곧 영미식 신자유주의 체제나 규제국가로 이어질 것으로 전망하지만, 문제는 신자유주의 자체가 다양성을 지닐 수 있으며, 현실에서 해당 국가의 특수성과 독특성이 반영된 다양한 형태의 신자유주의 체제가 출현할 수 있다는 사실에 주목하지 않는다는 점이다.[2] 그리고 발전국가 지속론은 발전국가의 경로의존성을 지나치게 강조하고 세계화 및 신자유주의의 영향력과 강제성을 과소평가한다는 점에서 한계를 보인다. 세계화와 신자유주의는 과거와 같은 발전국가적인 경제운용을 어렵게 만들고 발전국가의 정책효율성을 지속적으로 하락하게 만든다(Pirie, 2013).

2 브레너 등(Brenner, Peck and Theodore, 2010b: 330-332)은 신자유주의화가 시장 규율적인 규제체제로의 구조조정을 의미하지만, 그것은 역사적으로 특수하고 불균등하게 발전하며 혼종성과 함께 패턴화된 양상을 보인다고 지적한 바 있다.

마지막으로, 발전국가 혁신론은 노동계급과 시민사회가 자본과 국가에 비해 여전히 취약한 동아시아 국가들의 사회적 조건을 고려하고, 세계화와 신자유주의 이후 전 세계적으로 사회민주주의와 조합주의 체제가 퇴조하는 사실을 감안할 때 현실성이 결여된 희망 사항에 불과하다고 평가할 수 있다.

이상의 이론적 논의와 평가를 종합하면 세계화 시대에 발전국가의 쇠퇴와 포스트 발전국가의 경로에 대해서는 다음과 같은 대략적인 전망이 가능하다.

첫째, 발전국가가 유지되든, 아니면 신자유주의 체제로 전환되든 간에 세계화 조건에서 각국의 발전 모델은 신자유주의적 성격이 강화될 수밖에 없다. 즉 어떠한 경우든 자국 기업들의 국제경쟁력 강화와 해외자본 유입을 위해서 규제완화, 대외개방, 자유화, 민영화 등을 전면적 또는 부분적으로 채택할 수밖에 없기 때문이다(Cerny, Menz and Soederberg, 2005; Pirie, 2013; Schmidt, 2002). 따라서 발전 모델에서 신자유주의로의 수렴 현상이 일정 정도 발생한다고 봐야 한다.

둘째, 그러나 현실의 신자유주의 체제는 해당 국가의 제도적 특수성을 매개로 투영되거나 실현된다(Brenner, Peck and Theodore, 2010b; Fourcade-Gourinchas and Babb, 2002; Harvey, 2005). 이는 동아시아 발전국가의 유산이 이들 지역의 신자유주의적 전환과 그 성격에 중대한 영향력을 행사하며, 영미형 고전적 신자유주의와 구분되는 독특한 형태의 신자유주의 체제가 나타나는 원인으로 작용할 수 있음을 시사한다. 뒤에서 살펴보겠지만, 동아시아 신자유주의의 특성으로는 발전주의적 이념(경제성장, 캐치업, 수출증대 등)에 종속된 도구적 성격을 지닌다는 점과 국가가 신자유주의 정책을 선택적으로 수용하고 다소 자의적으로 운용하고 있다는 점을 들 수 있다.

셋째, 과거 발전국가의 유산은 동아시아 국가들이 전면적 또는 부분적으로 신자유주의로 전환함에도 불구하고 여전히 전략적인 시장 개입을 지향하고 실제로 시행한다는 점에서 확인할 수 있다(Weiss, 2003). 그러나 세계화와 신자유주의에서 발전국가적 시장 개입의 경제적 효과는 극히 제한적이고 부정적이다. 이는 2000년대 이후 동아시아에서 발전국가적 산업정책이 애초에 의도했던 성과를 낸 사례를 찾아보기 어렵다는 점에서도 확인된다(윤상우, 2018a).

그러면 발전국가의 위기 또는 쇠퇴와 포스트 발전국가로의 전환에 대해 지금까지 언급한 분석적 관점을 토대로 한국과 일본, 대만의 실제 전환 과정과 특징을 세부적으로 살펴보겠다.

2. 한국의 경로: 발전주의적 신자유주의

1990년대, 특히 김영삼 정부 시기는 한국에서 발전국가가 쇠퇴하고 포스트 발전국가로의 전환이 본격화된 시기였다. 발전국가의 위기를 야기한 정치·경제적 요인들은 이미 1980년대부터 한국 사회의 구조 전반에 배태되어 있었지만,[3] 실제로 발전국가의 쇠퇴와 해체가 진행된 것은 이 시기였다. 발전국가 해체의 근거로 다음 요인들을 들 수 있다.

첫째, 박정희 정부 이래로 한국 발전국가의 선도기구였던 경제기획원이 폐지되었고, 경제운용의 핵심 기조이자 정책지침 역할을 해온

3 한국 발전국가의 위기는 1980년대부터 나타난 국가-세계체제의 변화, 국가-시민사회의 변화, 국가-민간기업의 변화, 국가관료기구의 능력 하락 등에서 연유한다. 이는 구체적으로 세계체제적 압박구조의 등장(선진국의 시장개방 및 자유화 압력, 후발 개발도상국의 추격), 민주화 이행에 따른 국가의 정책적 자율성 하락, 재벌의 경제력 성장으로 국가의 기업통제력이 약화된 점 등에서 연유한다(윤상우, 2005).

경제개발계획도 폐기되었다. 둘째, 미국의 금융개방 압력과 OECD 가입 요건을 맞추기 위한 정치적 배경에서 급진적인 금융정책과 외환 자유화 정책이 추진되었다. 이로써 발전국가의 핵심 정책수단이었던 금융정책의 이완이 나타났고, 국내외 민간기업과 금융기관의 자금 흐름에 대한 국가의 정책능력이 약화되었다. 셋째, 민주화 이후 선거동학과 정치논리 개입 등으로 산업정책의 비일관성과 비효율성이 증가했다. 그 대표적 사례로 재벌개혁과 친재벌정책을 오락가락했던 재벌정책이나 삼성자동차 인허가와 관련하여 국가관료기구 내부에서 빚어진 혼란과 찬반논쟁 등을 들 수 있다. 넷째, 그 결과로 인한 재벌들의 차입경영과 과잉중복투자, 금융기관의 과도한 해외차입에 대한 국가의 통제력 상실을 꼽을 수 있다. 주지하듯이, 이와 같은 요인은 외환위기의 직접적인 원인으로 작용했다.

한국에서 발전국가의 쇠퇴와 해체는 결국 1997년 12월 사상 초유의 외환위기와 IMF 협정으로 귀결되었다. 외환위기 직후 집권한 김대중 정부는 IMF 프로그램에 입각해 구조조정을 실시할 수밖에 없었고, 이로써 신자유주의 경제정책으로 강제 전환되었다. IMF 프로그램에 의한 신자유주의 정책은 거시경제 긴축(고금리, 통화·예산 긴축), 자본·외환·무역의 완전자유화, 4대 구조조정(금융, 기업, 노동, 공공)을 핵심 축으로 한다(신장섭·장하준, 2004; 윤상우, 2018a). 이 가운데 거시경제 긴축은 초반에만 잠깐 시행한 뒤 곧 완화되었지만, 자본·외환·무역의 자유화와 대외개방, 그리고 4대 구조조정은 한국 정부의 적극적인 호응과 일관된 정책의지 아래 비교적 완전하게 이행되었다. 따라서 한국의 신자유주의적 전환은 IMF 프로그램이라는 외부적 강제가 일차적인 계기로 작용했지만, 국가의 자발적 선택이었다는 점도 강조할 필요가 있다(조영철, 2007).

이는 다음의 두 가지 요인으로 설명될 수 있다. 첫째, 김대중 정부는 과거 개발독재·발전국가의 정실 자본주의(crony capitalism)가 외환위기를 초래했다고 인식하고, 신자유주의 정책을 통해 관치금융과 정경유착 등 악순환의 고리를 끊을 수 있다고 판단했다(윤상우, 2016). 둘째, 한국이 IMF 프로그램을 통해 비교적 단기간에 외환위기에서 탈출한 것도 신자유주의 정책에 대한 국가의 신뢰와 사회적 정당성을 강화하는 요인이 되었다. 이때부터 규제완화와 자유화 등 신자유주의 정책을 통해 외국 자본을 적극 유치하는 것이 위기탈출과 경제성장의 핵심 열쇠라는 인식이 국가 엘리트들 사이에서 자리 잡았고, 그러한 기조는 노무현 정부와 이명박 정부에서도 큰 변화 없이 지속되었다.

그런데 한국의 신자유주의 체제는 신자유주의적 정책을 경제의 기본 운영원리로 삼지만, 이와 구분되는 차별적 성격의 정책들도 결합된 혼종성(hybridity)을 특징으로 한다. 혼종적 성격의 경제정책은 일정 부분 발전국가의 유산과 관성에서 기인하는 것으로 볼 수 있다. 따라서 한국의 포스트 발전국가의 경로는 성장 우선주의적 지향성과 발전국가적 관성을 강하게 배태하는 '발전주의적 신자유주의(developmental neoliberalism)'로 규정할 수 있다(윤상우, 2018a: 155-160).[4] 발전주의적 신자유주의 체제에서는 다음과 같은 정책들이 결합되어 있다.

4 한국과 같이 신자유주의와 발전국가적 정책이 혼재된 발전 모델을 개념화하는 것은 많은 논란이 있었고, 통일된 개념도 존재하지 않는다. 본고의 발전주의적 신자유주의와 유사한 개념으로는 '잡종적 신자유주의(variegated neoliberalism)'(Brenner, Peck and Theodore, 2010a), '잡종적 시장국가(variegated market state)'(Carroll, 2017) 등을 들 수 있다. 한편 외환위기 이후 한국을 신자유주의 국가로 규정했던 파이리(Pirie, 2018: 141)는 최근의 논의에서 신자유주의와 발전주의가 혼재된 한국의 상황을 '포스트 발전국가(post-developmental state)'라는 개념으로 규정한 바 있다. 다만 본 논의에서 '포스트 발전국가'는 발전국가 이후의 발전 모델을 지칭하는 개념으로 사용하기 때문에 파이리의 개념화는 혼동을 불러일으킬 수 있어 여기서 사용하지 않는다.

첫째, 신자유주의 정책이 경제의 핵심 운영원리로 작동한다(Pirie, 2008: 10-14). 그 주된 내용으로는 완전한 대외개방과 자유화, 규제완화를 통해 자본·금융·무역에 대한 모든 장벽과 규제를 철폐하고 핵심 제조업과 은행 부문을 과감하게 해외자본에 매각한 것을 들 수 있다. 또한 기업 구조조정을 통해 영미식 주주자본주의 모델과 기업지배구조를 정착시키려 했고, 정리해고와 파견근로를 허용함으로써 노동시장의 유연성을 확립했다. 그리고 포괄적인 공기업 민영화를 시행하고 FTA 협정을 적극 추진한 것을 지적할 수 있다.

둘째, 필요시 신자유주의와 상충되는 케인스주의적 정책이나 발전국가적 정책도 실시된다(김기원, 2007; 유종일, 2008). 케인스주의적 정책으로는 수출 촉진을 위한 인위적 고환율정책, 투자활성화와 경기부양을 위한 저금리정책, 재정지출 확대가 대표적이며, 부실 금융기관에 대한 공적자금 투입과 부실 대기업에 대한 선별적 구제 조치 등도 포함된다. 발전국가적 정책의 경우, 김대중 정부에서는 재벌기업 간 빅딜 정책이나 벤처기업 육성책 등이, 노무현 정부에서는 신성장동력 및 혁신클러스터 사업 등이, 이명박 정부에서는 4대강 살리기와 같은 토건형 공공사업과 녹색성장정책 등이 시행되었다.

셋째, 복지 및 재분배 성격의 사회민주주주의적 정책도 발견된다. 김대중 정부 이후 복지예산의 지속적 증대와 사회보험 확대, 노무현 정부 때의 종합부동산세 신설 및 양도소득세 강화, 박근혜 정부에서 실시된 기초연금 등이 이에 해당한다. 또한 노사관계에서 사회적 합의주의를 지향했던 노사정위원회의 법제화도 사회민주주의적 정책이라 볼 수 있다. 그러나 이들 정책이 복지국가를 지향한다거나 신자유주의적 정책 기조를 넘어서는 것은 아니다. 넓게 본다면 신자유주의 경제정책에 따른 사회적 불평등을 완화하여 신자유주의의 정당성과 지속성을 보장하려는 확장된 워싱턴 컨센서스(augmented Washington

Consensus)의 일환이라 할 수 있다(Beeson and Islam, 2005; Hayashi, 2017).

이상과 같은 한국의 발전주의적 신자유주의 체제는 발전 모델 측면에서 다음과 같은 특징을 지닌다(윤상우, 2018a: 162-164).[5] 첫째, 한국의 신자유주의는 자유시장을 구현하기 위한 목적이 아니라, 발전주의적인 경제성장 목표(높은 경제성장률, 수출증대, 캐치업 등)를 달성하는 도구적 수단이자 동원전략으로 활용되고 있다. 따라서 한국의 신자유주의 정책들은 시장원리를 완전하게 실현한 경제운용을 지향한다기보다 외자유치와 기업투자 확대, 수출 촉진을 위한 유인책으로서 지극히 도구적인 성격을 지닌다. 둘째, 한국의 발전주의적 신자유주의 체제에서는 정치 엘리트와 국가 관료들의 신자유주의에 대한 인식이 도구적이고 편의적이기 때문에 경제성장을 위해 필요하다면 신자유주의 원리에 반하는 자의적인 정책 개입도 흔하게 발견된다.[6] 앞서 다양한 케인스주의적 정책이나 발전국가적 정책이 한국의 신자유주의 체제에서 혼재하고, 경우에 따라 신자유주의적 정책을 압도하는 것은 바로 이러한 이유 때문이다. 셋째, 한국의 신자유주의적 전환은 영국과 칠레처럼 강력한 경제 엘리트(기업) 및 민간 정책집단(학계, 싱크탱크, 언론)이 신자유주의 담론을 선도하고 좌파 정부의 정책과 이데올로기적 투

5 발전주의적 신자유주의는 한국과 동아시아만의 현상이 아니다. 2000년대 브라질 룰라(Lula) 정부에서도 신자유주의 정책과 발전주의 정책이 결합된 '발전주의적 신자유주의'가 나타난 바 있다(Ban, 2013; Morais and Saad-Filho, 2012). 다만 룰라 정부의 발전주의적 신자유주의는 한국보다 사회정책이 강화된 사회적 신자유주의(social neoliberalism)의 성격도 동시에 지니는 특징을 보인다(윤상우, 2018a).

6 대표적인 사례로는 김대중 정부의 기업 구조조정에서 재벌들에게 빅딜을 강요한 것이나 노무현 정부의 신용카드사 부실 처리에서 나타난 관치금융의 행태, 이명박 정부의 금융시장 협박과 노골적인 외환시장 개입, MB 물가지수 관리 등을 꼽을 수 있다.

쟁을 통해 나타난 '정치적 전환'의 경로라기보다는, 멕시코와 프랑스 등에서 외환위기라는 특정한 위기 국면을 맞이해 국가 기술관료들이 현실적 필요성에서 톱다운 방식으로 채택한 '실용적 전환'의 경로에 가깝다(Fourcade-Gourinchas and Babb, 2002). 한국에서 신자유주의에 대한 이념적 지향성과 정책적 몰입도가 낮은 것은 일정 부분 이러한 이유에서 기인하는 측면도 있다.

문제는 한국이 발전주의적 신자유주의를 통해 단기간에 외환위기를 극복하고 수출대기업의 경쟁력 강화와 호황 등 경제성장의 모멘텀을 재정립했지만, 이후 신자유주의 체제가 지속적으로 재생산되면서 사회·경제 전반에 엄청난 부작용과 문제점을 야기하고 있다는 점이다. 우선, 한국의 발전주의적 신자유주의가 낳은 '재벌중심적·외자의존적·수출편향적 축적 구조'는 한국 경제의 대외의존도를 지나치게 높여서 2008년 글로벌 금융위기에서 보듯이 외부 충격에 대한 내성을 매우 약하게 만들었다. 또한 수출대기업의 해외투자 및 해외 하청망 확대는 수출-내수의 선순환 고리를 해체하고 고용 없는 성장과 내수시장 침체라는 결과를 낳았다. 그리고 신자유주의 체제의 모든 모순이 응축되는 집결지로서 더 이상 설명이 필요 없는 경제적 불평등과 양극화, 비정규직과 빈곤의 급증을 들 수 있다. 이렇듯 한국의 발전주의적 신자유주의는 그것이 가져온 성과 이상으로 큰 비용과 사회적 폐해를 수반하고 있다.

3. 일본의 경로: 케인스주의적 신자유주의

잘 알려져 있듯이, 일본은 동아시아 발전국가의 원형이자 전범(典範)이었다. 일본의 자민당(自民黨) 장기집권체제인 이른바 '55년 체제'에서 성립된 발전국가는 전후 일본의 고도성장을 견인하는 핵심 동력이었다(Johnson, 1982). 그러나 거침없이 순항하던 일본 경제는 1970년대 글로벌 경제위기와 오일쇼크 등을 거치면서 중화학 부문의 구조조정과 산업합리화 정책을 시행하는 등 변화의 조짐이 조금씩 나타나더니, 1980년대에는 일본 기업들의 엄청난 수출경쟁력과 세계 2위 경제대국이라는 자신감을 바탕으로 국가는 점차 발전국가적 정책에서 탈피하여 규제국가적 성격을 강화한다.[7] 따라서 일본에서 포스트 발전국가로의 전환 움직임은 이미 1980년대부터 시작된 것으로 볼 필요가 있다. 이 시기에 나타난 일본 발전 모델의 변화 요인은 다음과 같다(윤상우, 2005).

첫째, 국가관료의 자율성 약화로 경제정책의 일관성과 효율성이 쇠퇴했다. 이는 자민당의 장기집권이 지속되면서 정책결정 과정이 사실상 '자민당 내부화'된 점, 자민당 내에서 경제정책에 상당한 지식과 전문성을 갖춘 족(族)의원이 출현한 점, 그리고 정치 엘리트 충원 방식이 퇴직 관료에서 순수 정치인으로 바뀐 점 등에서 연유한다(Johnson, 1995: 207; Krauss, 1989: 55).

둘째, 산업정책이 축소되고 성격이 변화했다. 전략산업 육성을 위한 전통적인 산업정책 수단들(금융통제, 보조금 지급, 관세, 무역쿼터 등)은 1960년대 후반부터 축소되기 시작했고, 1980년대 이후 사양산업이나 한계산업의 적절한 퇴출을 유도하고 산업 전반을 아우르는 포괄적이고 기능적인 정책(에너지 대책, 통상마찰 대책 등)으로 전환되었다(권혁기·이지평, 1993; Eads and Yamamura, 1987: 452-458).

7 1980년대 집권한 나카소네(中曽根康弘) 정부에서 국영기업의 대규모 민영화 등 일부 신자유주의 정책을 추진했지만 제한적이고 부분적인 적용에 그쳤다(국민호, 2016).

셋째, 경제 자유화와 세계화의 진전으로 일본 기업들의 이해관계가 분화되었다. 1980년대 이후 일본 기업들은 독보적인 국제 경쟁력을 확보한 자동차·전자 산업의 수출대기업과 상대적으로 생산성과 경쟁력이 떨어지는 내수기업(건설, 시멘트, 보험, 금융 등)으로 분화되었다(Katz, 1998; Pempel, 1998). 수출대기업들은 국가의 보호와 정책적 지원을 필요로 하지 않았고 통상마찰을 우려해 경제자유화를 요구한 데 비해, 내수기업들은 낙후된 생산성에도 불구하고 국내시장을 독점할 수 있도록 국가가 계속해서 개입하고 보호해 주기를 바랐다.

넷째, 발전국가의 전성기에 큰 역할을 했던 심의회 등 국가-기업 간 제도적 정책망이 종전과 같은 효율성을 보여 주지 못했다. 대표적인 사례로 컴퓨터 산업(하드웨어 및 소프트웨어) 육성을 위한 민관 프로젝트의 참담한 실패를 들 수 있다. 이는 과거 중화학공업 육성 때의 개입 방식을 첨단산업에 관성적으로 적용하고 참여 기업들의 이해관계를 국가가 중재·조정하는 데 실패했기 때문이다(한상영·김용학·송복, 2000).

발전 모델의 모순적 상황과 불안정성이 가중되는 가운데, 일본은 결국 1990년대 초반 부동산 가격 폭등과 뒤이은 거품경제 붕괴로 경제성장세가 꺾이고 이후 극심한 장기불황을 경험하게 되었다.[8] 1990년대 일본 정부는 과거 발전국가의 관성대로 수차례에 걸친 경기부양책을 실시하고 부실 금융기관을 구제하는 등 다각적인 경제 개입을 시도했지만, 장기불황의 흐름을 극복하기에는 역부족이었다. 특히 1996년 하시모토(橋本龍太郎) 정부에서 금융 빅뱅을 포함한 신자유주의적 규

8 일본은 1981-1990년에 연평균 4.65%의 나름 견실한 경제성장률을 보였지만, 1991-2000년에는 1.14%, 2001-2012년에는 0.79%의 극심한 저성장에 시달렸다. 특히 2000-2012년에는 연평균 소비자물가상승률이 -0.3%로 디플레이션이 고착화되었다(김용복, 2016: 94).

제 완화를 추진했음에도, 자민당 정부가 경기활성화를 위한 신자유주의적 정책과 선거정치를 위한 후원주의적·복지주의적 정책 사이를 오락가락하면서 아무런 성과도 내지 못하고 말았다(Tsunekawa, 2014: 195-197). 결국 일본은 2000년대 이후에야 본격적으로 신자유주의적 경제로 전환을 추진하는데, 이것이 일본의 포스트 발전국가의 경로를 규정하는 핵심 요인으로 부상하게 된다.

일본 경제의 신자유주의적 전환은 2001년 집권한 고이즈미(小泉純一郎) 정부에서 본격화되었다. 고이즈미 정부는 거품경제 붕괴 후 장기불황에서 탈출하고자 일본 고유의 경제 모델인 발전국가에서 영미식 신자유주의 모델로 전환하려 시도했다. 이즈음 일본 발전국가의 상징적인 선도기구였던 통상산업성(MITI)이 경제산업성(METI)으로 개편되었고, 경제산업성은 규제완화정책의 총본산이 되었다(Fields, 2012: 53). 고이즈미 정부에서 시행된 신자유주의 정책의 주요 내용은 다음과 같다(국민호, 2016: 80-83; 김용렬, 2008: 258-259).

첫째, 기업의 투자활성화를 이끌어 내기 위해 규제완화정책을 실시했다. 이에 따라 1,500건에 달하는 각종 규제완화 및 제도개선을 추진하고, 해외 이전 기업의 국내 유턴을 촉진하고자 수도권 입지제한 정책을 폐지했다. 둘째, 노동시장 유연화 정책에 따라 노동자 파견에 대한 규제개혁을 단행해 노동자 파견기간을 1년에서 3년으로 연장했으며, 고용보험 조건을 완화하고 파트타임 노동 지침을 개정해 아르바이트, 파견노동자, 계약직 등 고용 형태를 다양화했다. 셋째, 작고 효율적인 정부를 위한 재정 효율화와 공공 부문 개혁을 추진했다. 재정 건전화를 위해 국채 발행을 억제하고 지자체 보조금을 삭감했으며 정부 산하 법인(공기업) 163개 중 136개에 대해 폐지하거나 민영화 또는 독립법인화를 추진했다. 특히 논란이 많았던 350조 엔 규모의 우정사업을 민영화한 것이 상징적 정점이었다. 넷째, 금융기관의 부실채권을 정리하기 위해 금융 구조조정 정책을 단행했다. 2003년 '산업재생기구'를 설립하여 금융기관이 보유한 부실채권을 인수하는 방식으로 이 문제를 정리했다.

고이즈미 내각의 신자유주의 정책은 국제경제의 호조에 힘입어 일본 경제에 분명한 성과를 가져왔다. 2002-2007년에 엔저 기조로 수출이 증가하면서 전후 최장기간 동안 경기회복세가 이어졌고 일본 수출대기업의 수익성이 대폭 개선되었다. 그러나 표면적인 경기회복에도 불구하고 일본의 신자유주의 체제에 대한 평가는 그리 긍정적이지 않다.

첫째, 일본의 신자유주의 정책은 이념적으로 신자유주의 사상에 철저하게 입각했다기보다는 그때그때 상황논리에 따라 즉흥적이고 편의적으로 채용되었다. 따라서 정책체계의 이념으로서 확고한 위치를 차지하지 못하고 정책의 일관성도 부족해 결국 파탄을 맞았다는 평가가 지배적이다(다케다 하루히토, 2016: 28-29). 츠네가와(Tsunekawa, 2014: 205)는 자민당이 기반을 두고 있는 발전주의적·후원주의적 정책 지지 세력의 저항으로 일본의 신자유주의 정책이 한계에 직면한 것으로 분석한다. 둘째, 신자유주의 정책에 따라 법인세 인하가 이루어졌고 기업들의 경상이익률이 2000년대 내내 상승했지만 기업 부문의 적극적인 투자는 창출되지 않았다. 규제완화로 다양한 측면에서 정부로부터 자유를 획득한 민간기업들은 주주배당 이상의 사회·경제적 책임을 지려 하지 않았고, 신규투자와 고용창출에 소극적이었다. 셋째, 신자유주의 정책에 의한 노동시장 유연성으로 비정규직이 급증하고 불평등이 증가하여 일본 경제의 불균형은 더욱 심화되었다.[9] 즉 국민의 소득

9 단적으로, 실업률은 2009년 5.6%로 역대 최저 수준을 기록했다. 또한 1990년대 20%대였던 비정규직 노동자 비율은 2003년 30.4%를 돌파한 데 이

감소로 내수시장과 국내소비는 더욱 위축된 반면 수출 의존도는 더욱 심화되었다. 또한 경기회복 효과가 대기업과 일부 지방에서만 나타나고 가계, 저소득층, 중소기업, 지방경제에는 미치지 못했다.

결국 고이즈미 내각의 신자유주의 정책에 따른 격차사회(格差社會)와 사회·경제적 양극화의 피로감은 2009년 중의원 선거에서 자민당 정권의 실각과 '복지주의'를 내세운 민주당으로의 정권교체를 가져왔다. 그러나 집권기간 3년 4개월 동안 수상이 세 번이나 교체될 정도로 정치적 리더십과 정책능력이 취약했던 민주당 정부는 '증세 없는 보편적 복지주의'의 허구성, 소비세 인상에 대한 국민적 저항, 2011년 동일본 대지진 및 후쿠시마 원전사고 수습 과정에서 드러난 무능력으로 인해 단명하고 말았다(국민호, 2016; 김용복, 2016). 2012년 출범한 자민당의 아베 신조(安倍晋三) 내각은 신보수주의, 신국가주의, 아베노믹스(Abenomics)를 바탕으로 재집권에 성공했다. 아베노믹스는 기본적으로 고이즈미 내각과 같은 신자유주의 정책(규제완화, 법인세 감세, TPP 참여 등)을 기본 축으로 하지만, 이전의 자민당 정부가 그러했듯이 단기적으로 대규모 양적 완화, 포괄적인 재정지출에 기반을 둔 경기부양책 등 케인스주의적 성격을 동시에 지닌 것이었다(Tsunekawa, 2014: 205). 이는 일본의 신자유주의가 자유시장 원리를 구현하고 지향한다기보다는 한국과 마찬가지로 도구적이고 개입주의적인 속성을 지니고 있음을 보여 준다.

어 2010년에는 34.3%로 증가하는 추세를 보였다(국민호, 2016: 84; 전영수, 2010: 6-7).

4. 대만의 경로: 혼종적 발전국가

대만도 한국과 마찬가지로 1980년대 이후 국가-세계체제, 국가-시민사회, 국가-자본 관계의 변화로 인해 발전국가가 다소 약화되거나 쇠퇴하는 과정을 경험했다. 그러나 대만은 이러한 발전국가의 연성화에도 불구하고 경제 전반에 대한 국가의 정책능력과 해외자본에 대한 통제력을 유지함으로써 한국을 비롯한 여타 동아시아 국가와 달리 1997년 동아시아 외환위기에 휩쓸리지 않았고 나름대로 견실한 경제성장을 지속할 수 있었다. 그런데 2000년대 이후 대만에서도 발전 모델의 전환 요구가 대내외적으로 제기되기 시작했다.

첫째, 1990년대 이후 대만 기업들의 대중국 투자와 중국 진출이 가속화되면서 대만 경제의 공동화(空洞化) 문제가 점차 가시화되었고, 실제로 2000년대 내내 저성장·저투자 국면이 지속되면서 대만 경제의 활력이 급격히 감소했다(윤상우, 2005; Pirie, 2018). 둘째, 동아시아 외환위기에서 생존했음에도 불구하고 대만의 공공담론은 많은 동아시아 국가가 채택한 신자유주의 정책 노선에 상당히 동요했다(Chu, 2013: 659; Wu, 2007: 990). 대만의 외국 금융기관, 국내 기업가, 신자유주의적 경제학자 등은 포괄적인 경제자유화와 규제완화를 도입해야 한다고 강력하게 주장했으며, 대만 정부도 2001년 WTO 가입을 위해 금융부문 규제완화, 국제 금융자본에 대한 개방과 자유화 등의 가입조건을 이행해야 하는 상황이었다. 셋째, 2000년 총통 선거에서 대만 발전국가의 정치적 토대였던 국민당 일당지배가 막을 내리고 서로 다른 정치노선과 정책 성향을 지닌 민진당(民進黨)으로 정권교체가 이루어졌다. 이때 천수이볜(陳水扁) 정부는 연임에 성공해 2008년까지 집권한 바 있다.

그러나 대내외적 상황 변화와 발전 모델의 전환 압력에도 불구하고 대만의 발전 모델은 2000년대 이후에도 발전국가의 기본틀과 제도적 연속성을 유지해 왔다는 것이 지배적인 평가다(Chu, 2013; Fields, 2012; Wang, 2012; Wong, 2005). 그 핵심 근거는 다음과 같다.

첫째, 대만 발전국가의 제도적·조직적 자원은 민주화 이행과 정권교체를 거치면서도 기존의 형태와 권한, 기능을 거의 그대로 유지하고 있다. 대만에서는 선도기구인 경제건설위원회와 경제부 공업국 등 경제관료기구가 건재하고, 이들은 여전히 경제개발계획과 다양한 산업정책을 입안·실행하고 있다. 둘째, 대만 발전국가는 산업고도화와 국제경쟁력 강화를 위해 적극적인 산업정책을 추진하고 있다. 많은 대만 학자가 2000년대 이후 신성장산업 발굴, 혁신 R&D 투자 강화 및 거점 구축, 생명공학산업의 전략산업화 등을 대표적인 산업정책으로 꼽는다. 셋째, 대만 발전국가는 중앙은행을 통해 금융 부문에 강력한 통제력을 유지하고 있으며, 산업발전기금[10]과 4대 연기금(우편기금, 국민연금기금, 노동보험기금, 고용보험기금) 등 방대한 금융자원을 보유 및 통제하고 있다.

이처럼 2000년대 이후 대만에서 발전국가 모델이 지속되고 있긴 하지만 과거와 동일한 형태는 분명 아니다. 즉 여러 가지 정치·경제적 이유에서 발전국가와 결이 상당히 다른 유형의 정책들이 결합됨으로써 혼종적 성격의 발전국가로 진화해 가는 것으로 판단된다. 대만 발전국가의 혼종성은 다음 두 가지 측면에서 확인된다.

첫째, 신자유주의적 세계화의 대세적 흐름에 적응하고 국내기업들의 투자 유인을 위해 신자유주의 정책을 부분적으로 도입하는 제한적 신자유주의화가 시도되었다. 천수이벤 정부 이후 본격화된 대만

10 산업발전기금은 국가가 선정한 중요 산업(석유화학, 반도체)과 10대 첨단산업(정보통신, 생명공학, 항공우주 등)에 주로 투자된다.

의 신자유주의 정책은 외국인 투자와 금융 부문, 독점산업(통신, 석유)에 대한 규제완화, 국영기업과 국영은행의 민영화, 기업의 투자 유인을 위한 감세정책, 중국과의 ECFA(兩岸經濟協力基本協定)를 포함한 FTA 추진 등이 대표적이다(이수행 외, 2007: 105-106; Chu, 2013: 662-664). 그러나 대만의 신자유주의 정책은 제한적이고 부분적인데, 그것은 노동시장 유연성을 채택하지 않고, 금융시장도 전면 자유화하지 않아 해외자본 유입과 M&A 등에 소극적인 것에서 확인할 수 있다.[11]

둘째, 민주화 이후 시민사회의 성장과 변화된 정치 지형에 대응하기 위해 복지국가적 정책이 추진·확대되고 있다(김성숙 외, 2011; Kwon, 2009). 그 대표적인 것으로는 노동보험과 실업보험 등으로 파편화된 실업급여체계를 재구성해 통합한 고용보험이 2003년부터 시행되었고, 전 국민을 대상으로 하는 공적연금을 확충하기 위해 2009년부터 국민연금제도를 시행했으며, 민진당 집권 이후 정부 예산에서 사회복지 예산의 실질적 증대가 이루어진 것을 들 수 있다. 그러나 복지정책에서 일정한 제도적 진전과 실질적 개선이 이루어졌음에도 불구하고 그 규모와 범위가 미약하여 대만의 발전 모델이 복지국가적 전환을 이루었다고 보기는 힘들다.[12]

대만은 명시적으로 신자유주의적 전환을 수행한 한국이나 일본과 달리, 과거의 발전국가 모델을 발전 모델의 기본 축으로 하면서 특

11 대만은 취업복무법과 대량해고노동자보호법을 통해 정리해고 및 노동자 대량해고를 억제하고 있다. 이에 따라 신자유주의로 전환한 한국이나 일본과 달리 전체 노동력에서 파트타임과 비정규직의 비중이 2010년 각각 6%와 3.6%로 매우 낮은 수준이다.

12 2010년 대만의 사회복지지출 비중은 정부 예산 대비 16.2%, GDP 대비 3.0% 수준인데, 이는 2007년 한국의 사회복지지출 비중이 정부 예산 대비 25.9%, GDP 대비 7.6%, 일본의 복지지출 비중이 GDP 대비 18.7%인 것과 비교할 때 크게 낮은 수준이다(윤상우, 2018a: 192-193).

정 영역의 신자유주의 정책과 복지국가적 정책을 부분적으로 도입해 발전국가 모델의 약점과 취약성을 보완하려는 혼종적 발전국가의 경로로 진화해 가고 있다. 대만의 발전 모델이 변화보다는 연속성이 우세하고 여전히 발전국가로 규정될 수 있는 결정적 근거는 금융자본에 대한 국가의 확고한 통제력에서 찾을 수 있다. 2008년 국민당이 재집권할 당시, 대만의 국가는 10대 상업은행 중 3개를 직접 소유하고 4개를 실질적으로 지배하며, 총은행자산의 43%를 소유·통제하고 있었다(Chu, 2014: 78-79). 이와 같은 대만의 혼종적 발전국가를 평가하면 다음과 같다(윤상우, 2018a).

첫째, 대만에서 기존 발전국가 모델에 이질적 성격의 신자유주의 정책과 복지국가적 정책이 부분적으로 결합된 것은 장기적이고 체계적인 발전 모델의 전환을 고려해서가 아니라, 그때그때의 상황적 필요성과 정치적 고려에 의한 것이었다. 대만에서 복지국가적 시도는 국민당과 민진당 간 선거동학과 정책경쟁의 산물이었다. 그 때문에 대만의 복지정책은 정치적 상황논리에 따라 부침을 거듭했고, 복지정책의 규모나 정책효과는 미미했다. 또한 신자유주의적 정책의 도입은 대만 기업들의 해외 진출과 중국 투자로 빚어진 대만 경제의 공동화, 경제의 활력 저하와 정책효율성 하락을 저지하기 위한 부득이한 선택이었다. 이런 맥락에서 대만은 발전국가 모델과 신자유주의화, 그리고 복지정책이라는 극히 이질적인 요소들이 병렬적으로 결합하고 모순적으로 공존하는 애매한 발전 모델로 진화하게 된 것이다.

둘째, 대만은 21세기에도 여전히 발전국가 모델을 유지하고 있지만 발전국가의 정책성과나 경제적 효율성은 과거와 달리 현저히 약화되고 있다(윤상우, 2018a: 207-208). 단적으로, 발전국가의 제도적 관성이 유지되고 경제계획과 산업정책이 지속적으로 추진되고 있음에도 2000년대 대만 경제가 저성장과 저투자의 침체 국면을 벗어나지 못하는 것은 신자유주의적 세계화 시대에는 발전국가 모델이 더 이상 유효성을 지니지 못함을 보여 주는 징후라 할 수 있다. 기업들의 해외진출과 자본이동이 빈번해지는 가운데 세계 시장에서의 경쟁이 더욱 첨예하며 리스크와 불확실성이 큰 첨단산업은 발전국가의 산업정책에 한계를 부여하고 정책효율성을 떨어뜨리는데, 현재의 대만 발전국가는 바로 이러한 상황에 처해 있다.[13]

셋째, 혼종적 발전국가의 등장과 발전국가 자체의 국가능력성이 쇠퇴해 대만의 경제지표와 사회지표는 좀처럼 개선되지 않고 있다. 2000년대 대만의 경제성장률은 연평균 3.8%로 한국보다 낮은 수준이며 마이너스 성장도 종종 나타났다. 수출성장률은 2-3년 주기로 성장과 정체를 반복하는 기복이 심한 모습을 보여 주며, 특히 총고정자본형성 증가율이 2000년대 내내 사실상 마이너스 성장 또는 정체되는 극심한 저투자 양상이 나타나고 있다. 또한 혁신된 산업정책의 결과로 꼽히는 R&D 지출액 비중은 꾸준히 증가하고 있지만, 한국 및 일본과 비교하면 투자규모와 증가속도에서 상당히 뒤처진다. 그리고 사회불평등지표와 관련하여 실업률, 지니계수, 소득5분위배율 등도 지속적으로 악화되고 있는데, 이는 신자유주의 경제로 전환하여 불평등·양극화 문제가 심각했던 한국 및 일본보다 더 높은 수준이다.[14] 이는 대만

13 2000년대 대만 발전국가의 산업정책으로 자주 언급되는 생명공학산업 육성도 사실상 실패한 정책으로 평가된다(Wu, 2007: 999-1000). 대만 정부는 생명공학산업을 전략산업으로 지정하고 적극 지원했으나, 대만 GDP 및 세계 생명공학 생산에서 아주 미미한 비중만 차지하는 소규모 생명공학 기업만 양산하는 결과를 가져왔다. 2005년 대만의 생명공학산업은 1,156개 기업에서 고용 38,085명과 수출 16억 달러의 성과를 내는 데 그쳤다.

14 대만의 불평등은 1991년 지니계수 0.308, 소득5분위배율 4.97로 양호한 수준이었으나 2008년에는 지니계수 0.341, 소득5분위배율 6.05로 심화되었다. 이는 한국의 2008년 지니계수 0.316, 소득5분위배율 5.74, 일본의 2005년 지니계수 0.308보다 월등히 높은 수준이다.

의 사회정책과 복지국가적 시도가 불평등을 억제하는 데 별다른 효과가 없었음을 입증한다.

5. 동아시아 포스트 발전국가의 성격

앞서 살펴본 한국, 일본, 대만의 경험을 토대로 동아시아 국가들에서 나타나는 포스트 발전국가의 전환 경로와 그 특징을 종합하면 다음과 같은 경험적 명제들을 도출할 수 있다. 이는 전 세계 모든 발전국가의 사례를 포괄하는 것이 아니라는 점에서 보편적인 주장이 될 수는 없겠지만, 세계화 시대에 발전국가의 변동 과정, 세계화와 신자유주의 체제에서 발전 모델의 향후 전망을 가늠하는 데 하나의 가설적인 분석틀 역할을 할 것으로 생각된다.

첫째, 세계화 시대 이전에 동아시아 국가들의 발전 모델은 발전국가가 지배적인 경향성으로 나타났고, 모든 주요 국가에서 이를 토대로 탁월한 경제성과를 거두었다. 그러나 발전국가가 창출한 고도성장이 그 자신의 구조적·제도적 토대를 침식시키는 이른바 '성공의 역설'과, 보다 결정적으로 신자유주의적 세계화라는 세계 경제질서 및 대외 경제환경의 변화로 인해 동아시아에서 발전국가는 1990년대 이후 점차 쇠퇴하고 포스트 발전국가로 전환하는 단계에 접어들었다. 하지만 동아시아 국가들에서 포스트 발전국가의 전환 경로는 단일하지 않고 국가별로 분화되는 흐름이 나타났다. 전환의 계기에서 다소 차이가 있지만, 한국과 일본은 발전국가 모델의 해체와 신자유주의 경제로 전환이 이루어진 반면, 대만은 과거보다 약화되고 변형되긴 했지만 발전국가 모델의 기본 틀이 여전히 유지되고 있다(윤상우, 2018a; Fields, 2012).

둘째, 국가별 편차와 다양성에도 불구하고, 세계화 시대의 동아시아 발전 모델에서도 신자유주의적 방향으로 수렴되는 경향이 비교적 뚜렷하게 나타난다. 1997년 외환위기로 인해 신자유주의 경제로 전환이 강제된 한국과, 1990년대 이후 장기 불황 타개책으로 신자유주의적 정책을 자발적으로 채택하고 확장한 일본의 경험은 물론이고, 발전국가의 틀을 여전히 유지하고 있는 대만조차 대내외적인 압력과 저성장·저투자 상황으로 인해 규제완화와 민영화, 금융개방 등 부분적으로 신자유주의 정책을 채택하고 있다. 이는 세계화와 신자유주의 경향성 아래 자본 유입과 자국 기업의 경쟁력을 강화하기 위해서는 대외개방과 자유화, 규제완화를 추진할 수밖에 없고, 세계화 시대에 발전국가의 경제 선도 능력과 경제 개입 정책의 효율성이 하락하고 있기 때문으로 보인다.

셋째, 그럼에도 동아시아 국가들은 과거 발전국가의 관성과 경로의존성을 강하게 유지하고 있다. 신자유주의로 전환한 한국과 일본도 영미식 고전적 신자유주의와 많은 차별성을 지니며, 국가 성격도 자유시장의 작동과 공정경쟁을 관리·감독하는 단순한 규제국가 수준을 넘어선다(Fields, 2012; Pirie, 2018). 특히 한국과 일본의 경우 신자유주의적 전환에도 불구하고 경제성장을 위한 개입주의적 정책과 발전주의적 정책을 다방면으로 추진하고 있으며, 오히려 신자유주의 정책은 외국자본 유치나 국내기업 투자유도, 경기활성화(감세) 등 상황적 필요에 따라 도구적으로 수용되고 선택적으로 활용되는 성격이 강하다. 이런 맥락에서 한국의 신자유주의 체제는 발전국가적 지향성을 지닌 '발전주의적 신자유주의'로 규정할 수 있고, 일본의 신자유주의 체제도 약한 형태의 '발전주의적 신자유주의', 또는 경기부양책과 재정지출을 축으로 개입주의적 성향을 강하게 지닌 '케인스주의적 신자유주의'로 볼 수 있다.

넷째, 그러나 발전주의적 신자유주의에서 한국의 발전국가적 정책이나 일본의 케인스주의적 정책, 대만의 혼종적 발전국가에서 추진했던 전략산업 육성 등이 애초에 의도했던 정책성과를 거두거나 경제성장에 실질적으로 기여했다고 보기는 어렵다. 한국의 김대중·노무현 정부에서 추진했던 재벌 빅딜과 지역 혁신 클러스터 사업의 경우 사실상 실패한 정책이라 할 수 있고, 일본의 아베노믹스와 무제한 양적 완화는 초반에만 반짝 성과를 냈을 뿐 일본 경제의 체질을 바꿀 만큼 파급력을 지니지는 못했다. 또한 대만이 전략산업으로 생명공학산업을 육성한 정책은 초라한 실적으로 경제성장에 실질적으로 기여하지 못했다. 한국과 일본에서 국가 개입 정책이 경제적 효과를 발휘한 것은 수출대기업의 경쟁력을 강화하기 위한 저금리정책 정도다. 따라서 이러한 점들은 세계화와 신자유주의 시대에 발전국가적인 산업정책이 더 이상 과거와 같은 정책실효성과 경제성과를 거두기 어렵다는 것을 시사한다고 할 수 있다.

다섯째, 한국을 비롯해 일본과 대만은 모두 신자유주의로 경도됨에 따라 경제적 불평등과 양극화의 심화가 핵심적인 사회문제로 부상하고 있다. 문제는 한국, 일본, 대만 모두 이에 대해 부분적인 복지정책으로 대응할 뿐, 복지국가적 경로나 진보적·대안적 발전 모델을 진지하게 고민하거나 검토하고 있지 않다는 점이다. 그 이면에는 경제성장과 민주주의 발전에도 불구하고 노동계급의 조직력과 시민사회의 역량이 여전히 취약하다는 점과 함께, 신자유주의 및 불평등·양극화로 인해 시민사회의 원자화가 가속화되는 현실이 자리하고 있다. 따라서 역설적이게도, 동아시아 국가들에서 경제적 불평등과 양극화에 대처하는 방식과 발전 모델에 대한 국민적 선호는 오히려 신자유주의 체제를 더 강화하는 쪽으로 맞춰져 있다. 한국에서 기업가적 국가를 표방한 이명박 정부의 등장, 일본에서 민주당 정부의 실패와 자민당 아베 정부의 재집권, 대만에서 중국과의 FTA에 적극적이었던 마잉주(馬

英九) 정부의 출현 등 신자유주의적 성향의 정권이 계속 집권한 사실은 이를 반영하는 것이라 할 수 있다.

이상으로 한국, 일본, 대만을 대상으로 발전국가 모델 이후 포스트 발전국가로의 전환 과정과 그 성격 및 주요 특징에 대해 살펴보았다. 그간 발전 연구에서 동아시아 국가들의 위상과 의미는 다소 특별한 것이었다. 주류 경제학의 평가 및 전망과 달리, 국가의 적극적인 시장 개입과 시장원리의 역행·왜곡에도 불구하고, 오히려 그러한 국가 개입과 발전국가를 토대로 장기간 탁월한 경제실적을 거두었기 때문이다. 그러나 1990년대 이후 세계화와 신자유주의 경향성으로 발전국가는 그 자신을 지탱하기도 어려워졌으며, 어떻게든 유지된다 하더라도 예전만큼 경제성과를 달성하지 못하는 것이 엄연한 현실이다. 따라서 이런 점들을 감안하면 동아시아의 발전국가 모델은 어느 시점, 어느 상황에서도 보편적으로 적용·채택될 수 있는 발전 모델이라기보다는 그것의 대척점에 있던 사회민주주의적 복지국가 모델이나 라인형 자본주의 모델과 마찬가지로 20세기 중반 '발전의 시대'에서만 가능했던, 역사적으로 특수한 발전 모델이 아니었나 생각하게 된다.

물론 장하준과 같이 발전국가는 여전히 유효하고 세계화와 신자유주의의 흐름 속에서도 지속 가능하며 경제성장과 사회발전을 견인하는 핵심 동력으로 역할을 할 수 있다고 믿는 학자들과 지지자들은 아직도 많고, 그들이 제시하는 근거들이 설득력을 지니는 경우도 있다. 그러나 현시점에서 수많은 제3세계 후발 개발도상국이 동아시아 발전국가의 몇몇 제도적 특성이나 정책수단을 벤치마킹하고 부분적으로 도입할 수는 있어도, 한국과 일본, 대만에서 발전국가의 전성기를 가능하게 했던 국가자율성과 국가능력성의 정치·사회적 조건을 확립하고, 또 이를 토대로 고도성장과 상향이동을 달성할 수 있는 자본주의 세계 체제의 조건을 향유한다는 것은 지극히 어려운, 불가능에 가까운 일이라고 생각한다. 세계화 시대에 발전국가 모델은 신자유주의 발전 모델을 넘어서기 어렵고, 나아가 미국과 같은 헤게모니 국가를 제외한 보통 국가들은 전 세계 어디든 자유롭게 돌아다니며 국가와 사회의 통제를 회피할 수 있는 초국적 거대자본을 넘어서기 어렵다.

그러면 발전국가의 시효성 만료와 신자유주의의 대세적 흐름 속에서 우리는 무엇을 해야 하는가? 일단 사회 내부에서 신자유주의의 파괴적 효과를 억제하고 초국적 거대자본의 권력과 독주를 통제하려는 노력을 전개할 필요가 있다. 물론 압도적인 자본권력으로 인해 시민사회와 노동계급이 무력화되고 신자유주의의 무한경쟁으로 모든 개인이 원자화·파편화되는 현 상황에서 이러한 시도는 당연히 지난한 과제가 될 것이다. 그러나 자본주의 시장경제의 역사적 발전 과정에서 폴라니(Polanyi, 2009)가 지적했던 '이중운동(double movement)', 즉 시장교환의 파괴적 결과에 맞서 사회와 공동체가 스스로를 보호하려는 움직임은 늘 있어 왔고, 제2차 세계대전 이후 유럽에서 사회와 국가가 자본을 적절히 통제하여 경제발전과 공공선을 달성한 경험이 있기 때문에 아주 불가능한 일은 아니라고 본다. 현재 신자유주의로 전환되고 있는 동아시아에서 발전 모델의 전망과 성찰은 바로 이 문제에 주목하고 이를 극복하기 위한 국가와 시민사회 모두의 노력에서 시작되어야 할 것이다.

제2부

사회발전의 구조적 역학과 변화

제3장 한국의 발전국가

신중상주의에서 신자유주의로

1. 박정희 정권: 발전국가의 형성과 등장

한국의 경제성장 과정을 보면, 발전국가론의 일반적인 설명이 설득력을 갖는다. 박정희 정권에서 볼 수 있듯이 1970년대 산업화 과정에서 국가의 역할은 절대적이었다. 1961년 군사 쿠데타로 등장한 박정희 정권은 국가기구를 정비하여 정권의 부족한 정통성을 상쇄하고자 경제성장을 위한 권력 동원의 효율성을 다졌다. 박정희 정권은 중남미의 '제도로서의 군부에 의한 직접통치'가 아니라 '개인적 군사 지배자에 의한 유사 민간화된 통치' 형태를 보였다(김영명, 1996). 또한 교도자본주의(guided capitalism)[1]의 틀 안에서 초기 수입대체에서 후기 수출증진으로 가는 대외지향적 개발정책을 핵심적인 발전전략으로 채택했는데, 자유방임적인 고전적 자본주의에 대칭되는 교도 자본주의는

1 대한민국 정부가 1962년 간행한 *Summary of the First Five-Year Economic Plan, 1962-1966*에서는 "자유기업의 원칙은 준수될 것이나, 정부가 기간산업 및 다른 주요 부문에 직접적으로 참여하거나 간접적으로 지도할 것이다." 라고 언급하고 있다.

모든 경제활동의 계획과 집행이 국가에 의해 주도되는 것을 말한다. 이처럼 국가는 투자재원의 조달과 배분에 간여함으로써 민간 부문에 강한 통제력을 행사했다. 정부가 혼합경제의 기반 위에서 자본 축적의 기본 방향을 결정하고 자본, 자원, 투자, 금융, 시장, 가격을 통제했던 것이다.

미국에서 선진적 관리체계와 경영기술을 습득한 군부는 권력을 장악한 직후 기존 정당을 해산하고 고위 공무원을 숙청했으며, 부정축재라는 명분을 내세워 재벌 총수들을 구속하는 한편, 국가권력의 일사불란한 집행을 위해 명령체계를 재조정했다. 특히 1961년 경제기획원을 설립하여 외자도입, 자원배분, 시장통제, 금융조정 등 개발계획을 총괄하면서 일곱 차례에 걸쳐 경제개발 5개년계획을 추진했다. 경제기획원 장관이 부총리를 겸직하게 하여 경제 관련 행정조직 전반에 대한 조정통괄권을 주었다. 나아가 중앙은행에 대한 재무부의 통제를 강화하고 시중은행을 국유화했으며, 각종 은행과 조합을 신설해 장악했다. 행정조직에 분산되어 있던 제도적 자원을 중앙집권적으로 동원하는 기획형 정책조정망을 구축한 것이다.

박정희 정권은 정부 보증이라는 기반 위에서 막대한 외국자본을 차관 형태로 유치함으로써 산업화를 위해 외부경제성을 지니는 하부구조를 수립하는 한편, 공기업의 확장을 통해 생산활동에 직접 관여했다. 실제로 1979년까지 도입된 공공차관은 주로 철도·항만·수송·동력 등 사회간접자본 부문(50.3%)과 은행·보험 등 금융 부문(22.6%)의 신장에 동원되었고, 상업차관은 수출과 관련이 있는 섬유·화학·전자·기계·신발과 같은 공산품 부문(65.6%)의 확장에 사용되었다(경제기획원, 1980). 1970년대에 국민총생산(GNP)에서 차지하는 공기업의 비중은 50%를 넘었다.

유신체제 이후 박정희 정권은 중화학공업을 육성해 고도성장을 도모하려 했다. 종합무역상사 설치(1975)와 한국수출입은행 설립(1976) 외에 각종 조세정책과 관세정책을 통해 중화학공업을 적극 육성했다. 국가는 국민투자기금을 조성하고 중화학공업단지 건설에 재정적 지원을 제공하는 등 적극적인 투자·재정정책을 실시했다. 금융정책에서도 국가는 수출지원금융을 주축으로 정책금융을 크게 강화했다(김호기, 1985).

한국은 1990년대 초반 이후 김영삼 정부의 '세계화정책'과 김대중 정부의 '구조조정'을 통해 국가 주도 발전에서 시장 중심 발전으로 급격한 방향전환을 이루었다. 노무현 정부는 정부 개입과 시장기제의 조화를 추구했지만, 이명박 정부 들어 시장 중심적 발전이 가속화되었다. 중상주의적 발전국가에서 신자유주의적 발전국가로 전환되면서 한국은 시장기제를 확대하고 정부의 역할을 축소해 왔다. 그러나 발전주의 국가의 경제와 사회에 대한 개입 및 통제능력은 여전히 대단한 반면, 국가의 '배태된 자율성'은 예전과 같다고 보기 어렵다. 시장경제 확립이 중요하다는 점은 아무리 강조해도 지나치지 않지만, 시장경제도 사회적으로 '조정된' 것이 '고삐 풀린' 것보다 낫다는 사실을 비교자본주의론은 가르쳐 주고 있다.

이제 우리도 한국식 자본주의를 형성할 시점이다. 영미식 주주자본주의, 독일식 이해관계자 자본주의, 스칸디나비아식 복지자본주의, 네덜란드식 폴더 자본주의 등 여러 나라의 장점을 취하는 것도 좋지만, 우리 토양에 맞는 미래 발전 모델을 찾아야 한다. 이를 위해서는 한국의 국가 주도적 발전 경험을 살펴봄으로써 아시아 지역에서 발전국가의 가능성과 한계를 면밀히 검토할 필요가 있다.[2]

2 이와 관련하여 임현진(2017: 제1장)은 특히 라틴 아메리카의 브라질, 멕시코, 아르헨티나, 칠레와의 비교를 통해 박정희 정권의 발전국가적 성격을 검토하고 있다.

2. 발전국가의 특징: 통치구조

박정희 정권의 최종적인 완결 형태로서 유신체제가 수립된 원인을 설명하는 다양한 논의가 있다. 이러한 논의에는 박정희 정권이 유신을 단행하게 된 정치·경제적 요인 혹은 구조·행위 요인으로 남북관계의 긴장 조성, 경제위기, 공업화를 심화할 필요성, 민중운동의 활성화, 집권자의 권력욕 등이 열거된다.

그러나 박정희의 유신 단행을 1960년대 말과 1970년대 초에 제기된 국내외 문제 해결을 위한 필연적인 타개책으로 보는 것은 다중인과관계를 구성한다는 점에서 설명력이 떨어진다. 한편 유신 단행을 가까운 미래에 제기될 수밖에 없는, 체제에 위협이 될 수 있는 요소를 박정희가 '사전에' 제거하려 한 시도로 보는 것은 일단 수긍할 수 있다. 예를 들어 기예르모 오도넬(Guillermo O'Donnell)의 관료적 권위주의 이론을 통해 유신을 설명한 연구들(강민, 1983; 김태일, 1985; 한상진, 1983)이 보여 주듯이, 라틴 아메리카 국가들과 한국의 차이점은 분명히 존재한다. 그럼에도 불구하고 라틴 아메리카 지역의 관료적 권위주의를 한국에 적용할 수 있다는 논지는 맥락의 대조를 통한 분석에 소홀함으로써 원인과 결과를 혼동한다는 문제가 있다. 라틴 아메리카 지역과 비교했을 때 명시적인 경제위기가 존재하지 않았고, 민중 부문을 중심으로 한 시민사회의 저항이 그다지 크지 않았다는 사실은 박정희 정권이 당시 직면한 국내외적 '위기'에 대응하는 차원에서 유신을 단행한 것이 아니었음을 역설적으로 보여 준다. 오히려 박정희가 유신을 단행한 데는 집권 연장을 통해 다가올 경제위기와 사회갈등을 모면하려는 성격이 강했다고 볼 수 있다.

그리고 식민지 경험, 한국전쟁 등으로 군부관료체계가 과대성장한 결과로 유신이 이루어졌다고 보는 견해(최장집, 1985)는 유신의 직접적인 계기였던 집권연장욕을 정확히 포착하지만, 유신체제 등장 이후 경제에 대한 국가 개입의 성격 변화, 즉 자본 축적과의 관련성에 주목하지 못한 약점이 있다. 유신을 1972년에 박정희 정권이 취한 일시적 사건으로 파악하는 것이 아니라, 소위 '유신체제'에 주목한다면 유신의 직접적인 계기는 그리 중요하지 않다. 더 나아가 국가의 과대성장을 포착하더라도 과대성장한 국가가 유신체제에서 어떻게 사회를 통제하고 규율했으며, 어떤 방식으로 사회의 모든 영역에 개입했는지가 오히려 더 중요하다고 볼 수 있다.

박정희 정권 전반을 들여다보면, 최고권력자를 중심으로 권력기관들이 종적으로 배열된 통치구조를 발견할 수 있다. 당시 중앙정보부, 내각, 군, 대통령비서실, 공화당 등 주요 권력기관이 대통령과 수직적 위계관계를 형성하고 있었다. 이에 반해 권력기관들 간의 횡적인 관계 수립은 적극적으로 견제되었다. 박정희 정권은 경쟁관계에 있는 인물들을 권력기관의 책임자로 임명하는 방식을 통해 특정 권력기관으로 권력이 집중되거나 잠재적인 정치적 경쟁자가 출현하는 것을 막았다(최완규, 1987: 117).

따라서 당시 각 권력기관은 대통령의 직간접적인 통제 범위 안에 배치된 가운데 대통령은 주요 권력기관 책임자의 '충성'과 그들에 대한 '처벌' 및 '보상'을 독점하면서 권력기관을 직접 통제했다. 아울러 중앙정보부, 보안사령부, 대통령비서실 등 친위기관에 우월한 권한을 부여하고 이 기관들을 적극 활용함으로써 여타 권력기관들을 견제했으며, 종적·위계적으로 배열된 권력구조에서 이탈하는 것을 막았다.[3] 대

3 대통령비서실의 기능이 주로 각 중앙정부 부처, 여야 정당 등 정치권에 제한되어 있었던 반면, 중앙정보부는 정치권을 비롯한 사회 전반을 통제하는 역할을 수행했다.

통령을 중심으로 한 권력기관들의 위계적 배치 외에도 관료층의 동질성은 권력층 내부의 응집력을 강화하는 요인이었다. 한국전쟁을 계기로 과대성장한 군부는 한국에서 가장 근대화되고 조직화된 부문이었는데, 그중에서도 특히 영남 지역의 군인사들이 정관계로 대거 진출했기 때문에 박정희 정권의 내부 응집도는 매우 높았다. 사회 전반에서 국가의 개입이 크게 늘어나면서 군 출신 관료들은 영향력이 큰 집단이 되었다. 국내 자본가들의 자립 기반이 취약하고 시민사회의 성장이 매우 더딘 상황에서, 유신체제의 등장으로 입법부와 사법부가 사실상 형해화된 가운데 군 출신 관료들의 영향력은 가장 두드러졌다.

사회적으로 유신체제는 민중 부문을 체제 내로 포섭하기보다 배제하는 방식을 선호했다. 박정희 정권은 전국적으로 확대된 행정조직망과 중앙정보부, 군부, 경찰 등 보안기관들을 활용하여 민중 부문을 규제하고 억압했다. 행정조직은 통·반으로까지 확장되었고, 이는 부녀회, 청년회 등 준국가적 기구의 조직과 함께 일상적 삶의 공간에까지 침투되었다. 한국노총, 농협 등 어용조직들은 민중 부문이 체제 반대세력으로 전환되는 것을 미연에 방지했고, 정부는 이러한 조직들을 통해 각 부문의 상층부 인사들만을 선별적으로 체제에 포섭했다. 특히 군부, 경찰, 중앙정보부 등 권력기관의 역할은 사회에 대한 유신체제의 지배 방식이 동의나 포섭보다는 물리력에 의존했음을 입증한다. 유신 이전의 각종 법률과 더불어 '인신구속 등에 관한 임시 특례법'(1961), '국가보위에 관한 특별조치법'(1971), '사회안전법'(1975), '형법' 개정(1975) 등은 개인의 신체적 자유를 제한함으로써 시민사회의 성장을 물리적으로 억제하는 데 기여했다. 19년에 걸친 박정희 정권 기간에 계엄령 4회, 위수령 2회, 비상사태 1회, 긴급조치 9회가 선포되었는데, 이는 박정희 정권이 물리적 군사력에 의존하고 있었음을 보여준다. 군부는 체제 안전을 수호하는 최후 보루였던 것이다.

3. 박정희 체제의 국가-사회-노동 관계

한국에서 국가-사회 관계는 국가기구, 시민사회, 경제사회, 정치사회라는 네 가지 영역의 특징을 통해 접근할 수 있다. 우선 국가기구는 틸리(Tilly, 1994: 5)의 정의에 따라 '정해진 영토 내에서 집중화된 권력수단을 통제하고 행사하는 합법적 조직'이자 권력의 정점(頂點)으로 이해할 수 있다. 시민사회는 우선 좁게는 '국가의 통제에서 상대적으로 자유로운 자발적 결사체의 영역'으로 정의할 수 있으며(Habermas, 1996: 367), 이러한 결사체의 영역은 시장, 자본, 노동, 계급 같은 경제적 영역이라고 할 경제사회와 공존할 수 있다.[4] 마지막으로 정치사회는 '공공권력과 국가기구를 통제하는 정당한 권리를 획득하기 위한 경쟁이 이루어지는 영역'으로 이해할 수 있다(Linz and Stephan, 1995: 8). 즉 정치사회란 권력 획득을 위해 경쟁이 벌어지는 정당정치의 영역으로 간주할 수 있다. 나아가 정치사회는 국가와 시민사회·경제사회를 매개하는 역할을 한다.

박정희 정권에서 비대한 국가기구는 독주했고 법치주의는 무너져 있었다. 국가에 도전하는 시민사회는 약했고, 정치사회는 여야 정당이 존재했으나 유명무실했다. 그렇다고 박정희 정권의 존속력이 전적으로 물리적 억압에서 나온 것은 아니었다. 유신체제가 지속될 수 있었던 것은 남북분단과 한국전쟁, 5·16 군사쿠데타 등을 거치면서 사회운동이 억압되어 시민사회가 거의 성장하지 못했기 때문이다. 실제로 박

4 헤겔 이후 자유주의 전통에서는 시민사회를 사회적 노동과 상품교환 등의 경제적 영역을 포괄하는 공간으로 이해했다. 이 글에서는 자발적 결사체에 초점을 두는 분석적 의미의 '시민사회'와 경제적 공간을 포괄하는 넓은 의미의 '경제사회' 개념을 사용하고자 한다.

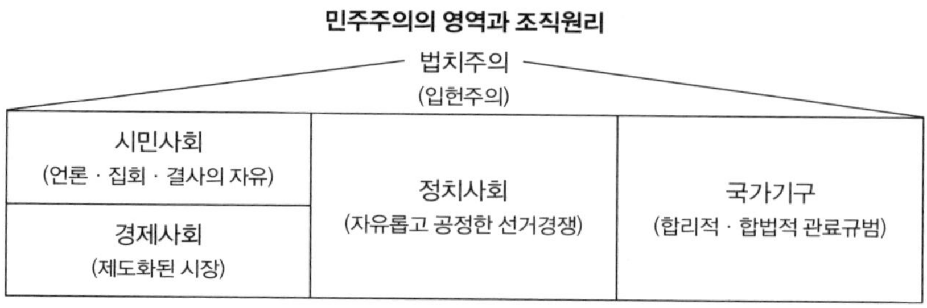

[그림 3-1] 국가기구, 시민사회, 경제사회 및 정치사회의 구도

출처: Linz and Stephan (1995 : 10-11)에서 재구성.

정희 정권의 정당성은 매우 취약해서 그것을 효율성으로 메우려 했다. 특히 유신체제에 대한 국민 대중의 지지는 높지 않았으며, 물리적 강제력과 달리 이데올로기적 통합력도 낮았다.

그러나 박정희 정권은 '반공'과 '성장' 등의 언술을 동원해 매우 강력하게 대중을 동원했다. 유신체제는 다양한 사회적 캠페인을 통해 노동자, 농민 등을 민중 부문에서 탈정치화시켜 경제적으로 동원하는 데 초점을 맞추었다. 국가의 캠페인 중 가장 전형적인 것이 '새마을운동'이었다. 1970년부터 농촌에서 시작된 새마을운동은 공장 새마을운동, 도시 새마을운동으로 확장되었다. 농촌 새마을운동은 도농 간 격차, 저곡가정책 등 농촌과 관련한 문제들을 탈각시킨 채 농가소득 향상, 농촌환경 개선 등의 문제를 제기했다. 농촌에 장려된 새마을공장은 농촌이 당면한 문제를 근본적으로 해결하는 것이 아니라, 농촌 주변의 과잉인구를 흡수해 자본의 생산비 감소를 기도한 것이었다. 공장 새마을운동은 계급 간 대립관계를 은폐시키고 이를 노사협력으로 대체한 것이었다.[5] 국가는 각종 캠페인과 각 부문 지도층에 대한 제한적 포섭

5 "도시 대독점자본이 채택한 공장 새마을운동은 노사 대립에서 자본-임노동

을 통해 민중 부문을 탈정치화하고 의사결정 과정에서 배제했다. 이러한 상황에서 반공주의는 처벌에 대한 두려움을 일반 대중에게 내면화시켜 더욱더 정치에 무관심하게 만들었다. 유신체제는 경제적 이슈와 관련해서만 선별적으로 대중을 동원했다. 사실상 박정희 정권의 유일한 명분이라 할 수 있는 '경제성장' 이데올로기는 사회의 모든 부문이 탈정치화되고, 민중 부문의 변혁적 힘이 부재한 상황을 조건으로 해서 작동했다. 정통성 기반이 매우 취약한 박정희 정권이 의존할 수 있었던 유일한 것이 '경제성장'이었듯이, 탈정치화된 대중이 기대하는 유일한 목표 또한 '경제성장'이었다는 역설을 발견할 수 있다.

그러나 대중은 다음과 같은 이유로 재정치화될 수밖에 없었다. 첫째, 분배를 무시한 왜곡된 경제성장은 그 자체로 한계가 있었기 때문에 경제성장에 대한 대중의 기대가 약화되었다. 둘째, 산업화에 따라 노동자계급이 점차 증대했다. 셋째, 경제성장 과정에서 물질적 보상이 거의 없는 배제정책은 중장기적으로 대중의 반발을 살 수밖에 없었다. 박정희 대통령의 사망과 유신체제의 종결이 사회운동 전개와 그에 따른 권력자들 간 경쟁에서 비롯되었다는 사실이 이를 뒷받침한다.

1) 국가-사회 관계

발전국가론에 의하면 동아시아 국가는 다른 대륙의 후발국보다 자원 형성과 투자배분뿐만 아니라 금융, 시장, 조세, 가격 등 거의 전 영역

이라는 본질적 문제를 은폐하고 환경개선이나 노사협력이라는 예방적 제 조치를 통해 모순의 둔화를 시도해 노동계급의 탈정치화를 사업장 수준에서 시도했던 것이다. 동시에 노사 가족주의가 갖는 봉건적·온정적·권위주의적 정향은 노동계급의 동원과 노동 강도의 강화를, 노동자의 반발을 극소화하면서 진행했던 경제적 동원의 메커니즘으로 작용했던 것이다."(고성국, 1985: 136)

을 통제해 국내산업과 국제경제의 관계를 조절하는 모습이 두드러졌다. 에반스(Evans, 1995)에 따르면, 발전국가의 효과성은 '배태된 자율성(embedded autonomy)'에서 유래한다. 국가는 사회와 절연된 것이 아니라 연결되어 있다. 국가는 자본가계급의 이해관계를 위해 봉사하지만 그들에게 정치 권력의 열쇠를 궁극적으로 내맡기지 않았는 점에서 '관료제화된 보나파르트주의(bureaucratized Bonapartism)'의 성격을 띤다. 사회 이해집단으로부터 영향을 받는 약탈국가(predatory state)와 달리, 이러한 발전국가는 자체 충원과 승진의 원칙을 갖는 관료제에 의해 뒷받침되기 때문에 특정 집단이나 계급의 이해를 넘어 전체 사회를 대상으로 비교적 독자적인 정책을 추진할 수 있다. 동아시아의 사례는 배태성과 자율성이라는 서로 모순적인 성향을 통해 발전국가를 설명하고 있는 것이다(임현진, 2001: 85-86).

한국의 경제성장 과정은 발전국가론의 일반적인 설명과 일치하는 듯 보인다. 1970년대에 국가는 중화학공업 육성을 통해 고도성장을 도모하려 했고, 산업화 과정에서 국가의 역할은 절대적이었다. 정부는 종합무역상사를 설치하고 한국수출입은행을 설립했을 뿐 아니라 각종 조세정책과 관세정책을 통해 중화학공업을 적극 육성했다. 또한 국가는 국민투자기금을 조성하고 중화학공업단지 건설에 재정적 지원을 아끼지 않았으며, 국가는 수출지원금융을 주축으로 정책금융을 크게 강화했다(김호기, 1985).

그리고 한국, 중국, 대만, 일본 등 동아시아의 산업화와 관련해 국가관료제의 효율적인 작동을 강조하는 발전국가론은 1970년대와 1980년대 한국의 대자본가 정책을 설명하는 데 적합한 면이 있다. 이 시기 한국의 경제성장은 라틴 아메리카의 경험과 달리 국가-국내자본-외국자본의 삼자동맹보다는 국가와 국내자본의 양자동맹으로 특징지어진다. 외국자본의 직접투자 비중이 라틴 아메리카와 비교가 안

될 정도로 적었으며, 국가는 수출에 주력하는 국내자본에 각종 특혜와 보호로 지원했다. 국가와 국내자본의 관계에서 정부는 상위 파트너, 대기업은 하위 파트너였으며, 국가는 각종 금융·세제·시장정책 등을 통해 국내자본을 규제했다. 국가는 외자 도입과 배분 과정에서 허가와 지불보증을 통해 국내자본을 통제했으며, 산업자본의 은행 소유가 봉쇄된 가운데, 은행신용에 대한 독점을 통해 산업자본을 규제했다.

그러나 이러한 유신국가의 상대적 자율성은 '구조적 자율성'이라기보다 '도구적 자율성'에 가까웠다. 유신국가는 한편으로 자본가에게 정치적 권력을 결정적으로 내맡기지 않고 그들을 통제했다는 점에서 단순한 부르주아지의 집행위원회는 아니었지만, 다른 한편으로 부르주아지 전체의 이익을 위한 기능을 했다(Lim and Baek, 2002). 1960년대 말에서 1970년대 초 기업들의 수익성 하락은 금융비용 및 인건비 증가가 주요 요인이었다. 당시 전경련 등 국내자본은 정치 우위의 경제풍토 개선, 긴축금융정책 해소, 재정 부문 축소, 금융자유화, 물가대책, 국가에 의한 노동 및 임금 통제 등 국가 개입을 요구했다(이성형, 1985: 24-25). 경제위기가 유신의 직접적인 원인은 아니었지만, 유신 전후 국가 정책들은 이러한 국내자본의 요구에 반응한 것이었다. 국가는 '8·3 긴급경제조치'(1972), '기업공개촉진법' 제정(1972) 등을 통해 사채시장을 규제하고 이자부(利子附) 자본의 활동을 강하게 억제해 이를 산업자본으로 전환하려 했다(이재희, 1987). 그리고 국내 대자본(재벌)에 이를 장기저리의 산업자금으로 제공했으며, 1970년 전후로 금융비용 부담이 없는 외국 자본의 직접투자를 권장하기도 했다.

[표 3-1]에서 나타나듯이, 한국의 산업화 과정에서 국가의 역할, 국가와 자본의 관계를 설명하는 데 발전국가론은 상당히 유용하다. 발전국가론은 한국에서 국가와 국내 자본의 강한 연계, 자본에 대한 국가의 상대적 자율성(특히 '도구적 자율성')을 정확히 짚어내고 있다. 그러

[표 3-1] 발전국가의 기초적 성격

베버주의 국가 구조 차원 / 마르크스주의 계급-국가 차원		국가 관료제의 합리화 정도	
		높음	낮음
		합리적-법적 관료제 이념형	세습 국가 이념형
시민사회에서 국가의 배태성 정도 (지배계급과의 연결망 따위)	높음	발전국가	부르주아지 위원회 국가
	낮음	과대성장 포스트 식민국가	약탈국가

출처: 임현진(2005: 282).

나 발전국가론은 경제성장이 가능했던 국제적 여건을 고려하지 않는다는 점, 그리고 경제성장을 위한 불균형 전략이나 그 결과로서 이중부문이라는 내적 모순을 무시한다는 점에서 한계를 갖는다.

먼저 한국이 달성한 놀라운 경제성장의 이면에는 발전국가론이 주목하는 자본 축적과 구조분화의 기제로서 국가의 역할 외에 정치·군사적 국제 냉전구조의 영향도 매우 컸다. 한국이 자본주의 세계 경제의 일원이 된 데는 국제분업적인 교환 논리보다는 국제관계적인 힘의 논리가 더 크게 작용했으며, 그 후견자인 미국의 한국에 대한 이해관계는 경제적인 것이라기보다 정치·군사적인 것이었다(임현진, 1984: 271). 이른바 '초청에 의한 발전'이라는 측면을 간과할 수 없는 것이다(Wallerstein, 1979). 아울러 박정희 정권이 택한 중화학공업화 전략은 국제 무역환경 변화, 그리고 일본 자본의 역할과 긴밀히 연결되어 있었다. 1970년대를 전후해 선진공업국은 고도의 자본과 기술이 필요한 산업에 치중하고, 노동력이 많이 필요하거나 공해 문제가 심각한 업종을 후진국에 넘기는 산업 간 국제이동이 있었다. 특히 일본 자본은 한국에 직접투자와 차관 제공을 통해 철강, 알루미늄, 플라스틱, 전자, 조선 등의 산업을 육성하여 양국 간 분업체계를 형성하려 했다(김태일,

1985: 51-53).

이러한 한국의 발전 과정은 소위 '발전 딜레마'라고 명명할 수 있는 다양한 구조적 문제들을 낳았다. 이병천(1998: 60-69)에 의하면, 한국의 발전 딜레마는 국가의 취약한 규율과 권위주의적 성장지상주의, 권위주의적 재량주의, 수직적 권위주의 구조 등에 의한 산업정책의 문란을 비롯하여 재벌 가문의 족벌 지배에 바탕을 둔 기업지배금융, 관치금융과 정책금융체제로 인한 금융의 불구화, 노동의 배제와 재벌의 사회적 힘 강화 등으로 요약할 수 있다. 따라서 국가와 국내 대자본의 연합으로 가능했던 산업화는 그 성장의 한계를 구조적으로 잉태하고 있었다고 볼 수 있다. 유신체제의 산업화 과정에서 가장 큰 특징으로 인식되고 있는 중화학공업화 또한 국내 산업 부문 간 균형 및 조화와는 거리가 멀었다. 중화학공업화는 대부분 수출산업으로 육성되었고, 그 재원은 거의 외자에 의해 조달되었다. 따라서 이러한 방식으로는 기초소재와 중간재, 자본재의 국내생산을 통한 여러 산업 부문 간 연계에서 나오는 시너지 효과를 충분히 극대화하기 어려웠다.[6] 따라서 '발전국가'라는 이념형은 한국 발전 모델의 성공을 가늠할 수는 있어도 그 실패라는 구조적 문제를 적확히 포착할 수 없는 한계가 있다.

정경유착, 지대추구, 부정부패, 정책혼란 등은 박정희식 한국의 발전국가 모델과 동떨어져 있지 않았다. 더욱이 국내 대자본 편향적인 산업정책을 통해 재벌 집단의 힘은 확대되어 갔고, 국가가 우위에 있던 국가-자본의 관계는 1980년대 중후반 이후 점차 역전되어 갔다. 그

6 이러한 맥락에서 이재희(1987: 218)는 국내 산업 부문과의 연관이 결여된 상태에서 기계설비나 중간재를 해외에서 조달하여 진행된 점, 그리고 수출산업으로 육성된 점 등에서 이 시기 중화학공업화는 1960년대 축적기구의 연장과 확대에 불과하며, "그것이 수입의 대폭적인 증대, 나아가 외채상환 부담의 급증으로 귀결된" 것은 당연한 일이라고 지적한다.

러나 궁극적으로 유신체제에서 산업화는 노동을 철저히 배제하고 억압하는 상황에서 국내자본의 협애한 이해에 부응하여 진행되었다. 산업화와 더불어 노동자계급이 형성되고 분화되는 과정에서 한국의 발전국가는 그 구조적 모순의 가장 커다란 피해자인 노동자와 정면으로 대면할 수밖에 없었다.

2) 국가-노동 관계

한국의 노동 통제 방식을 이해하기 위해, 노조 조직의 형태와 권력의 흐름이라는 기준에 의거해 네 가지 방식의 이념형을 제시할 수 있다. 이러한 이념형은 슈미터(Schmitter, 1979)의 조합주의와 다원주의라는 일차원적 이분법의 한계를 보완한 것이다.

슈미터(Schmitter, 1979)는 노동 부문의 조직 성격에 초점을 맞추어 조합주의와 다원주의로 분류하고, 전자를 다시 국가조합주의와 사회조합주의로 구분한다. 조합주의와 다원주의는 이익 대표의 체계가 취해야 할 제도적 형태에 각기 다른 처방을 제공한다. 즉 다원주의는 이익집단의 자연발생적 형성·진화·확대와 경쟁적 상호작용에 기대를 걸면서 여러 정치세력의 조화 혹은 균형에 대한 믿음을 강조하는 반면에, 조합주의는 이익집단의 인위적 출현, 수적 제한, 수직적 통합과 비경쟁적 상호 보완을 중시하면서 여러 정치 세력이 유기적으로 의존하는 기능적인 적응에 호소한다.[7]

7 슈미터(Schmitter, 1979)는 이익집단의 제도적 형태에 치우쳐 다원주의와 사회조합주의 간 현실적 차이를 지나치게 강조하고, 국가조합주의가 총체적 분석 틀에서 다원주의 및 사회조합주의와 어떠한 이론적 관계를 맺는지 명확하게 설명하지 못했다. 사회조합주의가 서부 유럽에서, 국가조합주의가 라틴 아메리카의 후발 자본주의 국가에서 등장하는 것을 고려하면, 시민사

[표 3-2] 노동 통제의 네 가지 방식

노조 조직 / 권력의 흐름	집중	분산
상 → 하	국가조합주의	국가단원주의
하 → 상	사회조합주의	사회다원주의

출처: 임현진(2005 : 285).

라틴 아메리카 지역에서 현대적 의미의 국가조합주의가 등장한 것은 1930년대였다. 당시 라틴 아메리카는 대공황의 충격으로 지역·계급·부문 간 갈등이 심화되고 있었는데, 이에 대한 제도적 해결책으로 등장한 것이 바로 국가조합주의였다. 라틴 아메리카에서 국가조합주의는 보수와 혁신의 기운이 치열하게 경쟁하면서 제3의 변증법적 조화를 이루는 서구형 민주주의가 아니라, 거대한 이익집단을 구성하여 통제하려는 지배의 방법이었다. 국가조합주의는 국가가 나서서 계급갈등을 조정해 지배권력을 방어하려는 전략이다. 정치적 개방이 방종을 통해 계층·집단 간 소모전을 자초하고 억압이 저항을 불러와 전면전을 야기할 것에 대한 우려로 그 중간 지점에서 국가가 선택적 '유인과 제재(incentives and constraints)'라는 처방책을 제시한 것이다(Collier and Collier, 1979). 따라서 라틴 아메리카 국가들은 다양한 관제기구에서 갈등을 제도화하면서 인위적으로 계층·집단 간 견제와 균형을 유지하는 데 주력했다.

국가조합주의를 통한 지배 방법에서 주목해야 할 단위는 공식 노

회의 자율적 역할이 인정된다는 점에서 다원주의와 사회조합주의는 거의 흡사한 형태가 된다. 또한 국가조합주의는 이익집단의 종속성이라는 측면에서 그것들과 대립되는 것으로 파악될 뿐이다.

조였다. 라틴 아메리카 국가들은 수많은 노조를 만들었다. 노조는 저항의 역량을 과시하는 운동세력에 정치 참여의 길을 터주면서 반체제적 비판의식이 확산되는 것을 방지하는 포섭 및 통제 기제로, 주로 국가 전략산업 내 노조나 정부 공무원이 그 대상이었다. 국가는 노동자계급에 공식 노조를 '선사'하면서 독자적 조직역량을 형성할 기회를 박탈하는 선점 전략을 썼던 것이다. 또한 국가는 분할통치의 논리에 따라 노동자계급을 다양한 조직으로 나누어 배타적 견제 심리를 부추기면서 시민사회 내 힘의 수평적 결집을 방지하려 했다.

그러나 이러한 국가조합주의는 세 가지 측면에서 결함을 내재하고 있었다. 첫째, 국가는 공식 노조의 지지를 확보하고 유지하기 위해 엄청난 경제적 비용을 치름으로써 재정 팽창의 함정에 빠졌다. 둘째, 국가는 위로부터의 힘에 의해 인위적으로 갈등을 해소했기 때문에 정통성 문제를 해결할 수 없었다. 셋째, 국가 내 지배세력이 분열되어 그 안에서 경쟁관계가 성립될 때 정권 붕괴 위험이 높아졌다. 지배세력 내 한 분파가 권력투쟁에서 이기기 위해 대중을 동원하기 시작하면, 다른 분파 역시 유사한 전략을 취했기 때문이다.

국가단원주의는 시민사회에 대한 국가의 비대칭적 통제력을 구축하는 데 목적이 있다는 점에서 국가조합주의와 매우 유사하다. 그러나 그 방법은 다르다. 국가가 시민사회의 그 어떤 자생적 혹은 인위적 조직도 인정하지 않는 특징을 지니는 것이 국가단원주의다. 국가단원주의는 시장에 대한 사회의 본능적 방어 심리를 철저히 억압한다는 면에서, 조직 정비에 나선 이익집단을 적절히 달래면서 시장의 심판 기능을 차단하거나 통제하는 국가조합주의와는 전혀 다른 형태다. 무엇보다 시민사회를 억압하여 시장을 지키려는 경향이 있다. 그러므로 국가단원주의는 이념적·조직적으로 노동 부문을 무장해제한 후 이들을 냉혹한 국제경쟁의 현실로 내던지면서 양적 성장의 기반을 조성한다. 국가는 중간 집단의 등장을 배제하면서 노동 부문을 산산이 쪼개 버리며, 이를 위해 당연히 엄청난 국가권력이 투입된다.

이러한 국가단원주의는 한국에서 비교적 수월하게 자리 잡을 수 있었다. 왜냐하면 해방 직후 폭발적으로 성장한 노동운동 세력이 한국전쟁을 겪으면서 매우 약화될 수밖에 없었고, 이후 반공이데올로기가 노동 부문을 축소시키는 환경이 되었기 때문이다. 그러나 한국의 노동 통제는 국가단원주의적 방식으로만 이루어진 것은 아니었고, 최소한 국가조합주의의 외형을 갖춘 다음에 제 기능을 발휘하는 아주 취약한 형태의 통제조직을 바탕으로 하고 있었다. 국가 개입은 진보적·혁신적 노동운동이 활성화되기 전에 정치투쟁의 공간을 제도적으로 봉인하여 사실상 폐쇄시켰는데, 그 수단은 다름 아닌 한국노총이었다. 1980년대 중반 이전에 조직된 전국 규모의 노조는 대다수 기층 노동자와 절연된 채 밀실에서 자본 축적의 길을 돕는 어용노조였다. 아울러 국가단원주의는 보상과 회유의 정치를 전국 수준의 노동지도자에 한정한 채, 이를 노동대중 차원으로 확산시키지 않았다.

유신체제 전후 시기의 노동정책을 구체적으로 살펴보면, 우선 1970년 1월에 정부는 '외국인 투자기업의 노동조합 및 노동쟁의 조정에 관한 임시특례법'을 제정해 외국인 투자회사에서 노조 결성을 행정적으로 대단히 어렵게 만들었고, 노동쟁의가 발생하면 노사협의 결과를 해당 장관에게 보고하도록 하여 노동행위 발생을 억제했다(이영철, 2004). 또한 노동쟁의조정위원회(이하 '조정위')를 설치하여, 노동위원회가 담당하던 기능을 대신 맡도록 했는데, 조정위에 노동자 대표, 공익대표, 사용자 대표 외에 정부 관리가 참여하도록 했다. 조정위는 노동쟁의가 적법하다고 판정되면 즉시 조정을 개시하되, 20일 안에 조정이 성립되지 않으면 중앙노동위원회의 중재에 회부하여, 사실상 노동자들이 파업 등 쟁의행위를 할 수 없도록 만들었다.

이어서 1971년 12월 정부는 국가비상사태를 선포하고 '국가보위에 관한 특별조치법'을 제정했다. 일명 '국가보위법'은 국가비상사태하에서 노동자들이 단체협상이나 단체행동을 하기 전에 행정 부서에 조정을 요청해야 하며, 정부 부처의 조정안에 따를 것을 요구했다. 그리고 정부기관, 공사, 공공 서비스 기업, 경제에 큰 영향을 미치는 대기업의 노동자들에게는 특별한 조치를 취할 수 있다고 규정하여 대기업 노동자들의 단체행동권을 제약했다. 한편, 노동청이 노사분규를 조정하도록 했으나 조정을 기피하여, 노사협의회를 통해 단체협상을 벌이도록 유도했다. 이로써 노동자-공익-사용자 대표 3자 동수의 원칙에 따라 구성되어, 1960년대에 비교적 중립적인 역할을 했던 노동위원회는 유명무실해지고 노동자의 단체행동권이 심각한 제약을 받았다.

유신헌법은 노동자의 결사, 단체협상, 단체행동권을 '법이 정한 범위 안에서만' 보장했고, 주요 공공단체와 대기업 종사자의 단체행동권을 제약하거나 인정하지 않았다. 또 대통령은 긴급조치권에 의해 법적 제약 없이 노동권을 제한할 수 있었다. 1973년과 1974년에 유신헌법에 따라 노동조합법을 개정했는데, 정부는 이를 통해, ① 노사협의회의 기능을 상세히 규정하여 노조를 대신할 수 없도록 했고, ② 노사분규에 대한 결정을 노동자의 대의원회의가 아니라, 전체회의에서 결정하도록 하여 노조 지도부의 영향력을 약화시켰으며, ③ 전국적인 산별노조를 언급하지 않음으로써 산별노조가 노사분규의 합법적인 참여자가 되지 못하도록 했다.

자본 축적과 관련하여 유신체제의 또 다른 특징은 임금 인상을 억제하고, 이를 위해 강력한 노동통제정책을 실시한 데 있다. '수출자유지역설치법'(1970), '국가보위에 관한 특별조치법'(1971), '유신헌법'(1972), '노동관계법' 개정(1973) 등은 이를 위한 입법의 예라 하겠다.

이러한 국가단원주의는 다음과 같은 세 가지 측면에서 문제점을 내포하고 있었다. 첫째, 국가가 노조다운 노조를 절대 허용하지 않았기 때문에 결과적으로 계급갈등을 심화·누적시켰다. 둘째, 국가가 노동운동을 억압하는 한 노동운동은 처음부터 정치투쟁의 성격을 지닐 수밖에 없었다. 셋째, 국가가 대중적 차원의 물질적 보상 및 회유의 정치를 구사하지 않았기 때문에 노동자계급에 대한 관제노조의 통제력은 매우 취약했다. 국가는 노동대중에게 억압자였을 뿐, 그 어떤 이념적 헤게모니도 행사하지 못했다. 따라서 국가단원주의는 유인 없는 제재를 통해 노동자계급을 소외시켰고, 국가 개입은 노동의 독자적 조직화와 이념적 급진화에 직면하게 되었다.

4. 포스트 발전국가로의 진화

발전국가의 전개 양상을 살펴보면 세계화 과정에서 아시아 국가들은 신자유주의로 귀일하는 경향을 띠지만, 그럼에도 불구하고 한국은 전환, 일본은 해체, 대만은 존속으로 이해할 수 있다. 중국은 발전국가라기보다 국가자본주의 성격이 강하다. 중국을 제외하고 한국, 일본, 대만에서 국가 개입의 효능이 떨어짐에 따라 더 이상 신중상주의적 정책을 유지하기 어렵게 되었지만 신자유주의적 정책을 수단적으로 편용하는 것이다.

한국의 경우 발전국가는 박정희 정권의 붕괴와 더불어 변모의 길을 걸었다. 세계경제의 성장 국면에서 전두환 정권에서는 3저(저달러, 저유가, 저금리)에 따른 호황으로 미국, 유럽 등 중심부 국가들의 개방 압력을 받으면서 신중상주의적 발전국가에서 신자유주의적 발전국가로 서서히 전환이 이루어진다. 특히 김영삼 정권의 세계화정책과 김대중 정권의 신자유주의적 구조조정은 발전국가에 변화를 가져온 결정적 배경이 되었다.

1990년대 초반 이후 30여 년에 걸쳐 세계화정책과 신자유주의적 구조조정을 추진해 한국은 그 어느 때보다 자본주의 세계체제에 깊숙이 통합되었다. 이로써 국가의 정책적 입지가 약화되고 그 구심적 역할이 제한을 받을 수밖에 없게 되었다.

세계화정책은 두 단계에 걸쳐 추진되었다.[8] 즉 1994년 5월에 제시된 '국제화' 단계를 거쳐 1994년 11월에 두 번째 단계인 '세계화'로 궤도가 수정되었다.[9] 국제화는 '외국자본 유치와 자본시장 개방을 통해 OECD 가입을 준비하고 지속적 성장과 번영을 달성하기 위한 불가피한 과정'으로 정의되었다(Gills, 2000: 36-37). 그러나 국제화는 바로 세계화로 대체되었는데, 세계화는 '생산성과 유연성을 높임으로써 사회의 총체적 변화를 시도하는 모든 영역에 걸친 개혁'으로 규정되었다(Gills, 2000: 38). 대외적 요소를 강조한 국제화가 세계화를 통해 국내적 개혁으로 바뀐 것이다.

불행히도 김영삼 정권의 세계화정책은 실패로 귀결되었다. 대통령 김영삼이 갈망한 대로 한국은 OECD 회원국이 되었지만, 자본시장을 급속하게 개방한 대가로 집권 말기인 1997년 가을 외환위기에 직면했다. 무엇보다 큰 실책은 세계화가 바깥으로 뻗어나가는 것 못지않

8 한국은 1990년대 초반 미국으로부터 개방 압력을 받기 시작했다. 이른바 3저(저달러, 저유가, 저금리)로 인한 경상수지 흑자를 기록한 한국에 대해 미국은 무역자유화를 비롯한 경제개방조치를 요구했던 것이다. 그러므로 신자유주의적 자본 축적은 김영삼 정권 때부터 시작된 것으로 보는 것이 적절하다.

9 국제 경험이 비교적 적은 김영삼은 싱가포르와 미국 시애틀에서 아시아·태평양경제포럼(Asian-Pacific Economic Forum)에 참석한 이후 그곳의 발전상에 작지 않은 감명을 받은 것 같다. 이것이 초기에 한국의 미래를 국제화에서 찾다가 한 걸음 더 나아가 세계화를 제창한 배경이다.

게 안으로 들어오는 것도 있다는 점을 간과한 것이다. 준비 없이 이루어진 금융자유화와 탈규제를 포함하는 자본시장 개방은 외국자본이 손쉽게 유출입하도록 허용함으로써 58억 달러에 이르는 IMF의 긴급 구조금융으로 외환위기를 진정시키는 곤혹을 치르게 되었다. 세계화의 득실을 면밀히 고려해 국민경제의 자율성을 침식할 세계화에 대한 제반 안전장치를 강구해야 했으나 사정은 그렇지 못했던 것이다.

헌정 사상 처음으로 선거에 의해 수평적 정권교체를 달성한 김대중 정권은 김영삼 정권이 남겨 놓은 경제위기를 극복해야 하는 어려운 과제를 안고 출범했다. '국민의 정부'를 자처한 김대중 정권은 '시장경제와 민주주의의 병행 발전'을 국정 목표로 내걸었으며, 차후에 '생산적 복지'를 추가했다.[10] 김대중은 그가 대선기간 중에 약속한 대로 IMF의 신자유주의적 구조조정에 착수했다. 이로써 금융, 기업, 노동, 정부 등 4대 부문에 초점을 맞춘 구조조정을 필두로 사회 여러 분야에서 금융 재구축, 기업 재조직, 노동시장 유연화, 정부 부문 축소를 골자로 하는 개혁이 추진되었다.[11]

자유화·민영화·탈규제를 지향하는 신자유주의 구조조정이 세계화를 착근시키는 정책적 수단임은 주지의 사실이다. 실제로 개발도상국들은 구조조정을 통해 자본주의 세계경제에 보다 깊숙이 통합된

10 세계 조류에 해박했던 김대중은 민주주의와 시장경제라는 전 지구화의 흐름을 수용하면서 생산적 복지에 의해 사회안전망을 구축하려 한 것으로 보인다. 그러나 그는 민주주의와 시장경제 사이의 내재적 긴장에 주목하지 못함으로써 '민주적 시장경제'의 구상은 성사되지 못했다. 독일의 사회적 시장경제에 착안한 민주적 시장경제에 대한 논의는 김대중 정권 초대 대통령정책기획위원회 위원장을 역임한 최장집 교수의 글(1998)을 참고할 수 있다.

11 개혁의 상당 부분은 김영삼 정권이 추진한 것과 대동소이하다. 그러나 김대중 정권은 김영삼 정권과 차별화하기 위해 개혁의 연속성을 부정하고 독자성을 부각하려 했다. 김대중 정권의 4대 부문 구조조정에 관한 내용과 비판에 관해서는 임현진과 황석만(Lim and Hwang, 2000)을 참고할 수 있다.

바 있다. 신자유주의적 구조조정은 '참여와 분배'라는 민주화의 논리와 '경쟁과 효율'이라는 시장의 논리 사이에 내재적인 긴장을 유발한다. 특히 국제자본을 유치하기 위해 구조조정을 효과적으로 수행하는 과정에서 기술관료들은 위로부터의 '교도 민주주의(guided democracy)'를 원한다면, 일반 민중은 정책 수립 과정에서 그들의 이해를 신장하기 위해 아래로부터의 '참여 민주주의(participatory democracy)'를 바란다(Gamarra, 1994: 2-3; Pereira, Maravall and Przeworski, 1993: 182). 개발도상국 정부가 둘 중 어떤 구조조정 방식을 취할 것인가는 선택의 문제이기도 하지만, 세계경제에서의 위상, 국가의 정책능력과 강도, 국회 내에서 여당의 위치, 자본과 노동의 상대적 집중도 차이, 시민사회의 성숙도 등이 이에 영향을 미친다. 김대중 정권은 김영삼 정권의 세계화정책을 부정하면서도 그 노선을 답습하는 모순을 보였다. 한 걸음 더 나아가 김대중 대통령은 오늘의 지구촌 환경에서는 기업의 국적성에 너무 집착할 필요가 없다는 탈국가주의적인 국민경제에 대한 생각을 개진하는 데도 주저하지 않았다.

김대중 정권의 신자유주의적 구조조정은 국가주의와 조합주의의 요소가 섞여 있다. 시장친화적인 구조조정을 국가가 주도했다는 점에서 국가주의적 면모를, 자본과 노동의 타협을 시도했다는 점에서는 조합주의의 면모를 엿볼 수 있다. 그러나 신자유주의적 구조조정은 위로부터 기술관료들에 의해 시행된 것이었고, 아래로부터 참여는 허용되지 않았다. 그 당시 구조조정의 한계는 장기적인 구조개혁보다 단기적인 안정화를 겨냥하되 사회안전망을 구축하여 성장과 복지를 동시에 추진하는 일종의 비정통적인 방법을 취했다는 점이다.[12] 따라서 구조

12 일반적으로 구조조정에는 2-3년간 단기적인 안정화와 5년 이상에 걸친 장기적인 구조개혁이라는 두 가지 방식이 있다(Nelson, 1990). 그리고 경제성

조정은 발전전략의 근본적 수정보다 거시경제적 조정을 꾀하는 위기관리의 성격을 강하게 보였다.

신자유주의적 구조조정이 위기극복에서는 일단 성공한 것으로 평가될 수 있다. 1998년 이후 4년간 무역흑자가 누적 800억 달러를 기록했고 외환보유고도 무려 1천억 달러로 늘어났다. 그러나 무역흑자가 수출 증가보다 수입 감소에 의해 달성되었고, 환율평가절하가 이루어지면서 교역조건이 지속적으로 악화되어 왔다는 사실을 간과해서는 안 된다. 특히 국내 주식시장의 3분의 1 이상을 외국 투자자들이 장악하고 있다는 사실은 한국 경제가 국제화되면서 일종의 대외종속이 심화된 것으로 볼 수 있다. 더욱이 금융과 기업의 구조조정 과정에서 160억 달러라는 공적자금을 사용함으로써 김대중 정권 말기인 2002년 12월에는 정부의 재정적자가 거의 200억 달러에 이르렀다.

세계화정책과 신자유주의적 구조조정의 여파로 국가와 사회의 관계도 크게 변화해 왔다. 한국은 발전주의 국가로서 사회와 밀접한 관련을 맺고 있지만 그것의 영향을 받지 않는 '배태된 자율성'을 지니고 있었다(Evans, 1995). 이 배태된 자율성으로 인해 한국의 발전국가는 자본 축적 과정에서 대기업과 제휴하면서 선도적 역할을 할 수 있었다. 이러한 한국의 발전국가가 신자유주의 구조조정 이후에도 여전히 힘을 행사하고 있음은 물론이다.[13] 그러나 IMF식 시장친화적 구조조정은 경제를 재조직하는 데 처음에는 국가를 적극 활용하지만 시장기제

장 회복에만 전념하면서 분배 문제를 빠른 시일 안에 해결하려는 정통적인 방법과, 이와 달리 시간이 걸리더라도 경제성장과 사회복지를 동시에 추구하는 비정통적인 방법이 있다(Kaufman and Stallings, 1989).

13 이것은 칼러(Kahler, 1990)가 말하는 '정설의 역설(orthodox paradox)'이라는 맥락에서 접근할 수 있다. 즉 신자유주의적 구조조정 과정에서 국가가 자신을 약화시키는 시장 형성에 앞장설 수밖에 없는 모순된 상황을 말한다.

가 확립될수록 국가를 해체하는 경향이 있다(Hoogvolt, 1997: 168-169). 경제위기가 닥쳤을 때 민간 부문이 진 부채를 국가가 떠안게 함으로써 국가는 결국 재정적자에 빠지게 되고, 외국 자본의 역할이 증대함에 따라 경기 조율 기능도 약화되기 때문이다. 한국의 발전국가도 산업정책과 금융정책을 수립하는 과정에서 초국적 자본에 의해 그 기능이 점차 침식되어, 국가자율성이 신중상주의 시절과 달리 약화되는 신자유주의 발전국가라 할 수 있다.

한국의 경우, 국가의 배태된 자율성 약화는 발전 동맹의 변화와 궤를 같이한다. 발전국가의 성공적 경제성장 과정에서 대기업의 성장은 국가와 대기업의 양자동맹을 국가와 대기업, 초국적 자본의 삼자동맹으로 바꿔 놓았다. 국가를 상위 파트너, 대기업을 하위 파트너로 했던 발전주의 시기의 양자동맹은 초국적 자본의 역할이 커짐에 따라 무너졌다. 장기적으로 삼자동맹도 국가가 이탈하고 대기업도 약화된 일부를 제외하고는 대부분 초국적 자본과 제휴하는 새로운 현상이 나타났다.

신자유주의적 구조조정 과정에서 노동자계급과 농민층이 가장 큰 피해자라면 대기업은 수혜자라 할 수 있다. WTO 출범과 함께 농촌의 붕괴가 이미 진행되어 왔지만, 신자유주의적 구조조정은 산업에 대한 농업의 위상을 상대적으로 약화시킴으로써 농민층을 더욱 어려운 처지로 내몰고 있다. 농촌이 잉여 노동력 공급과 식량자원 조달 기능을 상실하고 있는 현실에서 농민층은 해체 일로에 있다고 해도 과언이 아니다. 기업과 노동의 구조조정은 재무구조 개선과 노동시장 유연화로 인해 장기적으로 노동보다 기업에 더 많은 혜택을 줄 것으로 전망된다. 기업은 구조개선에 따라 과잉투자 부분을 줄이고 기업부채를 축소할 수 있었다. 반면 노동은 정치활동의 권한을 확보하는 대신 정리해고, 파견근로 등으로 인해 실업과 반실업(半失業)을 얻은 셈이었다. 자본은 집중화되어 있고 노동이 분산화되어 있는 한국에서 신자유주의적 구조조정은 노동보다 기업에 유리한 결과를 가져왔다.[14]

이상의 논의를 종합하면 포스트 발전국가가 한국에서 살아남기 위해서는 과감한 복지 확대와 민주적 조합주의(democratic corporatism) 도입이 필요해 보인다. 한국의 발전국가는 복지에 많은 관심을 기울이는 대신 경제성장을 통해 일자리를 제공하고, 회사가 임금과 퇴직금은 물론 건강관리 프로그램 등 다양한 혜택을 포함하는 기업복지를 부분적으로 제공해 왔다(홍경준·송호근, 2003). 이 정책은 경제가 성장하는 한 잘 작동했고, 지속적인 발전으로 사람들 대부분이 일자리를 얻어 스스로 복지를 해결했다.

이러한 개인적 차원의 복지 해결은 당시 가족제도의 기능과 관련되어 있다. 19세기 말 조선을 유지해 왔던 지배연합의 붕괴 이후 지역사회 중심에서 가족 중심 사회로 이행되었다(Kim, 1990). 조선 사회에서 사회구성원들에게 복지를 제공하는 것은 지역사회의 도덕적 의무였지만, 조선이 붕괴된 이후에는 가족의 의무가 되었다. 발전국가 주도로 산업화와 도시화가 이루어진 이후에도 사람들은 확대가족을 통해 생존을 시도했다. 국가가 경제발전에 주력했을 때 가족들은 서로 지원하는 부담을 졌다. 특히 여성은 다른 식구들, 똑똑한 자녀의 교육을 위해 희생했다. 산업사회에서도 가족은 경기순환이나 산업재해로 인한 충격을 흡수하는 역할을 했다. 가족구성원들은 직장을 잃거나 노동에서 장애를 입은 식구들을 서로 돌보았다(Kwon, 2005: 25).

14 프랑스와 영국에 대한 홀(Hall, 1986)의 조합주의 비교연구는 프랑스가 자본의 집중과 노동의 분산, 영국이 노동의 분산과 자본의 분산이라는 서로 다른 상황에서 자본과 노동 간 관계의 재편성을 가져온다는 사실을 제시하고 있다. 즉 영국에 비해 프랑스에서 자본이 노동보다 유리한 입지를 갖는다는 사실이다.

이와 같은 역할을 했던 가족 기반 복지제도가 위기에 처해 있다는 징조가 2010년 지방 선거에서 나타났다. 경기도 교육감 후보자는 무상급식 공약을 제시하여 전국적인 주목을 받았고, 이어진 선거에서 야당 후보자들은 '공짜 점심' 공약으로 전례 없는 승리를 거두었다. 전통적으로 점심은 아이의 보호자가 준비해야 했지만, 이제는 많은 여성이 임금노동과 가사노동의 이중부담으로 너무 바쁘거나, 저소득으로 학교 급식비를 낼 여유가 없어졌다는 것이 드러났다. '무상급식' 문제는 한국 국민 대다수가 사회에서 제공하는 복지의 도움을 필요로 한다는 사실을 보여 주었다. 한국의 저출생률도 복지 조치 확대가 필요함을 시사한다. 자신의 가족을 부양할 만한 일자리를 찾을 수 없는 사람들은 결혼을 하지 않거나 자녀를 낳지 않기 때문이다. 세계에서 가장 낮은 수준의 출생률은 현 상황의 심각성을 증언한다.

1997년 경제위기 이후 이루어진 광범위한 노동개혁은 비정규직 노동자의 급격한 증가를 가져왔는데, 이들을 기업복지 혜택에서 제외시킴으로써 복지의 사각지대를 키웠다. 기업, 특히 재벌 기업은 고용유연성 확보라는 명분 아래 정규직을 줄이고 비정규직을 고용했다. 재벌은 사실상 독점적인 하도급 관계를 맺은 중소기업을 거의 완벽하게 통제하여 하청기업에 최소한의 이윤만 허용하고 있다. 그 결과 중소기업, 하청기업 정규직 근로자는 대기업 근로자가 누리는 혜택을 거의 받지 못한 채 저임금에 시달리고 있다. 한편 기업복지에 의해서 보호되는 것처럼 보이는 대기업 정규직 노동자의 경우도 마찬가지로 복지 확대가 필요하다. 수출 지향적인 한국 경제는 국내 변수에 더해 세계 경제구조 변화에 민감하게 반응하며 끊임없이 구조조정을 해나갈 필요가 있는데, 이 과정에서 발생하는 실직 노동자들을 위한 안전장치로서 사회복지 확대는 절실하다(Rodrik, 2008). 이렇듯 중소기업 노동자, 비정규직 노동자, 실직자, 자산이 없는 은퇴자 등 전통적인 기업복지

제도와 가족 기반 자조 복지제도에서 제외된 사람이 크게 증가한 상황은 국가복지 도입과 확대를 시급하게 요구하고 있다. 확대된 공공복지는 새로운 발전국가 체제에 대한 대중의 지지를 이끌어낼 것이다.

한국에서 발전국가의 불안정성은 노동자들을 정치·경제·사회적 의사 결정 과정에서 배제한 것(Evans, 1995)과 밀접한 관련이 있기 때문에 이를 극복하기 위한 민주적 조합주의 도입이 필요하다. 과거 발전국가는 기업에 유리한 발전계획을 독단적으로 수립하고 집행했다. 노동자들은 산업화가 시작된 이후 의사 결정 과정에서 제외된 반면, 국가와 기업의 긴밀한 관계가 발전국가의 중요한 축이 되었다. 그러나 이와 같은 관계는 시민사회와 노동자들로부터 끊임없는 비판을 불러일으켰다. 국가의 투명하지 않은 의사 결정 과정은 소외 집단의 불만으로 이어져 발전국가의 전성기에도 산발적인 노동분쟁이나 반정부시위로 나타났으며, 1987년에는 노동자대투쟁으로 분출되기도 했다.

최적의 자원 배분을 유도하여 발전을 촉진하는 민주주의가 발전국가와 상호 배제적이기보다는 상호 보완적일 수 있다는 주장도 있다(Chang, 2010b; Evans, 2010: 9). 노동자와 같은 중요한 이해관계자들의 참여를 보장하는 발전국가는 안정적으로 발전을 촉진할 수 있다. 확대된 다양한 집단이 국가정책 결정 과정에 참여하는 것은 국민의 자율성이 확장되는 것을 의미하기 때문에, 참여 확대 자체가 발전을 이룩하는 것이라고 할 수 있다(Sen, 1999: 291; Evans, 2010: 9에서 재인용).

한국의 경우 국가는 여전히 시위, 파업과 같은 높은 수준의 항의 활동에 직면하고 있다. 이데올로기적 대결도 있지만, 제대로 작동하지 않는 이해당사자의 참여 메커니즘과 정당이 강력하고 적대적인 시민운동을 부추기는 것이 그 주요 원인이다. 사회운동은 강하지만 정당은 약한 상황에서 정당이 시민들 간의 다양한 이해관계를 대표할 수는 없다. 그렇기에 민주적 조합주의를 도입해 갈등을 방지하고 해소할 필요가 있다. 선례로 1998년 도입된 노사정위원회는 많은 약점을 노출했지만 갈등을 현저히 줄였다. 발전국가 안에서도 더 많은 이해당사자를 포함시켜 더 나은 조합주의를 구축하는 것이 가능하다. 따라서 과거 발전국가가 기업에 배태한 자율성을 통해 성공했다면, 노동과 시민사회의 다양한 이해당사자에 배태한 국가자율성에 기반을 둔 포스트 발전국가는 안정적이면서도 효율적인 미래 발전국가의 바탕이 될 수 있다. 확장된 복지와 조합주의 도입은 민주적 정당성을 회복하고 확장하여 포스트 발전국가의 초석이 될 것이다.

제4장 중국 발전 모델의 진화와 변동

중국이 1978년 개혁개방을 선언하고 급속한 산업화와 고도성장을 추구한 지 40년 넘는 시간이 흘렀다. 이 과정에서 중국은 일본과 동아시아 신흥국의 경제실적을 뛰어넘는 또 하나의 압도적인 경제기적을 이루었고, 세계의 공장을 넘어 세계의 시장으로 부상하면서 차세대 경제대국, G2의 반열에 올라섰다는 점은 이제 전 세계적으로 이견의 여지가 없는 자명한 사실이다. 그러나 다른 한편으로 고도성장을 이끌어낸 중국 경제의 동력과 발전 모델의 성격에 대해서는 아직까지도 명확한 합의가 이루어지지 않은 채 논쟁과 개념화가 난무하는 상황이다.

중국 발전 모델의 개념 규정에 대한 합의가 쉽게 도출되지 않는 것은 일차적으로 중국 경제의 다면적이고 복합적인 특성들, 그리고 중국 경제의 예외성과 독특성에서 기인한다고 할 수 있다. 개혁개방 이후 중국 경제는 매우 이질적이고 심지어 모순적이기까지 한 요인들이 결합되어 발전했는데, 다른 국가들에서는 이런 사례를 찾아보기도 힘들고 이질적 요인의 결합으로 경제성장에 성공한 경우는 더더욱 발견하기 어렵다. 단적으로 중국의 경제성장은 국영기업·집체기업·사영기업이라는 복합적인 소유권 구조, 신자유주의적 대외개방·외국인직접

투자(FDI)와 발전국가적 국가통제의 결합, 지방정부의 분권적 발전 방식과 중앙정부의 지도·통제체계 공존, 궁극적으로 자본주의 경제체제와 사회주의 일당체제의 결합에 기초한다. 근대 사회의 경제발전 역사에서 이런 유형의 성공 사례는 매우 희귀하다고 할 것이다.

중국 발전 모델의 개념 규정이 난항을 겪는 또 다른 이유는 개혁개방 이후 중국 발전 모델이 고정되거나 정형화된 틀을 보이지 않고, 주요 시기별로 그 성격이 지속적으로 변화한다는 점에 있다. 예컨대, 1990년대에는 중국의 급속한 경제성장을 외국인직접투자나 대외개방 같은 신자유주의적 모델로 설명하는 주장이 주류를 이루었으나(林毅夫·李周·蔡昉, 1996; Lardy, 1994; Moore, 1996), 2000년대 이후 중국의 발전 모델을 동아시아 발전국가의 틀에서 조망하는 연구가 다수 등장했고, 이런 관점은 당시 중국 모델을 설명하는 데 적실성을 보여 준 바 있다(백승욱, 2003; 윤상우, 2005; So, 2003). 그런데 최근 들어 중국은 동아시아 발전국가 모델과도 일정한 차별성을 보이면서 오히려 그것을 넘어서는 듯한 인상을 주고 있다.[1] 짜이와 노턴(Tsai and Naughton, 2015), 맥널리(McNally, 2013), 텐 브링크(Ten Brink, 2013) 등이 지적한 것처럼, 현재의 중국 모델은 발전국가적 성장 모델이라기보다는 오히려 국가자본주의(state capitalism)적인 성격이 더 강하다.

제4장에서는 이러한 문제의식을 바탕으로 개혁개방 이후부터 최근에 이르기까지 중국 경제 및 중국 발전 모델의 진화 과정을 검토하

1 필자도 이전에 중국 발전 모델을 발전국가론에 입각하여 분석한 경험이 있고, 상당수의 연구자들처럼 향후 중국의 시장개혁이 더욱 심화되어 정상적인 '자본주의 경제'로 진화할 것으로 전망한 바 있다. 그러나 최근 중국 경제는 그러한 상식적 전망을 뒤집는 징후를 곳곳에서 보인다. '베이징 컨센서스'에서 라모(Ramo, 2004)가 지적한 것처럼, 중국은 속도와 위치를 동시에 예측할 수 없는 양자물리학의 세계와 같이 너무나 빠르고 예측할 수 없게 변화하고 있다.

고 중국 모델의 현재적 성격과 특징을 규명하고자 한다. 개혁개방 이후 중국 지도부가 10년 주기로 교체될 때마다 발전 모델의 성격이 달라지는 데 주목하면서, 특히 2000년대 중반 이후 발전국가에서 더 나아가 국가자본주의적 성격이 강화된 원인을 집중적으로 분석할 것이다. 그리고 이 과정에서 중국의 경제성장과 발전 모델 자체는 중국 지도부가 추구하는 궁극적인 목적이 아니라, 중국공산당의 일당지배를 유지하기 위한 정치적 수단의 일환임을 보일 것이다.

제1절에서는 중국의 발전 모델과 국가 성격을 둘러싼 이론적 논쟁을 검토한다. 특히 중국 모델을 동아시아 발전국가의 관점에서 접근한 논의들과 이에 대해 비판적인 관점들, 그리고 최근의 국가자본주의론을 논의하고 비판적으로 평가한다. 제2절에서는 개혁개방이 시작된 덩샤오핑(鄧小平) 정부와 '사회주의 시장경제론'이 확립된 장쩌민(江澤民) 정부에서 중국의 발전 모델이 동아시아 발전국가의 특성을 형성·강화해 가는 과정을 고찰한다. 제3절에서는 2000년대 후진타오(胡錦濤) 정부에서 중국 발전 모델의 변동을 검토할 것이다. 여기서 애초 후진타오 정부의 경제정책 방향은 케인스주의적 성격이 강했으나, 집권 후반기로 갈수록 국가주의적 성격이 강화된 배경과 원인을 분석한다. 제4절에서는 시진핑(習近平) 정부에서 발전 모델의 성격을 고찰한다. 아직 진행 중이지만 시진핑 정부의 경제정책은 후진타오 정부의 노선을 계승하여 국가자본주의 모델을 부분적으로 보완·조정하면서 유지하는 쪽으로 가닥을 잡고 있는데, 그 세부적인 내용을 검토한다. 제5절에서는 중국 발전 모델의 역사적 변천 과정을 종합적으로 평가하고 향후 전망을 논의할 것이다.

1. 중국의 발전 모델과 국가 성격에 관한 이론적 논의

개혁개방 이후 중국의 발전 모델을 어떻게 규정할 수 있는가 하는 문제는 수많은 논쟁을 양산해 온 중국 연구의 핵심 주제 중 하나다. 워낙 다양한 쟁점들과 방대한 주제들이 논의된 탓에, 중국의 발전 모델을 둘러싼 논쟁의 지형을 전체적으로 개관하고 파악하는 일조차 쉽지 않다. 여기서는 중국 발전 모델 논쟁을 동아시아 발전국가론과 연관지어 설명하는 논의들을 중심으로 살펴보기로 한다. 그 이유는 개혁개방 초기의 중국 발전 모델을 이해하는 데 대외개방과 외국인직접투자의 역할, 비교우위에 기반한 수출지향적 산업화, 무역과 투자에서의 경제자유화 등 신자유주의적 요인을 강조하는 주장이 다수 제기되었지만, 사회주의 시장경제론 이후 중국 국가의 경제 개입과 거시경제적 통제력이 더 분명하게 드러나면서 신자유주의적 접근법의 설득력이 크게 약화되었기 때문이다.[2]

중국의 발전 모델을 발전국가의 한 유형으로 파악하려는 시도는 1990년대 초반부터 제기되었다. 하지만 초기 논의들은 '사회주의적 발전국가'나 '국가조합주의적 발전국가'와 같이 발전국가의 협소한 측면에만 주목하여 분석적 한계를 지니고 있었다. 예컨대 화이트(White, 1993)의 '사회주의적 발전국가'는 덩샤오핑 정부의 중국이 전반적으로

2 중국 발전 모델을 신자유주의적 관점에서 해석한 입장을 경험적으로 비판한 것으로는 윤상우(2005: 281-282)를 참고할 수 있다. 물론 현재까지도 중국의 신자유주의적 모델론을 주장하는 학자들은 여전히 존재한다. 그러나 이들의 주장은 중국 경제의 특정 부분(민간기업의 역할 등)을 과대평가하거나(Lardy, 2014), 향후 중국 경제가 효율성을 강화하기 위해서는 시장기제를 더 확대해야 한다는 규범적 주장(World Bank and Development Research Center of the State Council PRC, 2013)에 머물러 있다는 점에서 한계를 보인다고 판단된다.

국유기업 중심의 사회주의 경제구조를 유지하면서도 동아시아 발전국가처럼 경제성장에 정책의 최우선순위와 국가정당성을 부여하는 것을 개념화한 것이고, 오이(Oi, 1992)의 '국가조합주의'는 지방정부 관료와 기업의 수혜-후원 관계, 국가에 의해 조직·통제되는 이익대표체계 등에 주목하여 동아시아 발전국가의 국가조합주의적 통제 방식을 중국의 발전 과정에 적용한 개념이다.

2000년대 이후에는 동아시아 발전국가의 핵심 특성을 토대로 중국 발전 모델을 보다 정교하게 분석한 세련된 논의들이 등장했다.[3] 이들 주장의 공통된 핵심 내용을 요약하면 다음과 같다.

첫째, 중국은 동아시아 발전국가들과 마찬가지로 강력한 국가기구를 갖고 있다. 중국에서 국가는 경제 기득권 세력에 포획되어 있지 않다는 점에서 매우 자율적이며, 발전계획을 실행할 수 있는 능력도 갖추고 있다. 국가는 은행을 소유하고 금융 부문을 통제하기 때문에 국내 기업들이 국가에 협력하게 만드는 강력한 정책수단을 보유하고 있다. 저금리 대출, 외부 경쟁으로부터의 보호, 수출시장 접근에 대한 지원 등도 그러한 정책수단이다. 둘째, 중국은 동아시아 발전국가들처럼 국가가 경제에 적극적으로 개입해 왔다. 국가는 자본 축적을 추동하는 엔진이 되었는데, 중앙정부는 차입에 의한 자금 조달과 사회기반시설 건설을 수행하는 것 외에도 전략적 발전계획을 추진하고, 물가와 자본이동을 규제하고 투자 위험을 떠맡으며, 연구개발을 지원하고 있다. 셋째, 중국은 동아시아 발전국가들처럼 국가가 민족주의 이데올로기를 적극적으로 동원했으며, 스스로 '중국굴기(中國崛起)'라는 민족적 과업의 추진 주체로 정의했다. 개혁개방 이후 마르크스-레닌주의

3 백승욱(2003), 윤상우(2005), 소(So, 2003; 2012), 주(Zhu, 2003) 등의 논의가 대표적이다.

에 의한 국가 정당화가 후퇴하는 가운데, 경제성장주의와 민족주의는 국가가 인민대중의 지지를 얻기 위한 유일한 희망이 되었다. 넷째, 중국은 동아시아의 발전국가들처럼 국가가 외국인직접투자와 자본 축적 활성화에 유리한 환경을 유지하기 위해 노동을 규율하고 노동자의 저항을 탄압하며, 시민사회를 비활성화시키는 권위주의적 정책을 채택하고 있다.[4]

중국 발전 모델에 대한 발전국가적 접근법은 이후에도 다양한 경험적 연구 분야로 확대되었다. 예컨대, 아펠바움 등(Appelbaum, Parker and Cao, 2011)은 나노 기술과 같은 혁신산업 분야에서 중국 발전국가의 전략적 산업정책을 고찰한 바 있으며, 나이트(Knight, 2014)는 중국 발전국가가 국가능력성을 강화하기 위해 추진한 다양한 유인 기제 구축을 체계적으로 연구한 바 있다. 그러나 최근에는 중국 발전 모델에 발전국가론을 적용하는 데 부정적이거나 회의적인 평가를 제기하는 논의도 자주 등장하고 있다(이기현, 2010; 이정구, 2012; 페이, 2011; Howell, 2006; Ong, 2012).

발전국가론을 중국의 경험에 적용하는 데 부정적인 시각들은 대체로 중국의 국가가 발전국가라기보다는 오히려 분권화된 약탈국가(decentralized predatory state)나 정실주의에 치우친 후원국가(clientelist state)의 특성을 더 강하게 보인다고 주장한다. 대표적으로 하웰(Howell, 2006: 283-287)은 중국이 발전국가와 약탈국가의 중간에 위치하여 두

4 중국의 발전 모델을 동아시아 발전국가의 관점에서 접근한 대부분의 연구는 한국, 일본, 대만과 중국이 유사성 못지않게 상당한 차별성을 지닌다는 점도 분명히 인식하고 있다. 중국이 동아시아 발전국가와 차별성을 보이는 지점으로는 방대한 국영 부문, 외국인직접투자의 중요성, 지방정부 중심의 분권적 성장 방식, 향진기업(鄉鎮企業) 등 집체기업의 역할, 지방정부가 사실상 기업의 역할을 수행하는 기업가정부 등이 지적된다.

가지 특성을 모두 지닌 다형체국가(polymorphous state)라고 규정하면서, 지방정부 관료들이 국가의 발전목표보다는 지방의 이익이나 개인의 이익을 추구하고, 국가행정의 효율화보다는 개인이나 조직의 생존만을 지향하며, 중앙정부의 통제력이 약화되고 국가-기업 관계 또한 발전주의적이지 않다는 점에서 사실상 약탈국가에 더 가깝다고 주장한다. 민신 페이(Minxin Pei)도 중국의 지방정부에서 지방관료와 지역 과두세력 간에 강한 연대가 형성되면서 부정부패와 지역자원의 약탈이 빈번하게 일어난다고 지적한 바 있다(페이, 2011: 191-240). 그는 분권화된 약탈국가의 원인으로 개혁개방 전환기에 모호한 재산권의 분권화, 사적 이익을 추구할 수 있는 새로운 출구전략, 중앙정부의 감독 역량 약화, 이념적 규범 약화를 지목한다. 이와 같은 지적대로, 중국의 발전 모델, 특히 지방정부 수준에서 이러한 약탈국가적 면면이 존재하는 것은 부인할 수 없는 사실이다. 그러나 이들의 논의는 중국의 발전 모델이 약탈국가적 특성에도 불구하고 제3세계 개발도상국의 약탈국가와 달리 어떻게 고도성장과 경제기적을 이룰 수 있었는지는 적절하게 설명하지 못하고 있다. 이는 분권적 약탈국가의 특성이 중국 발전 모델의 발전국가적 특성을 압도하는 핵심 요인은 아님을 시사한다고 볼 수 있다.

2008년 글로벌 금융위기 이후에는 중국 발전 모델 및 국가 성격에 대해 새로운 주장이 제기되기 시작했는데, 즉 기존의 발전국가적 시각과 구분되는 '국가자본주의' 관점이 등장한 것이다(이종철·강승호, 2012; McNally, 2013; Ten Brink, 2013; Tsai and Naughton, 2015). 사실 개혁개방 이후 중국 경제는 당-국가 권위주의 체제와 결합되어 있고, 국유기업 등 사회주의 계획경제의 유산이 남아 있다는 점에서 애초부터 국가자본주의 성격을 지닌다고 볼 수도 있다. 그러나 여기서 논의되는 중국의 국가자본주의는 수십 년간 시장화 개혁과 대외개방이 진행된 상황에서 기업·금융 부문에 대한 국가의 소유권과 통제력이 다시 강화되고, 핵심 경제 부문에 대한 국가의 장악력이 증대하는 최근 현상을 지칭하는 것이다. 짜이와 노턴(Tsai and Naughton, 2015: 2)은 2004년경부터 중국 지도부가 강력하고 견실한 국유 부문을 장기적으로 유지할 필요성을 재인식하면서 국가자본주의 모델이 출현하게 되었다고 보았으며, 맥널리(McNally, 2013: 48-49)와 텐 브링크(Ten Brink, 2013: 18-19)는 중국의 고도성장에서 파생된 경제의 불균형(높은 수출의존도, 내수시장 부진, 소득불평등 악화)을 재균형화하기 위한 방편으로 국가주의적 해법과 국가자본주의가 강화되고 있는 것으로 파악한다.

최근 중국에서 보이는 국가자본주의 모델은 전략산업 부문에 대한 중앙정부의 직접적인 통제권 유지, 국유기업과 금융 부문에 대한 공산당의 인사권 장악, 시장원칙에 입각한 경제운용, 거의 전 산업 분야에 걸친 포괄적이고 방대한 산업정책 실시, 금융 부문 및 금융시장에 대한 국가 통제력 유지 등을 주요 특징으로 한다(Tsai and Naughton, 2015: 17-19). 중국의 국가자본주의를 동아시아 발전국가와 비교하면 산업정책 실시, 국가의 금융 부문 통제, 시장원리에 입각한 경제운용 등에서는 공통점을 발견할 수 있지만, 국유기업 및 전략산업 부문에 대한 국가의 소유권과 통제권 측면에서는 결정적인 차이가 나타난다. 동아시아 발전국가는 국가가 경제성장을 지도·견인하지만 그것은 어디까지나 생산과 투자 활동을 직접 담당하는 민간기업을 통해 이루어진 것이었다(Johnson, 1982). 반면에 중국의 국가자본주의는 경제성장의 핵심 부분을 점차 민간기업에서 국유기업으로 대체하고, 나아가 이들을 글로벌 챔피언으로 육성하려 한다는 점에서 명확히 구분된다. 짜이와 노턴(Tsai and Naughton, 2015)은 한국, 일본, 대만이 경제기적 단계를 거칠 때 발전국가가 지배적 역할을 했던 것과 마찬가지로, 중국이 경제기적을 가속화하는 데 국가자본주의가 지배적인 제도로서 역할을 하고 있다고 주장한다. 이런 점을 감안하면, 최근의 중국 국가자본주의는 동아시아 발전국가의 중국식 버전이거나 중국식 변이형으로도 이해할 수 있을 것이다.

이상으로 중국의 발전 모델과 국가 성격을 둘러싼 기존 논의와 주요 흐름을 간략히 살펴보았는데, 대부분의 연구는 연구 시점에서의 중국 발전 모델의 성격에만 주목할 뿐, 중국 발전 모델의 시간적 가변성과 동태성을 주의 깊게 고려하는 것 같지 않다. 개혁개방 이후 40여 년 동안 중국 발전 모델은 단선적·누적적으로 진화한 것이 아니라, 대내외적 상황과 중국 지도부의 판단에 따라 그 성격과 방향이 달라지는 질적 전환을 여러 차례 경험해 왔다. 따라서 중국 발전 모델의 성격을 보다 정확하게 이해하기 위해서는 시간적 가변성과 동태성의 관점에서 개혁개방 이후의 역사적 궤적을 추적할 필요가 있다.

2. 중국 발전국가의 형성: 덩샤오핑 정부와 장쩌민 정부 시기

잘 알려져 있듯이, 1978년에 집권한 덩샤오핑 정부가 개혁개방을 추진한 것은 면밀하게 계획하고 준비한 결과가 아니라, 문화대혁명의 정치적 혼란을 수습하고 마오 시기의 경제적 폐해를 극복하기 위한 임기응변적·상황적 산물이었다. 따라서 덩샤오핑 정부의 개혁개방 추진 과정은 '청사진 없는 개혁'이라 불릴 정도로 여러 유형의 개혁정책이 혼재된 개혁실험기 또는 과도기적 성격을 지닌다(McMillan and Naughton, 1993). 초기 개혁정책은 농업생산성 향상을 위해 농촌 부문 개혁〔농가청부생산제, 향진기업(鄕鎭企業) 허용 등〕에 초점이 맞추어졌고, 그 성과를 바탕으로 1984년부터는 도시 국유 부문으로 개혁〔이개세(利改稅) 도입, 기업청부생산제〕이 확대되었다. 그러나 도시 국유 부문 개혁으로 가격 혼란과 인플레이션 등의 부작용이 나타나자 1988년부터 개혁 속도를 늦추고 긴축정책을 강화하는 치리정돈(治理整頓)이 실시되기도 했다.

덩샤오핑 정부의 개혁정책은 기존 계획경제와 국유 부문을 급진적으로 해체하지 않으면서도 '계획 외 부문'〔향진기업, 삼자기업(三資企業), 연해수출구〕을 허용해 경제성장의 추진력과 관성 확보를 지향했다. 소유권이나 경제운영 원리에서 근본적인 전환은 없었지만, 지방정부와 국유기업에 초보적인 재량권을 부여하는 등 다양한 유인 기제를 도입함으로써 투자가 확대되고 국내소비가 증대되었다. 또한 화교 자본을 중심으로 한 외국인직접투자가 수출경제를 담당하는 특성이 나타났다(백승욱, 2003: 150; 윤상우, 2005: 299). 따라서 덩샤오핑 정부에서는 제한적이고 점진적인 개혁개방이 추진되었기 때문에 중국 발전 모델의 정체성이 뚜렷하지 않았고 동아시아 발전국가의 특성도 잘 드러나지 않았다.

통상적으로 발전국가 모델이 이념적·조직적·정책적·관계적 요인을 토대로 구성된다는 점을 감안할 때(Amsden, 1989; Evans, 1995; Johnson, 1982; Wade, 1990b),[5] 1980년대 덩샤오핑 정부의 발전 모델은 발전국가의 구성요소 중 이념적 기초만 형성되었을 뿐 조직적·정책적·관계

5 동아시아 발전국가의 구성요소는 다음과 같다. 첫째, 발전국가의 이념적 요인으로서, 동아시아 국가들은 소비 및 분배와 구분되는 성장·생산성·경쟁력 측면들, 즉 경제성장을 최우선 정책으로 두었으며 국가의 존립 근거 내지 정당성의 원천으로 삼았다. 둘째, 발전국가의 조직적 요인으로서, 국가의 전략적 시장 개입은 정치·사회적 압력으로부터 자율적이고 조직적 응집력을 확보한 유능한 국가관료기구에 의해 보증되었다. 셋째, 발전국가의 정책적 요인으로서, 발전국가는 여러 적극적인 정책수단(거시경제정책, 산업정책, 금융정책, 노동정책 등)을 통해 자원의 전략적 할당과 민간 부문의 생산적 투자를 유도하고 경제의 효율성을 강화해 갈 수 있었다. 넷째, 발전국가의 관계적 요인으로서, 발전국가의 자율성은 고립된 자율성이 아니라 주요 민간기업들과 긴밀한 정책 네트워크를 구축해 정보를 공유하고 정책을 조정하는 '배태된 자율성'에 기반을 두었다(윤상우, 2005: 284-285).

적 특성은 부재했다고 평가할 수 있다. 당시 개혁개방을 추진했던 덩샤오핑 등 중국 지도부는 대내외적 도전에 직면해 있던 중국 사회주의의 현대화[6]라는 명목으로 경제개혁의 필요성을 역설했으며, 경제성장을 체제 존립의 필수요건이자 국가 정당성의 근거로 삼았다. 덩샤오핑 정부의 국가통치 이념은 하나의 중심점인 '경제건설', 두 개의 기본점인 '개혁개방'과 '네 가지 견지(堅持)'[7]를 요체로 한다(이희옥, 2008: 284). 그러나 이 시기에 농촌·도시 부문 개혁, 경제특구 설치, 대외개방 등 의미 있는 정책을 추진했음에도 불구하고, 발전국가 모델의 필수요건인 국가관료기구의 조직적 역량을 끌어올리는 제도개혁, 산업정책의 방향 및 추진 수단을 확립하는 정책개혁, 그리고 기업 부문과의 협력적 정책 네트워크 구축 등의 시도는 체계적으로 나타나지 않았다.

주지하듯이, 중국에서 개혁개방이 본격적인 궤도에 접어든 것은 장쩌민 정부 초기인 1992년 덩샤오핑의 남순강화(南巡講話)를 계기로 '사회주의 시장경제론'이 공식화되면서부터다. 장쩌민 정부 시기는 기존 계획 부문이 점진적으로 해체되고 시장이 경제운용의 중심으로 정착되는 단계인데, 이 시기에 국가의 역할은 경제 전체에 대한 직접적 계획(지령성 계획)에서 거시경제 조절 영역(지도성 계획)으로 축소되었고, 국유기업의 기업지배구조와 금융 부문을 개혁함으로써 이들을 정상적인 자본주의 경제주체로 전환하기 위한 시도가 지속적으로 추진되었다. 또한 외국인직접투자가 초기의 화교 자본에서 미국, 일본 등 선진국으로 확대되면서 수출 부문이 비약적으로 팽창했고, 내수시장

6 '4개 현대화', 즉 농업 현대화, 공업 현대화, 국방 현대화, 과학기술 현대화를 말한다.

7 사회주의 노선의 견지, 인민민주주의의 견지, 공산당 영도의 견지, 마르크스-레닌주의와 마오 사상의 견지를 말한다.

의 동반성장이 가속화되었으며, 중국의 산업구조와 수출구조도 노동집약적 산업에서 점차 자본·기술집약적 산업으로 고도화되는 경향이 나타났다(백승욱, 2003; 吳敬璉, 2001).

이 시기에 중국의 발전 모델과 관련해 주목할 점은 1980년대 덩샤오핑 정부에서는 발전국가의 이념적 토대만 구축된 데 비해, 1990년대 장쩌민 정부에서는 일련의 제도개혁을 통해 발전국가의 조직적·정책적·관계적 토대를 실질적으로 확립함으로써, 동아시아 발전국가 모델과 상당한 유사성과 강한 친화성을 확인할 수 있다는 것이다(윤상우, 2005: 301). 우선 1993년 국가공무원제도를 개혁하여 자율성과 능력성을 갖춘 기술관료 중심의 국가관료체제를 구축하고 국가발전계획위원회,[8] 국가경제무역위원회와 같은 선도기구를 확충했으며, '국가산업정책강요(國家産業政策綱要)' 발표 및 지주산업(支柱産業) 지정, 정책성 은행 신설 등 기업과 금융 부문을 전략산업이나 생산적 투자로 유도할 수 있는 산업정책 및 금융정책의 틀을 확립했다. 또한 국유기업과 향진기업에 대한 지원과 규율, 경제실적에 따른 선별성 원칙 등이 강화되었고, 협력적·공생적 국가-기업 관계가 지방정부 수준으로 확산되면서 동아시아 발전국가 모델을 적극적으로 수용·흡수하려는 시도가 본격적으로 이루어졌다. 따라서 덩샤오핑 정부에서 이념적 기초를 중심으로 부분적으로 형성되어 온 중국의 발전국가는 장쩌민 정부 시기

8 국가발전계획위원회(이후 '국가발전개혁위원회'로 명칭 변경)는 중국식 발전국가의 선도기구로, 경제정책 전반을 기획·총괄하는 핵심 역할을 수행했다. 단기 및 중장기 경제발전계획을 수립하고 이에 기초해 금융 및 재정, 에너지 수급, 외자 이용, 전략산업 육성, 지역개발 전략, 농촌경제, 교통, 환경, 고용에 이르는 광범위한 분야의 경제정책에 관여하는 등 중국에서 '작은 국무원[小國務院]'이라 불릴 만큼 막강한 권한을 가지고 있다(서상민, 2011: 32).

에 이르러 외형상 동아시아 발전국가와 유사한 형태로 진화했으며, 제도적인 필수요건들을 상당 부분 갖추었다고 평가할 수 있다.

장쩌민 정부 시기에 발전국가적 성장 모델이 확립·강화되면서, 중국 경제는 1980년대와 비교할 수 없을 정도로 압도적인 고도성장을 이루어 냈다. GDP 성장률은 1990년대 후반 동아시아 외환위기의 여파로 다소 하락했지만, 1992년 14.2%를 시작으로 1995년까지 매년 두 자릿수 성장률을 달성했으며, 이 기간 동안 단 3년 만에 GDP 규모를 두 배 이상 끌어올리는 괴력을 보여 주었다(中國國家統計局, 2016). 그리고 투자율(GDP 대비 총고정자본형성 비율)은 1990년대 내내 35%대를 유지했으며, 수출성장률도 1990-1995년 19%, 1996-2000년 11%를 기록했다.

이처럼 장쩌민 정부 시기에 발전국가의 제도적 토대가 성립되고 고도성장의 기틀이 확립되었지만, 이때의 고도성장이 발전국가의 역할과 지도에 따른 것이라고 평가하기 어려운 부분도 있다. 그것은 1990년대 발전국가적 산업정책이 투자율과 수출 부문의 급성장을 가능하게 하고 자본집약적 산업으로 산업구조 고도화를 촉진하는 데 중요하게 기여했지만, 산업정책 가운데 사실상 실패한 경우도 적지 않았기 때문이다. 예컨대, 지주산업 발전정책은 가격체계의 경직성, 계획경제시대의 경영 관행 잔존, 중국 경제관리체계의 분산성 등으로 그다지 성공적이지 않았다는 평가가 제기되었으며, 정책금융의 낮은 효율성이나 금융권의 막대한 부실채권 문제도 중국 경제의 약점으로 자주 지적되어 왔다(이남주, 2001; Zhang and Guoqiang, 1997). 그리고 중앙정부의 산업정책적 노력에도 불구하고 각종 투자 프로젝트는 각 지방정부 수준에서 과잉중복되어, 생산의 분산성이 심화되고 지역적 전문화가 감소하는 실정이었다. 이런 점은 중국의 발전국가 체제가 제도적·정책적 측면에서 아직 불완전함을 반영한다고 볼 수 있다.

따라서 이 시기에 고도성장의 기틀이 마련된 것은 발전국가 체제 구축이라는 요인 외에도 외국인직접투자에 의한 수출경제의 비약적 발전이라는 신자유주의적 요인이 실질적으로 기여했다고 평가할 수 있다. 1992년에 사회주의 시장경제를 천명한 뒤 본격화된 외국인직접투자는 1996년 이후 연간 유입액이 400억 달러를 넘어섰고, 후진타오 정부 시기인 2005년에는 연간 700억 달러, 2008년에는 연간 1천억 달러를 돌파했다. 이에 따라 중국 경제에서 외국인직접투자 비중은 1990년대 중반 정점에 달해, 1994년 총고정자본형성의 16%, GDP 대비 6% 규모까지 상승했고, 2003년부터는 중국이 미국을 제치고 세계 1위의 외국인직접투자 유입국이 되었다(대외경제정책연구원, 2004: 165-166; 윤상우, 2015: 232-233). 이렇게 물밀 듯이 유입된 외자기업, 외국계 합자·합작회사는 중국의 수출경제를 견인했고,[9] 여기서 정립된 중국형 수출지향적 산업화 패턴[10]은 이후 고도성장의 핵심적인 지주가 되었다.

3. 중국 발전국가의 전환과 변형: 후진타오 정부 시기

2001년 중국의 WTO 가입과 2003년 후진타오 정부의 출범 이후 중국 발전 모델의 근본적인 전환 가능성이 고조되었다. 그 이유는 후진타오 정부의 경제정책 기조가 과거의 경제성장 일변도에서 벗어나 균형발

9 2005년 중국의 총수출에서 외국인투자기업이 차지하는 비중은 58%를 기록했다(Naughton, 2010: 519-521).

10 동아시아 역내 기업의 중국 진출 → 역내 무역을 통한 생산재 및 중간재 조달 → 중국에서 최종 조립·가공 → 미국, 유럽 등 선진국에 수출하는 패턴을 말한다.

전이나 질적 성장 등 새로운 산업화전략을 천명했기 때문이다. '소강사회(小康社會)의 전면적 건설'을 국가 발전목표로 천명한 중국공산당은 후진타오 지도부 출범 이후 2003년 10월에 향후 경제개혁과 발전전략의 방향은 담은 〈중국공산당 사회주의 시장경제체제 개선에 관한 약간의 문제에 대한 결정(中共中央關於完善社會主義市場經濟體制若干問題的決定)〉을 발표했다. 이때 경제부처의 역할 조정이 이루어졌을 뿐 아니라 국유자산감독관리위원회, 은행업감독관리위원회 등 경제관리조직이 신설되었고, 향후 발전전략으로 성장의 질(고용, 기술, 환경)을 중시하는 신형 공업화, 장기성장을 위한 도농·동서·계층 간 균형발전전략, 공정경쟁의 틀을 마련하는 경쟁정책, 국유기업과 금융 부문의 지속적인 구조조정 추진 등이 신지도부의 중점 사업으로 제시되었다(대외경제정책연구원, 2004: 94-106). 이후 후진타오 정부의 발전이념은 '과학발전관(科學發展觀)'으로 지칭되었다. 이는 소강사회의 전면적 건설을 위해 고도성장을 최우선 과제로 삼으면서 에너지, 환경, 균형발전 같은 다양한 요구를 적극적으로 해결할 수 있는 종합적이고 총체적인 발전관을 수립한다는 의미였다(지만수, 2007: 1). 또한 2006년에는 과학발전관의 연장선이라 할 수 있는 '조화사회'[11] 이념도 당과 국가의 기본 방침으로 채택되었다(이희옥, 2008).

중국이 1990년대 고도성장 과정에서 시장화와 구조개혁에 박차를 가하고, 2001년 WTO 가입으로 자본주의적 경제질서와 국제규범을 수용하며, 후진타오 정부 출범과 함께 균형발전과 질적 성장을 강조하는 발전전략을 제시했을 때, 2000년대 중국의 발전 모델은 공격적인 동아시아형 발전국가 모델로 나아가기보다는 다른 형태로 진화할

11 '和諧社會'의 번역어로, 인간과 인간이, 그리고 인간과 자연이 조화롭게 공존하는 사회를 말한다.

것으로 전망되었다. 즉 시장기제 확대와 국유기업 민영화 등 시장개혁이 더욱 심화되어 신자유주의적 경제 모델로 진화하거나(Lardy, 2014; Yao, 2010), 국가가 거시경제 전반의 안정적 관리에 주력하고 경제의 불평등·불균형 문제를 처리하며 필요할 경우 시장의 유효수요를 창출하는 등 보다 온건한 개입 형태인 케인스주의적 경제 모델로 발전할 가능성이 상당히 높았다(윤상우, 2005: 303). 특히 후자의 가능성이 유력했다고 보이는데, 그것은 1990년대 고도성장 과정에서 국유기업의 구조조정과 금융기관의 부실채권 문제, 지역·계층 불평등 문제가 중국의 가장 큰 당면과제로 부각되었기 때문이다. 그러나 후진타오 정부에서 실제로 실행된 경제정책과 발전전략의 내용을 보면 오히려 국유 부문의 재강화를 통해 '국가자본주의'로 역주행하는 징후가 곳곳에서 발견된다. 그 주요한 근거들은 국유기업 개혁과 관련해서 나타난다.

장쩌민 정부에서 1995년 '조대방소(抓大放小)'[12]를 슬로건으로 내걸고 국유기업 종합개혁계획을 채택한 뒤 실제로 1996년부터 주룽지(朱鎔基) 총리의 강력한 리더십 아래 국유기업의 대규모 구조조정이 본격화되면서, 시장화와 민영화의 흐름은 거스를 수 없는 대세처럼 보였다. 게다가 후진타오 정부도 2003년 국유자산감독관리위원회를 설립해 중앙 국유기업만 이곳에서 관리하고 나머지는 지방정부나 시장에 일임한다는 원칙을 세웠고, 실제로 국유기업의 합병·퇴출을 통해 중앙 국유기업집단의 수를 2003년 196개에서 2014년 112개로 대폭 줄여 나갔다(최필수, 2015: 53). 전체적으로 보아도, 국유기업(국유지배기업 포함)은 2002년 41,125개에서 2010년 20,253개로 줄어들었고, [그림

12 국유기업 구조조정 원칙으로 제시된 '조대방소' 개혁은 경쟁적 산업 부문(소비재 제조, 소매유통업 등)의 소규모 국유기업을 폐쇄하거나 민영화하고 국가 기간산업에 속하는 대형 국유기업을 통합하여 기업집단으로 발전시킨다는 개념에 입각해 있다.

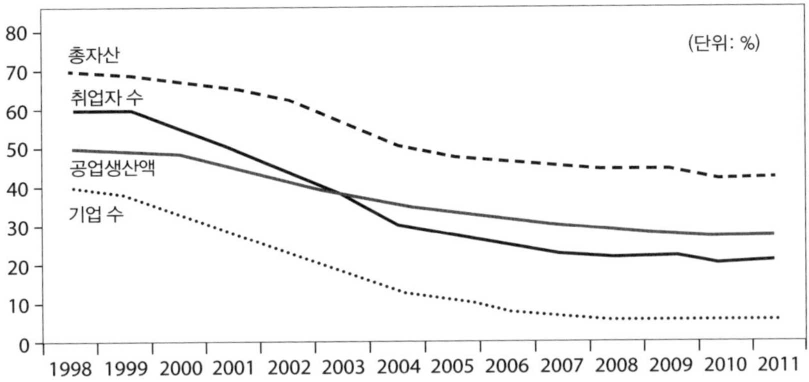

[그림 4-1] 중국 공업 부문에서 국유(지배)기업이 차지하는 비중 변화

출처: 中國國家統計局(2016); 조현준(2013: 227)에서 재인용.

4-1]에서 보듯이 중국의 공업 부문에서 차지하는 공업생산액, 총자산, 기업 수, 취업자 수의 비중 또한 유사한 비율로 줄어들었다. 그리고 이와 맞물려 2000년대 동안 중국 경제에서 민간기업이 차지하는 비중이 생산, 수출, 고용, 고정자산투자 측면에서 지속적으로 확대되어, 표면상으로는 시장화 추세가 지속되는 것처럼 보인다(크뢰버, 2017: 153-154).

그러나 2000년대 중반부터 부실 국유기업 처리가 어느 정도 진척되고 국유기업체제가 안정되자, 후진타오 정부의 산업정책은 점차 국가 통제적인 방향으로 변화했다. 명시적으로 국유기업 보호조치를 취하고 국유기업 민영화를 사실상 중단했으며, 국유기업이 중국 경제의 중심에 서는 국가자본주의를 전면에 내세웠다. 그 대표적인 정책지침이 2006년 12월 국유자산감독관리위원회가 발표한 〈국유자본조정 및 국유기업재편에 관한 지도의견(關於推進國有資本調整和國有企業重組的指導意見)〉이다. 여기서는 국유경제가 마땅히 국가안보와 국민경제의 명맥에 관계하는 중요한 업종(군수공업, 발전, 석유, 통신, 석탄, 민항, 해운)에서 절대적인 통제력을 유지해야 하고, 이들 영역의 핵심 국유기업이 세계 일류기업으로 발전해야 하며, 동시에 기초산업과 지주산업(장치설비, 자동차, 전자·IT, 건축, 철강, 비철금속, 석유화학, 탐사설계, 과학기술연구)에서 국유 지분이 줄어들더라도 국유경제의 영향력과 선도능력은 증강되어야 한다고 명시했다(조현준, 2013: 225). 그리고 이즈음부터 경영이 어려워진 민영기업을 국유기업이 인수하는 사례들이 주목받으면서 중국 내에서 '국진민퇴(國進民退)'와 '재국유화'에 대한 논쟁이 제기되기 시작했다.

후진타오 정부의 국가통제적·국가자본주의적 정책 방향은 2008년 글로벌 금융위기를 거치면서 한층 더 강화되고 공고해졌다(김성옥, 2012; 왕윤종·이치훈, 2017; 이남주, 2010). 이와 관련해 몇 가지 사항을 지적할 수 있다. 첫째, 중국 정부는 금융위기에 대응하기 위해 2009년부터 4조 위안의 재정 지출과 10조 위안의 유동성 공급 확대(국유은행 대출) 등 대규모 경기부양책을 실시했는데, 이 자금의 90% 이상이 사회기간시설 건설에 집중되었고 이로 인해 기초 인프라와 중공업을 독과점하던 대형 국유기업들이 엄청난 수혜를 입었다. 즉 경기부양책이 국유기업을 지원하게 된 셈이었다. 둘째, 위기대응책으로 2009년 초 발표된 '10대산업진흥계획'(철강, 자동차, 방직, 조선, 장치산업, 전자정보, 경공업, 석유화학, 유색금속, 물류)에서는 국유기업이 주도하는 산업구조조정과 부실 민영기업 인수합병 등의 조치를 명시하고 있는데, 실제로도 국유기업에 의한 무차별적인 인수합병이 상당히 광범하게 진행되었다.

비록 글로벌 금융위기라는 돌발 상황과 맞물리긴 했지만, 후진타오 정부가 중반기 이후 확대해 왔던 국가 통제적인 산업정책은 결과적으로 국유기업들의 인위적인 비대화와 독점적 지위 강화로 귀결되었다. [표 4-1]에서 보듯이, 중국의 국유기업(국유지배기업 포함) 수는 지속적으로 줄어들었지만 인수합병을 통해 초대형 기업으로 거듭나면서

[표 4-1] 중국 전체 기업과 국유(지배)기업의 주요 지표 (단위: 개, 억 위안)

연도	전체 기업 수	국유 및 국유지배 기업 수	전체 자산총계	국유기업 자산총계	전체 부채	국유기업 부채	이윤 총액	국유기업 이윤총액
2002	181,557	41,125	146,217	89,094	85,857	52,837	5,784	2,632
2003	196,222	34,280	168,807	94,519	99,527	55,990	8,337	3,836
2004	276,474	35,597	215,358	109,708	124,847	62,005	11,929	5,453
2005	271,835	27,477	244,784	117,629	141,509	66,653	14,802	6,519
2006	301,961	24,961	291,214	135,153	167,322	76,012	19,504	8,485
2007	336,768	20,680	353,037	158,187	202,913	89,372	27,155	10,795
2008	426,113	21,313	431,305	188,811	248,899	111,374	30,562	9,063
2009	434,364	20,510	493,692	215,742	285,732	130,098	34,542	9,287
2010	454,872	20,253	592,881	247,759	340,396	149,432	53,049	14,737

출처: 中國國家統計局(2016); 김성옥(2012: 36)에서 재인용.

국유기업의 2010년 자산총계는 2002년 대비 2.8배, 부채는 2.8배,이윤총액은 5.6배로 증가했다. 또한 중국 재무부의 자료를 분석한 연구에 따르면, 2000년대 내내 감소하던 국유기업 수는 2010년 이후 증가 추세로 돌아섰으며, 이에 따라 2005년 중국 GDP의 120% 수준으로 감소했던 국유기업 자산총액은 2013년 GDP의 177%로 다시 급증한 것으로 나타났다(크뢰버, 2017: 144). 중국사회과학원도 〈2011년 공업발전보고〉에서 2006-2009년 신규 고정자산투자에서 국유기업의 비중이 증가하는 것에 주목하여 '국진민퇴' 경향성이 실제로 존재함을 인정했다(김성옥, 2012: 31). 문제는 국유기업의 매출액과 이익률 등 경영실적이 민영기업에 훨씬 못 미침에도 불구하고, 국가의 특혜와 지원(무상토지, 국영은행 대출 선점, 저금리의 신용보조, 낮은 이윤상납)으로 막대한 이윤을 챙기고 몸집을 불리고 있다는 점이다. 특히 글로벌 금융위기 이후 초대형 국유기업들의 무차별적인 민영기업 인수합병과 문어발식 비관련 다각화는 1997년 외환위기 이전의 한국 재벌을 닮아 간다는 평가까지 제기되고 있다(왕윤종·이치훈, 2017: 37).[13] 이는 명백히 시장화 개혁의 후퇴를 의미하며, 중국의 발전 모델이 발전국가 모델을 넘어 국가자본주의적 모델로 나아가는 지표라고 할 수 있다.

그러면 왜 후진타오 정부에서 중국의 발전 모델은 국가자본주의적인 형태로 진화했는가? 후진타오 집권기는 중국이 2001년 WTO에 가입한 이후 외자기업의 유입과 수출경제 붐이 급격히 일어나면서 고도성장이 안정적으로 지속되던 황금기였다. 여기에 1990년대 내내 중국 경제를 괴롭혀 온 국유기업 구조조정과 금융기관 부실채권 문제도 국유자산감독관리위원회와 각종 자산관리공사, 금융지주회사를 설립해 해결의 실마리를 찾고 상당히 개선된 상황이었다. 이 지점에서 후진타오 정부는 개혁개방 이후 중국에 투자 또는 진출한 외국 기업들이 획득한 시장점유율을 중국 기업들이 재탈환할 수 있도록 지원하고, 규모가 큰 소수의 국유기업들을 거대 기업집단으로 재조직하여 글로벌 챔피언으로 육성한다는 것을 경제정책의 핵심 목표로 설정했다(크뢰버, 2017: 81-82). 이는 후진타오 정부가 장쩌민 정부에 비해 국가 통제적 성향이 강한 데서 연유한 것일 수도 있지만, 사실 중국 지도부의 국가 통제적 성향은 개혁개방 이후 중국 정부에 내내 존재했던 것이다. 덩샤오핑 이후 시진핑에 이르기까지 중국의 국가지도자는 개혁을 우선

13 중국의 최대 유제품 회사인 민영기업 멍니우(蒙牛)를 인수해 국진민퇴의 대명사가 된 중량그룹(中粮集團)은 식량·식품의 거시조절과 무역을 위해 탄생한 중앙 국유기업이다. 최근에는 이를 넘어 포장제품의 제조·판매, 인터넷쇼핑몰 운영 등 식량산업의 가치사슬 하단까지 장악하고 있으며, 호텔과 부동산 개발 및 경영에까지 참여하고 있다. 군수회사인 바오리그룹(保利集團) 역시 광산 투자개발에 진출하고 있으며, 부동산 개발과 중개서비스에까지 참여하고 있다(김성옥, 2012: 47).

시한다고 해도 경제관리에 관해서는 강력한 국가의 역할이 유지되도록 애썼고, 이를 위해 필요하다면 자산을 직접 소유하는 방식도 마다하지 않았다(크뢰버, 2017: 134). 다만 전임 정부들은 개혁개방 초기 단계로 경제성장이 아직 본격적인 궤도에 올라서지 않았기 때문에 국가통제적 정책보다는 시장주의적 개혁정책과 외국투자기업에 대한 지원을 우선시할 수밖에 없었던 데 비해, 후진타오 정부는 상대적으로 양호하고 안정된 경제 여건 속에서 중국공산당이 본래 의도했던 정책 방향과 발전 방식을 추진할 수 있었던 것으로 보인다.

그리고 후진타오 정부는 과학발전관과 조화사회론을 천명하면서 균형발전과 불평등 해소, 질적 성장을 강조했지만 실제로는 '성장우선주의'에 정책지향점을 두었다.[14] 2020년까지 GDP를 네 배 이상 증가시킨 소강사회에 진입하기 위해서는 집권기간 내내 경제성장률을 8% 이상 달성해야 한다는 '바오파(保八)' 불문율을 암묵적으로 견지했기 때문이다. 후진타오 정부의 성장우선주의는 지방정부 관료들의 실적평가가 철저하게 경제성장률에 기반을 두고 이루어졌다는 점에서도 확인할 수 있다(한재현, 2015: 3). 이는 지방정부가 정책의 최우선순위를 경제성장에 두게 하는 유인 및 규율 기제로 작용하기 때문이다. 이러한 상황에서 맞닥뜨린 2008년 글로벌 금융위기는 후진타오 정부의 성장우선주의에 심대한 도전으로 작용했다. 이때 후진타오 정부는 4조 위안의 재정지출과 무제한적인 유동성 공급이라는 강력한 경기부양책으로

14 물론 후진타오 정부가 불평등이나 지역격차 해소를 위한 사회정책을 등한시한 것은 아니다. 삼농(三農: 농업, 농민, 농촌)정책이나 노동계약제, 최저임금 인상, 서부 대개발 등 의미 있는 정책들을 내놓았고 사회예산 절대액도 크게 증액했다. 그러나 예산 절대액이 증가했음에도 전체 재정지출에서 사회보장과 삼농예산의 비중은 집권기간 내내 거의 변화가 없었다는 점으로 볼 때 이를 최우선 정책과제로 삼았다고 보기는 어렵다(이남주, 2010: 85-86).

대응했다. 후진타오 정부에서 경제성장을 견인하기 위해 국유기업과 국유은행이 대규모로 동원되어 산업정책의 핵심 수단 역할을 했다. 결국 2009년 33.4%에 달하는 국유기업 주도의 기록적인 고정자본 투자를 통해 2010년 10.8% 성장률을 달성함으로써 중국은 금융위기의 영향권에서 벗어날 수 있었다. 이 과정에서 국유기업을 거시경제정책 및 산업정책의 핵심 수단으로 적극 활용함으로써 후진타오 정부의 국가자본주의적 성격이 더욱 강화되었다고 평가할 수 있다.

4. 중국 발전 모델의 최근 추세: 시진핑 정부 시기

2013년 시진핑 정부는 중국이 수십 년에 걸친 고성장 시대를 마감하고 중고속성장으로 성장속도가 둔화되는 이른바 '뉴노멀(new normal, 新常態)' 단계 진입과 함께 출범했다(한재현, 2015). 앞에서 살펴본 대로, 후진타오 정부가 글로벌 금융위기에 대해 강력한 경기부양책과 국가개입으로 대응하여 이렇다 할 큰 위기 없이 고도성장을 유지해 왔기 때문에, 시진핑 정부는 비교적 양호한 경제상황에서 집권했다고 할 수 있다. 그러나 중국 경제가 뉴노멀로 전환되는 국면에서 새로운 발전전략을 제시해야 했고, 후진타오 정부의 국가자본주의적 대응이 남긴 부정적 유산들, 예컨대 중공업 분야의 과잉설비투자와 가동률 저하, 국유기업의 낮은 수익성과 높은 부채율, 부동산 가격 급등, 불평등 해소와 사회통합 등의 문제를 처리해야 하는 과제를 안고 출범했다.[15] 그리고

15 글로벌 금융위기 이후 대대적인 경기부양책으로 경기하방 압력을 저지하긴 했지만, 부동산 투기와 설비투자 과잉, 감독 소홀 등으로 2009-2013년 동안 투자액의 절반(6.8조 달러)이 낭비된 것으로 평가된다(한재현, 2015: 5).

무엇보다 과거와 같이 산업생산량이나 생산요소 투입을 증대해 급속한 경제성장을 이끌어내는 방식이 유효성을 잃고 한계에 다다랐다는 사실이 중국 경제의 가장 중요한 당면 문제일 수도 있다.

그러나 시진핑 정부 출범 이후 집권 이념을 보면, '중국 특색의 사회주의 건설', '소강사회 전면 달성' 등 과거 정부에서 언급되었던 지도이념을 거의 그대로 계승하며, 경제정책이나 경제개혁에서도 과거와 질적인 차별성이나 단절성을 발견하기는 힘들다.[16] 오히려 정치개혁과 관련된 엄격한 반부패운동과 정적 숙청, 사회 전반의 폭넓은 이념운동에 정책적 최우선순위를 둔 것처럼 보인다(크뢰버, 2017: 300-301). 시진핑 정부의 경제개혁 방향은 2013년 11월 발표된 〈중국공산당 전면적 개혁 심화에 관한 약간의 중대 문제 결정(中共中央關於全面深化改革若干重大問題的決定)〉(이하 〈중대 문제 결정〉으로 약칭)에서 확인할 수 있다. 여기서는 공유제 위주에서 비공유제로 발전, 농민의 재산권 보호, 국유기업의 현대 기업제도 도입, 시장의 가격결정체계 개선, 금융시장체계 개선, 재정세제 개혁 가속화, 도시와 농촌의 통일된 토지시장 건립 등이 경제·사회 분야의 주요 과제로 천명되었다(KB금융지주 경영연구소, 2013: 1).

이렇듯 시진핑 정부의 개혁정책과 경제정책은 중국 발전 모델의 근본적 전환이라기보다 후진타오 정부에서 진행된 정책의 일반적인 방향성을 가다듬은 정도로 평가된다. 후진타오 정부가 산업정책에서 추구했던 세 가지 목표, 즉 국유기업 통합, 사회기반시설 발전, 외국기

16 시진핑 정부가 집권 2기로 가는 과정에서 '중국몽(中國夢)', '사개전면(四個全面)' 등 시진핑 정부만의 새로운 지도이념이 등장한다. '사개전면'은 시진핑 주석이 2014년부터 언급한 국정운영 방침으로, 전면적 소강사회 건설, 전면적 개혁 심화, 전면적 의법치국(依法治國), 엄격한 당통치의 전면 실시를 의미한다(이지용, 2015: 4).

업으로부터 시장점유율 재탈환은 시진핑 정부의 정책 방향에도 그대로 남아 있기 때문이다(크뢰버, 2017: 84). 규제 철폐와 가격자유화 같은 시장개혁은 매우 느리게 진행되고 있으며, 주요 산업 분야에서 중앙정부의 통제를 받는 국유기업의 역할도 근본적으로 변화하지 않을 것으로 전망된다. 특히 국유기업들이 절대적인 시장지배력을 행사하고 있는 중공업 분야는 사회기반시설 투자 형태로 계속 지원을 받을 것으로 보이는데, 이후 시진핑 정부가 '일대일로(一帶一路)' 정책으로 신규 운송기반시설(도로, 철도, 송유관, 항만)에 수천억 달러를 투자하겠다고 천명함에 따라 사회기반시설 투자와 국유기업의 혜택은 중국 내부를 넘어 글로벌 시장으로 확대되고 있는 상황이다.

시진핑 정부에서 중국 발전 모델을 좀 더 정확히 평가하기 위해서는 시진핑 정부의 산업정책과 국유기업 개혁정책을 세밀히 들여다볼 필요가 있다. 앞서 2013년에 발표한 〈중대 문제 결정〉을 보면, 시진핑 정부가 국유기업 문제를 개혁정책의 우선순위에 두고 있다는 사실을 확인할 수 있다. 하지만 시진핑 정부의 국유기업 개혁방안은 매우 소극적이고 보수적이어서 국유기업의 대규모 민영화는 전혀 고려대상이 아니다.

국유기업 개혁정책의 핵심은 '혼합소유제'인데, 이는 국유기업의 특성에 따라 소유구조를 다양화하고 필요시 지분의 민간매각이나 민간합작을 추진한다는 것이다. 그러나 내용을 들여다보면, 국민경제와 밀접하게 연관된 중요 산업과 중점 분야의 국유기업은 국유자본이 절대적인 지배권을 유지하고(국유자본주도형), 국민경제의 중심산업과 첨단기술혁신형 산업의 국유기업은 국유자본이 상대적 지배권을 유지하고 있으며(국유자본지배형), 경공업 및 서비스업의 국유기업은 국가의 출자비용을 낮은 수준에서 억제하거나(국유자본참가형) 민간기업과 합작을 추진한다는(매매합작형) 것이 골자다(전익호, 2014: 5-6). 따라서 사실상 후진타오 정부의 국가자본주의적 국유기업 정책을 그대로 계승했을 뿐만 아니라, 오히려 국유기업의 지배력과 통제권을 더 공고히 할 가능성이 높다고 볼 수 있다. 그리고 혼합소유제 방침에 따라, 2015년 초 대부분의 지방정부는 2020년까지 지방 국유기업의 80%가 다각적인 지분구조를 갖는 것을 목표로 한 지방 국유기업 개혁안을 발표했지만, 실제로는 지분 매각이 거의 이루어지지 않았다. 중앙 국유기업에 비해 경영성과가 형편없고 막대한 부채를 지고 있으며 지방정부의 지원으로 근근이 도산을 면하고 있는 지방 국유기업의 지분을 사고 싶어 하는 민간투자자가 있을 리 만무하기 때문이다(크뢰버, 2017: 157).

또한 국유기업의 수익률이 낮은 이유가 국유기업들 간의 과당경쟁에 있다고 판단한 시진핑 정부는 국유기업의 낮은 시장점유율과 산업집중도를 제고하기 위해, 후진타오 정부가 그랬던 것처럼 국유기업 간 합병과 대형화를 적극 추진하고 있다. 국가원전기술공사(SNPTC)와 중국전력투자집단공사(CPIC), 중국남차(CSR)와 중국북차(CNR), 중국건재(中國建材)와 중국중재(中國中材), 상하이바오강(上海寶鋼)과 우한강철(武漢鋼鐵) 등이 최근 들어 합병된 중앙 국유기업이다(최필수·노성호, 2017: 163-164). 중국 정부는 철강산업의 경우 구조조정과 합병을 통해 현재 35% 수준인 10대 철강사의 시장점유율을 2025년까지 65%로 끌어올린다는 계획이다. 이는 명백히 시장화 개혁에 역행하는 국가자본주의적 행태라 할 수 있다.

그리고 국유기업 개혁정책 외에도 시진핑 정부의 주요 산업정책을 보면 중국 발전 모델의 국가 주도적 또는 발전국가적 특성을 여전히 확인할 수 있다. 2015년 5월 발표된 '중국제조 2025'는 2025년까지 고부가가치 산업을 중심으로 글로벌 제조 강국 대열에 진입한다는 전략 목표를 실현하기 위해 육성산업을 명시하고 있다. 주요 육성산업은 차세대 정보기술, 디지털 공작기계 및 로봇, 항공우주 장비, 해양엔지니어링, 선진철도설비, 신에너지 자동차, 전력설비, 농업기계, 신소재, 바이오 의료기기 등이다. 또한 2016년 12월에 발표한 '국가전략신흥산업발전계획'에서는 차세대 정보기술, 첨단제조업, 바이오, 녹색저탄소 산업, 디지털기술과 문화융합 등 5대 영역을 13·5 규획(제13차 5개년계획, 2016-2020)의 국가전략신흥산업으로 지정하여 부가가치를 GDP 대비 15% 이상으로 제고하겠다는 목표를 밝힌 바 있다. 주요 지원정책으로는 지적재산권 보호, 경영관리방식 개선, 산업혁신 시스템 구축, 민간과의 융합 심화, 금융·재정지원 강화, 인재육성 등이 제시되었다(김지은, 2017: 7-8). 물론 이들 산업정책에도 국가주의적 요소는 강하게 남아 있다. '중국제조 2025'나 '국가전략신흥산업발전계획' 모두 국가가 강력하게 육성한 국유기업이 주도하거나 적어도 중국 민간기업들이 선도해야 하고, 이를 통해 외국기업에 빼앗겼던 시장점유율을 되찾아 와야 한다는 목표가 내재되어 있기 때문이다(크뢰버, 2017: 85). 예를 들어 '중국제조 2025'의 중요 목표 중 하나는 주요 부품 및 재료의 국내산 비중을 2020년까지 40%, 2025년까지 70%로 끌어올리는 것을 지향한다.

게다가, 시진핑 정부의 국가자본주의적 성격은 정부가 공식적으로 천명한 경제개혁과 산업정책 이외에 국가의 자의적인 시장 개입이 이전 정부보다 훨씬 더 빈번해졌다는 사실에서도 엿볼 수 있다. 이는 집권 초기 정책 방향의 불확실성, 경기활성화와 구조조정 간 목표 상충에서 기인하는 것으로 볼 수도 있지만 국가의 정책능력에 대한 시장의 신뢰가 저하되는 일임이 분명하다. 대표적인 사례로는 글로벌 금융위기 이후 대규모 경기부양책으로 부동산 가격이 급등함에 따라 2010년부터 부동산 시장 규제를 강화했으나 2014년 부동산 경기가 부진해지자 다시 규제완화를 추진한 것, 2015년 8월 정부의 주식시장 과잉개입 논란으로 주식매입 축소계획을 공표했다가 이후 주가가 폭락하자 다시 우량주 매수, 인수합병과 자사주 매입 확대를 위한 규제완화 정책을 발표한 것, 2015년 인민은행 부총재가 외환시장 안정화 발언을 한 지 이틀 만에 위안화 평가절하를 전격적으로 단행한 것 등을 들 수 있다(고양중·강태헌, 2015: 7-8).

종합하면, 시진핑 정부에서 중국 발전 모델은 전임 후진타오 정부에서 본격적으로 형성·강화되어 온 국가자본주의적 모델을 전환하거나 약화시키는 것이 아닌, 미세 조정 형태로 그 기조를 지속하고 계승하는 것으로 보인다. 2013년의 〈중대 문제 결정〉을 통해 드러난 정책 방향과 그 이후 개혁정책의 실제 진행 과정을 보면 여전히 기간산업과 전략산업에서 국유기업을 강력하게 육성하고 통제함으로써 경제에 대한 국가의 지배권을 확고히 하고, 시장은 경제 효율성 제고를 위해 활용하는 수단에 그치고 있다(크뢰버, 2017: 305). 앞으로도 중국 정부가 추구하는 개혁은 가격 결정 과정에서 시장의 역할을 조금씩 늘리는 것일 뿐, 시장과 민영화 등을 통해 핵심 경제자산의 통제권을 국가에서 민간 부문으로 이전시키는 일은 없을 것으로 전망된다. 이러한 국가자본주의적 발전 모델(또는 레닌주의적 자본주의 모델)은 개혁개방 이후 중국 지도부가 천명해 온 '중국 특색의 사회주의(시장경제)'를 의미하며, 고도성장으로 경제 여건이 성숙된 후진타오 정부와 시진핑 정부에서 본격적으로 그 실체를 드러낸 것으로 평가할 수 있다.

다만 시진핑 정부가 성장속도가 둔화되는 '뉴노멀' 조건에서 성장우선주의만을 극단적으로 추구하지는 않을 것이라는 점이 이전 정부와 차별성을 보이는 지점이라 생각된다. 시진핑 정부가 경제성장률에 크게 연연해하지 않고 13·5 규획 기간(2016-2020)에 최저성장률을 6.5%로 과감하게 하향조정하여 바오파(保八)의 불문율을 폐기한 것이나, 지방정부 관료 평가 시 경제성장률 외에 민생개선이나 환경보호 등 질적 요소를 강화함으로써 대규모 투자 중심의 지방정부 성장 방식을 억제하고자 한 것 등은 이러한 추세를 보여 주는 단초라 할 수 있다(왕윤종, 2016: 125; 한재현, 2015: 12).[17] 만약 시진핑 정부의 국가자본주의 모델이 경제성장만이 아니라 불평등 해소, 균형발전 등 사회통합적 목표를 지향하는 형태로 진화해 간다면, 중국의 발전 모델은 공산당 지도부가 꿈꿔 온 진정한 '사회주의 시장경제'에 근접할 수 있을 것이다.

5. 국가자본주의 모델의 가능성

개혁개방 이후 중국의 성장 과정과 발전 모델은 여러 측면에서 예외적이며, 평가와 예측을 하기도 어려운 대상이다. 흥미로운 것은 1990년대 이후 동아시아형 발전국가 모델이 적극적으로 채택되고 구축되어 고도성장을 견인했고, 2000년대 이후에는 케인스주의적 규제국가로 전환될 것으로 예견되었으나, 2000년대 중반부터 오히려 동아시아형 발전국가를 넘어서서 국가가 경제 핵심 부분을 장악하고 지배적 역할을 수행하는 국가자본주의 모델, 레닌주의적 자본주의 모델이 강화되고 있다는 점이다. 그리고 앞서 보았듯이 현 시진핑 정부의 집권기간 내내 이러한 추세와 경향은 강화될 것으로 전망된다.

이는 중국의 경제성장과 발전 모델은 결국 중국공산당의 지배체제를 존속·유지시키기 위한 수단이며, 오로지 그 관점에서 발전 모델의 수정과 변형을 고려한다는 점을 입증하는 것이라 할 수 있다(윤상우, 2005: 283; White, 1993: 11). 그동안 중국 발전 모델의 진화 과정에서 볼 수 있듯이, 중국공산당이 원하는 것은 완전한 시장경제체제로의 이행

17 예를 들어 2014년 산시성(山西省)과 푸젠성(福建省) 정부는 산하 현(縣)의 평가 항목에서 경제성장률 항목을 삭제한 바 있다.

이 결코 아니다. 중국공산당은 덩치만 큰 대국이 아니라 경성권력(hard power)과 연성권력(soft power) 모두 세계 일류 수준을 자랑하는 강대국이 되는 것이 목표인데, 시장은 중국이 강대국이 되는 데 필요한 보조적 수단에 불과했던 것이다(왕윤종, 2016: 108). 현시점에서 평가하자면, 중국 지도부는 거대하고 광범위한 국유 부문을 통해 경제 전반에 대한 국가의 통제력을 확고히 하고, 이를 첨단기술산업과 혁신 부문으로까지 확장하여 국유기업을 글로벌 챔피언으로 육성한다면 그 목표를 달성할 수 있다고 확신하는 듯하다.

따라서 후진타오 정부에서 형성되고 시진핑 정부에서 계승·발전되고 있는 중국의 국가자본주의적 발전 모델은 적어도 시진핑 정부가 임기를 다하는 2022년까지 중국의 시장경제와 권위주의적 정치체제의 독특한 조합을 지속시킬 가능성이 크다(크뢰버, 2017: 311-313). 그러나 여기에 아무런 대가가 따르지 않는 것은 아니다. 이러한 방식은 틀림없이 혁신과 창의성을 희생시킬 것이기 때문이다. 따라서 중국 국가자본주의 모델의 향후 전망은 이 모델이 중국의 경제성장과 경제적 효율성을 얼마만큼 유지하고 지속시킬 수 있는가에 달려 있다고 판단된다. 현재까지는 아직 큰 문제는 없지만, 중장기적으로 국가자본주의 모델에 기반한 성장 방식이 한계에 봉착하고 혁신을 창출하지 못하면 중국의 발전 모델은 또 다른 변화와 전환을 모색하게 될 것이다.

제5장 민주화 이후 대만 자본주의의 변화

1. 대만의 정치지형

한국과 일본 등 동아시아 국가는 경제발전과 민주주의의 관계에 관한 연구에서 매우 중요한 사례로 꼽힌다(Haggard, 2015; Iversen and Soskice, 2019). 서구적 가치와 시장경제 기반 위에서 서구 국가들이 장기간에 걸쳐 발전해 왔다면, 동아시아 국가들은 제2차 세계대전 이후 국가가 발전을 주도하는 방식으로 경제발전과 민주주의라는 두 개의 목표를 단기간에 성공적으로 달성했기 때문이다. 20세기 중반 저개발 국가에서 중진 발전국가를 거쳐 선진국 대열에 진입하려는 대만 역시 세계 경제발전 역사에서 보기 드문 예다. 1인당 GDP가 1960년 163달러에서 2017년 24,408달러로 급상승했고, 1950년대 농업기반사회에서 성숙한 산업사회, 그것도 세계적인 가치사슬(global value chain)에서 최상위를 다투는 수준으로 이행했다. 정치적으로도 권위주의에서 민주주의로 이행하고 있으며, 사회운동이 활발한 시민사회로 급변했다(박윤철, 2004; Ho, 2010). '발전국가'라고 불리는 국가가 경제발전에 적극적으로 개입하여 이런 변화를 추동했다고 평가하는 연구가 많은데(윤상우, 2013; Wade, 1990a), 이 책의 제2장에서 언급한 것처럼 1990년대 민주화 이후 대만의 경제발전에서 국가주도성은 약화되었고, 국가의 개입 양상 역시 변하였다. 정치적으로도 권위주의적 성격을 가졌던 국가는 시민사회가 활성화된 민주주의 국가로 전환하고 있다. 이렇게 대만에서 발전국가를 변화시킨 힘은 무엇이며, 이 과정에서 국가와 시민사회의 관계는 어떠했는지, 구체적으로 시민사회는 어떤 역할을 했는지 탐구하면 현재 대만 정치·경제·사회의 특성을 포착할 수 있다. 대만의 정치·경제 변화를 연구함으로써 이론적 차원에서 국가와 경제, 민주주의의 관계에 대한 이해를 심화하는 한편, 대만의 미래를 예측하고 비슷한 상황에 처한[1] 동아시아 정치·경제의 미래 변화를 예측하는 데 도움을 줄 것이다.

이 글은 대만에서 광범위한 정치·경제·사회 변화를 추동한 원인을 파악하고, 변화된 대만이 앞으로 어떤 방향으로 흘러갈 것인지 비교정치경제학적 관점에서 파악하고자 한다. 경제발전의 핵심 요인을 정치와의 상호작용으로 파악하는 이 분석 방법은 1960-1970년대 남미의 경험과 그 후 일본의 발전 경험을 설명하는 데 활용되었다.[2] 한국과 대만 등의 경제발전에서 주요 설명 틀이었던 종속이론, 세계체계이론, 발전국가론에서 드러나듯, 국내외 정치는 경제발전에서 매우 중요한 역할을 했다. 또한 많은 경우 국가는 시민사회와의 연관 속에서 작동한다. 국가가 어떤 시민사회 요소와 어떻게 연관되느냐에 따라 정치·사회적 안정과 경제발전이 좌우되는 것이다. 시민사회 중 노동계급과

1 한국, 일본, 대만 사이의 역사적 연계성에 관해서는 커밍스(Cumings, 1984)를 참고할 수 있다.

2 초기 비교정치학의 발전 궤적은 에반스와 스티븐스(Evans and Stephens, 1988), 최근의 연구 경향은 마호니와 실렌(Mahoney and Thelen, 2015)을 참고할 수 있다.

경제 엘리트는 국가와 연합하거나 갈등하면서 발전을 촉진 혹은 저해하는 역할을 한다. 이 글에서는 대만과 다른 나라의 발전 경험을 비교 검토함으로써 이 지역의 발전을 추동한 고유 변수를 파악하고, 이를 통해 미래를 예측해 보고자 한다.

이런 비교 정치경제학적 맥락에서, 먼저 대만의 국가적 성격을 알아보고 이 국가가 노동계급, 시민사회, 경제 엘리트 등과 어떻게 관계를 맺고 상호작용했는지를 일본 및 한국의 경험과 비교해 파악하고자 한다. 대만의 경우 국가와 이들 집단의 끊임없는 상호작용이 현재의 대만 자본주의를 규정하고 미래의 모습에 영향을 주기 때문이다.

제2차 세계대전 이후 서구의 발전이론은 저발전 국가에서 발전이 이뤄지지 않거나 저발전하는 현상에 관심을 가졌다(Evans and Stephens, 1988). 당시 대표적인 발전이론이었던 근대화론(modernization theory)은 근대화를 이룩한 서양 국가에서 근대화에 기여했다고 여겨졌던 자본주의 정신, 합리성, 다양한 합리적 제도 등이 근대화가 이뤄지지 않은 대부분의 아시아 또는 아프리카 국가들에서 결여되어 있다는 점을 지적했다(Valenzuela and Valenzuela, 1978: 537-543). 하지만 이 이론은 1970년대 이후 동아시아 국가들의 급속한 경제발전을 설명하는 데 어려움을 겪었다. 동아시아 경제는 1960년대부터 매우 빠른 속도로 발전했는데, 이들 국가는 베버가 제시한 것처럼 자본주의 정신을 불러일으킬 수 있는 개신교가 지배적인 국가가 아니었고, 구조기능주의에서 제시하는 자본주의적 발전에 필요한 여러 사회적 제도도 미비한 상태였다. 국가별로 발전 시기는 차이가 있지만, 일본이 앞서고 한국과 대만이 추격하며 매우 빠른 속도로 발전했다. 일본처럼 초기 산업화를 경험했지만 강력한 자본가계급이 부재해 자본주의 사회를 견인할 동력을 갖추지 못했거나, 한국과 대만처럼 사실상 자본가집단 자체가 존재하지 않았던 국가에서도 자본주의적 발전이 이뤄졌다(Shin, 2018). 이들 동아시아 국가는 서양과 달리 성취신분보다 세습신분을 중시하는 가치체계에서 전통적인 확대가족의 유형을 산업사회의 새로운 구도로 전환하는 데 어려움이 있었음에도 급속한 경제성장을 이룩했다.[3] 이처럼 근대화이론은 비판에도 불구하고 상당 기간 동안 미발전 혹은 저발전을 설명하는 유력한 틀이었고, 지금도 부분적으로 영향력을 유지하고 있다. 서양과 다른 가치관을 유지하면서도 발전함으로써 동아시아의 발전은 근대화이론이 현실을 제대로 설명하지 못한다는 점을 증명했다.

서양의 자본주의를 설명하는 급진적인 이론도 아시아 자본주의 발전을 설명하는 데 일정한 한계를 드러냈다. 자본주의가 발전함에 따라 계급 갈등이 부상할 것이라는 마르크스의 예상도 맞지 않았고(Deyo, 1989), 세계체제의 주변부에서 중심부로 진입한 일본이나 한국과 대만의 눈부신 성장으로 종속적 발전의 한계를 주장했던 종속이론의 적실성에 대한 의구심도 생겨나게 되었다(Barrett and Whyte, 1982). 이 동아시아 국가들은 세계체제이론이나 종속이론의 예상과 달리 중심부로 진입하거나 중심부에 매우 근접한 모습을 보여 주었다.

동아시아 지역에서는 근대화이론 등에서 주목하지 않았던 국가가 상대적 자율성을 갖고 자본주의 성장 과정을 주도하는 등 경제발전에서 핵심적인 역할을 했다. 존슨(Johnson, 1982)이 일본을 발전국가라고 개념화한 것처럼, 일본과 한국, 대만의 경제발전에서는 국가의 역할이 두드러졌다. 국가는 새로운 산업을 만들어 내기도 하고, 다양한 방법으로 어려움을 극복하고 빠른 경제성장을 지속적으로 견인했다.[4]

3 미국을 중심으로 한 선진국 학자들은 저개발국가들이 전통적 가치관과 사회적 관행 때문에 발전하지 못했다는 주장을 했는데, 이에 대한 대표적인 비판으로는 발렌주엘라 등(Valenzuela and Valenzuela, 1978)을 참고할 수 있다.

4 발전국가라는 관점에서 동아시아 국가를 연구한 대표적인 저서로 일본의 경

비교 정치경제학은 미국과 유럽 중심의 근대화이론과 이에 비판적인 종속이론을 종합하여 새로운 접근법을 제시했는데, 이는 아시아의 독특한 발전 경험을 설명하고 미래를 예측하는 데 도움이 될 수 있다. 에반스와 스티븐스(Evans and Stephens, 1988)의 선구적 이론에 이어진 수많은 연구는 기존 이론을 종합하여 정치와 경제의 상호작용, 구체적으로 국가와 다양한 계급들의 상호작용이 이 지역의 자본주의를 어떻게 발전시켰는지 역사적 분석을 통해 파악하고자 했고, 이어서 많은 연구가 이 틀 속에서 수행되었다(Haggard, 2015). 주로 라틴 아메리카를 중심으로 이뤄진 비교 정치경제학적 관점을 활용한 선행 연구는 아시아 자본주의의 특성을 찾아내고 이해하는 데 많은 도움을 줄 수 있다. 제5장에서는 이런 관점에서 대만 정부라는 행위자의 특성을 이해하고, 대만 시민사회의 주요 행위자들이 형성되어 국가와 상호작용해 온 역사를 파악함으로써, 향후 대만 자본주의의 발전 경로를 전망해 보고자 한다.

대만 국가는 중국에서 국민당 정부가 공산당에 패배하여 1949년 대만으로 옮겨온 이후 강력한 권위주의 정권의 속성을 보이며 장기 집권했는데, 1980년대 이후 서서히 민주정치체제로 이행했다. 1987년 계엄령 철폐라는 중대 변곡점을 지나면서 국민당 주도로 민주화 조치가 이루어지기 시작했으며, 2000년 선거에서 민진당으로 정권이 이양된 이후 2008년에는 국민당이 다시 집권했다가, 2016년 민진당으로 또다시 정권이 이양되는 민주주의 공고화 과정을 경험하고 있다.

우는 존슨(Johnson, 1982), 한국의 경우는 앰스덴(Amsden, 1989), 대만의 경우는 웨이드(Wade, 2018)를 들 수 있다.

1) 초기 구조: 유사 레닌주의 정당으로서의 국민당

1949년 이후 대만 정치는 유사 레닌주의 성격[5]을 갖는 국민당이 이끌었다. 국민당은 군대와 보안기구를 포함한 국가기구를 장악하고, 사회와 경제의 모든 부분에 침투하여 직접 조정했다. 1949년 중국공산당과의 투쟁에서 패하여 중국 본토에서 퇴각한 뒤 대만으로 온 국민당은 단기적으로는 생존, 중장기적으로는 대륙에의 복귀라는 목표의식을 갖고 대만을 통치했다. 절대적인 권한을 갖고 안정적인 통치를 이어가면서 모든 자원을 대륙 수복을 위한 군 역량 강화에 사용하고자 했다. 하지만 1970년대 이후 무력으로 대륙 수복을 달성하는 것이 불가능하다고 판단하고 경제발전을 통해 장기적인 목표를 성취하고자 했다. 이를 위해 국민당은 국가를 적극 이용해서 국민을 감시하고 통제하여 정치안정을 이룩하고, 토지개혁과 군부개혁 등을 수행해 체제안정을 꾀했으며, 수출지향적 경제발전계획을 수립해 다양한 방식으로 경제발전을 도모했다.

국민당은 대부분 공무원 또는 군인이었던 150만 명과 함께 1949년 대만으로 퇴각해, 당시 700만 명이던 원주민을 장악하고 새로운 대만 정치체제를 구축했다. 국민당이 이렇게 강력한 권력을 행사할 수 있었던 것은 잠재적 도전자였던 대만 본성인이 일제강점기부터 관료

5 국민당은 레닌주의 정당과 두 가지 점에서 다른데, 하나는 비프롤레타리아 정당이었다는 점이다. 국민당이 전체를 장악한 가운데 지역 수준에서는 자율성을 보장하고 지역 엘리트의 참여를 일정 부분 허용함으로써 정치에 대한 대만인들의 불만을 배출하는 안전밸브 역할을 했다. 또 하나는 국민당이 공산주의 경제가 아닌 자본주의 경제를 목표로 했다는 점이다. 국민당이 정당 이데올로기의 기반으로 삼은 쑨원(孫文)의 삼민주의에서 '평등'은 중요한 기둥 중 하나지만, 가장 성스러운 달성 목표는 결코 아니었다. 대만은 사적 소유를 인정했고, 시장 교환이 기본이었다(Cheng, 1989: 472).

등에서 거의 배제되어 국가기구 경영 경험이 매우 적었고, 국민당이 본토에서 패배한 경험을 반면교사로 삼아 토지개혁과 군부개혁 등을 통해 대만 농민들의 지지를 얻는 한편으로 자체적인 조직 역량을 키웠기 때문이다. 또한 식민지 시기 일본의 재산을 모두 인계받고 반공 정권을 지지하는 외국의 원조를 받은 국민당이 많은 자산을 소유했던 것도 안정된 지배가 이루어지게 한 요인 중 하나였다. 이런 다양한 요인과 함께 국민당은 1947년 대륙에서 선출되어 대만으로 함께 퇴각한 국회의원을 비상 상황이라는 이유로 선거 없이 계속해서 자격을 유지하게 하여 정치적 안정을 꾀했다. 국민당으로선 무력으로 본토 수복을 달성한다는 군사 목표가 가장 중요했고, 정치 활동을 허용하면 사회분열이 일어날 수 있다는 판단에서 정치 활동 자체를 엄격하게 규제했다. 학계 인사 극소수가 학문의 자유라는 보호막 아래에서 발언하는 것이 겨우 허용되는 정도였다. '건설적인 비판'만이 허용될 뿐, 언론의 자유 등은 엄격하게 제한되었다(Cheng, 1989: 473).

국민당의 단호한 통치는 1947년 2월 28일 시작된 대만인들의 시위를 진압하는 과정에서 잘 드러난다.[6] 담배소매상을 거칠게 단속한 데 대한 항의로 시작된 시위에서 국민당 정부는 2만 명에 달하는 대만인을 살해했다고 알려져 있다. 이 과정에서 수많은 대만 지식인이 살해됐기 때문에 대만인의 저항은 완전히 뿌리 뽑혔고, 본토 출신 국민당 엘리트들은 대만인들을 쉽게 통제할 수 있었다. 학살 사건의 공포는 이후 오랜 기간 대만인들이 국민당에 도전할 용기를 내지 못하게 만들었다. 다만 1947년에 있었던 학살은 대만인들로 하여금 국민당에 대해 오랜 적대감을 가지게 했고, 이는 추후 대만의 정치 과정에 다

6 이 시기 대만인에 대한 대만 정부의 억압을 다룬 연구로는 란보조우(1998)를 참고할 수 있다.

양한 영향을 미쳤다. 국민당은 대만인들의 일상사조차 감시하고, 대만 문화가 열등하다고 교육하며, 심지어 지역 언어(방언)를 쓰지 못하게 하고 베이징어를 강제하기도 했다. 국회의원 선거가 사실상 시행되지 않았기 때문에 대만인들은 중앙 공직에서도 배제되었는데, 국민당 정부가 경제발전을 위해 대만인들의 중소기업 경영을 허용하면서 이는 대만인들이 중소기업 부문에서 두각을 나타내는 결과를 가져왔다. 그러나 1980년대 들어 중소기업 경영으로 상당한 부를 축적한 대만인이 국민당에 반대하는 정치세력을 지원하는 예상치 못한 결과를 초래하기도 했다.

하지만 국민당 정권의 안정성은 억압적인 통치로만 성취한 것은 아니었다(Cheng, 1989: 475-478). 국민당은 토지개혁을 포함한 다양한 개혁을 통해 농민들을 중심으로 한 대만인들의 동의를 얻어냈다. 공산당과의 전쟁에서 참패를 겪은 국민당은 패배 원인의 하나가 개혁 실패였다고 파악하고 개혁 작업에 집중했다. 대만 토착 지주와 이해관계를 같이하지 않는 국민당은 토지개혁을 통해 농민들의 지지를 확보할 수 있었다. 소작농에서 소농이 된 농민들은 수입이 지속적으로 증가했는데, 농민들은 일정 수준 이상으로는 농토를 매입할 수 없었기 때문에 생산성을 높이기 위해 기계화하거나, 축적된 돈으로 중소기업을 시작하여 중소기업이 증가하는 데 크게 기여했다.[7]

국민당은 또한 군대 내 파벌을 금지하고, 정치위원제도를 통해 군을 감독하고 군인들의 전문성을 높이는 한편, 퇴역한 고급장교 등을 정부가 통제하던 국영기업에 취업하도록 알선하여 군부의 환심을 샀다. 이로써 군부는 정치에 관여하지 않고 국민당의 지배를 받는 직업

7 사무엘 호(Samuel Ho)는 당시 유능한 경제관료들이 성공적으로 시행한 토지개혁이 대만 경제발전의 주춧돌이 되었다고 주장한다(Ho, 1987: 233-236).

군인제도가 확립되었다.

유사 레닌주의 정당이었던 국민당은 사회 전반에 걸쳐 강력한 통제력을 행사하면서도 한편으로는 이해당사자들을 일정하게 국정에 끌어들이는 조합주의적 전략을 구사했다. 2·28사건 이후 지방 수준에서는 일정 부분 정치 참여를 보장한다거나(신상진, 2002: 157), 노조와 농민조직 등 다양한 사회조직을 국가가 앞장서서 만들어 이들의 주장을 어느 정도 국정에 반영하면서 통제했다(Chu, 1996).[8]

2) 민주화 요구와 국민당의 선제적 대응

국민당의 일당독재에 기반을 둔 대만 정치는 1970년대에 접어들면서 변화의 계기를 맞았다. 대만이 유엔에서 축출되고, 미국이 대만의 국가 인정을 포기하는 등 대만의 국제적 위상이 추락한 것이다(Chu and Lin, 2001). 아울러 중국이 핵무기를 개발하고 국제적으로 대만을 포함한 중국 전체를 대표하는 국가로 인정받으면서 대만이 무력으로 본토를 수복할 가능성이 사실상 없어짐에 따라 본토 수복을 위해 대만인들의 정치적 자유를 유보해야 한다는 논리가 약화되었다.

대만인들의 민주화 요구가 커져 감에 따라 국민당은 서서히 변화를 도입하는 정책 기조를 선제적으로 채택했다(Cheng, 1989: 481-482). 우선 1973년 농업보조금을 늘리고, 대만 출신 지식인을 국민당에 충원하는 계획을 발표했다. 이 정책을 통해 권력의 바탕이 흔들리던 농촌 지역에서 국민당의 지지를 공고히 할 수 있었는데, 그 배경에는 서서히

8 흥미로운 부분은 국민당에 지역 지도자와 정치인으로 포섭되었던 대만인들이 추후 민주화 과정에서 어느 정도 야당으로 변신하여, 민주화에 일정한 역할을 담당했다는 점이다(신상진, 2002: 157).

개혁함으로써 대만인들의 불만을 부분적으로 해소하면 국민당이 계속 집권할 수 있다는 계산이 깔려 있었다. 하지만 국민당 당직이 극히 제한되어 대만 정치지망생들이 정계에 진출할 수 없자 야당에 합류하는 예상치 못한 결과를 낳았다. 대만인을 충원하는 국민당의 영입 속도가 너무나 느렸기 때문에 야당이 팽창하는 결과를 초래한 것이다.

제한된 민주화에 좌절한 대만인들의 반감은 더욱 과감한 요구와 시위의 형태로 나타났다.[9] 1978년 후반기로 예정되어 있던 선거가 카터 미국 대통령이 대만과 단교하고 중국과 수교하기로 결정하는 바람에 무기한 연기되자, 1979년 가오슝에서 포모사 그룹으로 불리던 민주화 주도 대만 지식인과 정치가 등은 강력한 대정부 투쟁에 나섰고 국민당 정부도 강경한 대처로 맞섰다. 그사이 1982년 야당 지도자는 미국을 방문해 미국 행정부 및 국회 지도자들과 연계를 맺어 미국의 지원 가능성을 확인하고 이를 활용해 대만 정부를 압박했다. 한편 온건파와 급진파 야당은 중국과의 관계 정립을 놓고 국민당과 대립하다 그 해결 방법으로 공공정책협의회(Association for Public Policy)를 설립해 조정기구로 활용하는 등 야당의 능력을 확장했다. 국제적인 압력과 야당의 성장에 직면한 국민당은 1986년 중반 국회개혁, 지방자치, 계엄령, 시민조직, 사회개혁, 국민당 내부 개혁 등 6개 과제 연구 그룹으로 시작해 본질적인 변화를 꾀했다. 이 무렵 창당이 허용되지 않는 상황에서 민진당이 창당해 정치적 위기를 맞을 수 있었지만, 국민당 내부에서 온건파가 일종의 쿠데타를 일으켜 계엄령을 해제하는 등 극적으로 과감한 변화를 시도했다.

과거 재야 세력이 거리시위를 통해 목표를 달성하려 했다면 민진

9 1970년대 이후 국민당의 사실상 일당독재에 대항하는, 과거에는 상상하기조차 힘들었던 '재야' 세력이 성장하기 시작했다(신상진, 2002: 160-161).

당은 이제 국회 내에서 그리고 해외 민주 세력, 특히 미국과 연계하여 국민당의 인권탄압을 문제 삼으며 민주화를 추진했다. 야당의 정치적 기술이 늘고 온건해짐에 따라 국민당도 야당과 타협하여 손해가 가장 적은 전략을 선택했다. 카오슝 사건 이후 1986년까지 대만인 온건파와 국민당 개혁파 사이에 대화와 협상이 지속되었고, 이는 1987년 계엄령 철폐로 이어졌다.

민주화가 이루어졌다고 하더라도 기존 선거규칙과 정당법은 국민당에 유리한 부분이 많았다. 창당을 쉽게 만든 새 정당법 아래에서 많은 정당이 출현했으나, 비(非)이양식 중대선거구제가 지속되는 상황에서는 국민당이 다수당으로서 여당 지위를 유지할 수 있는 틀이 마련되어 있었다. 또한 민주화를 서서히 진행함으로써 대만인 당원을 다수 받아들이고 이들이 당에서 동화되는 시간을 벌어 당 조직을 정비할 수 있었다(Cheng, 1989: 487-495).[10] 국민당은 계엄령 철폐 이후 다양한 선거에서 민진당을 포함한 야당에 의석을 점차 잃어 갔다. 하지만 이 시기에 국민당 지도부가 본토 출신이 아닌 대만 출신으로 교체되면서 대만 정치의 핵심적 균열선[11]인 중국 본토와의 통일 대 대만 독립, 외성인(外省人) 대 본성인(本省人)의 대립 구도를 완화해 나갔다(신상진, 2002: 165). 1988년 1월 국민당 지도자 장징궈(蔣經國)가 사망하자 그 뒤를 이어 대만 출신 리덩후이(李登輝)가 등장했는데, 대만 출신 지도부가 증가하자 이에 불만을 가진 정치인들이 국민당을 탈당하여 신당을 만들기도 했다. 이렇게 완만한 속도로 민주화가 진전되다가 2000년

10 김범석(2002)은 경로의존이론을 적용하여 대만의 민주주의 경로는 '부과를 통한 이행'이라고 주장하는데, 이는 국민당이 다른 정치 세력보다 강력한 힘을 갖고 위로부터 변화를 시도했다는 것을 의미한다.

11 시에(Hsieh, 2016)는 대만 정치의 지속적이고 본질적인 균열선은 대만의 독립을 둘러싼 외성인과 본성인의 갈등구조라고 본다.

민진당의 천수이볜(陳水扁)이 당선됨으로써, 50년 이상 이어진 국민당의 장기집권이 끝났다. 국민당의 분열로 천수이볜이 당선되긴 했지만, 득표율이 40%에도 못 미쳤고 의석수도 전체 225석 가운데 70석에 그쳤기 때문에 본질적인 변화를 가져오기 어려워 국민당의 영향력은 지속되었다.

대만 정치에서 국민당이 기득권을 유지하고 민진당의 도전이 교착 상태에 빠진 상황은 대만 근대사의 최대 쟁점인 2·28 사건을 둘러싼 과거사 청산 문제에서 잘 드러난다. 과거사를 정리하자는 민진당 중심의 청산 엘리트와 이를 거부하는 국민당이 중심이 된 저항 엘리트 사이의 갈등에서 민진당은 제한된 성공만 거두었는데,[12] 이는 대만 정치에서 민진당이 제한된 권력만 갖고 있었다는 강력한 증거였다. 민진당의 집권은 제한된 개혁을 가져왔을 뿐이며, 이는 2008년 국민당에 권력을 넘겨주는 결과로 귀결되었다.

2. 정치와 기업의 관계 형성과 변화

1949년 이후 국민당의 관심은 중국 본토로의 회귀에 있었기 때문에 경제발전에 관한 관심은 군사력 강화 다음 순위였다. 하지만 1960년대 후반 이후 중국공산당 정권이 공고해져 본토 수복이 사실상 무산되었고, 경제발전을 통해 대만의 자체 방어능력을 키우는 방향으로 미국의 대외정책이 변화함에 따라 대만도 경제발전에 힘을 쏟았다. 초기에 중요 대기업들은 모두 국영으로 국가의 강력한 통제 속에서 지원을 받으

12 지은주와 둥스제는 경로의존이론을 기반으로 역사 청산에서 민진당의 한계를 논한 바 있다(지은주·董思齊, 2009: 241-244).

며 성장했고, 중소기업은 대만 본성인들도 경영할 수 있었는데, 1970년대 이후 경제발전과 민주화는 이러한 국가 주도적 성장계획에 본질적인 변화를 가져왔으며, 나아가 국가와 기업의 관계도 바꾸었다.

1) 초기 관계

제2차 세계대전 후 공산주의가 확산하는 것을 막기 위해 경제지원을 하던 미국은 1950년대 초 한국과 대만 등을 자립경제로 만들어 해외 지원 예산을 절감하기 위한 정책을 수립하고, 이를 동아시아 국가 정책에 반영하도록 유도했다(신규성, 1997: 11; Ho, 1987: 245). 따라서 대만도 경제성장을 통한 자립경제 국가로 변화하지 않을 수 없었다. 미국은 대만의 경제발전을 위해 경제정책 수립을 자문하고, 미국 시장에 접근할 수 있는 다양한 혜택을 지원했다(Haggard, 1987: 137). 이는 미국 경제의 변화와 밀접한 연관 속에서 이루어졌는데, 미국 경제가 제조업 중심에서 금융 기반 경제로 변화하는 과정에서 대만은 미국 제조업의 빈자리를 채우며, 제조업 중심의 경제발전을 신속하게 성취했다.

대만은 이 시기에 국가가 기업에 해외수요, 산업생산기술, 해외판매 등에 더 많은 정보를 제공했고, 필요한 경우 은행 대출을 알선했으며, 다양한 산업정책을 통해 기업과 산업의 발전을 도모했다. 또한 특정 기업이나 산업 혹은 경제 전반에 걸쳐 어려움이 생기면 기업에만 맡겨 두지 않고, 국가는 기업이나 산업의 통폐합을 유도하거나 금융지원을 통해 적극적으로 해결에 나섰다. 일군의 학자들은 이렇게 국가가 경제발전을 위해 적극적인 역할을 하는 것을 '발전국가'라고 정의했다. 발전국가는 흔히 은행 등 금융기관을 장악하여 특정 기업이나 산업에 자금을 몰아주고, 필요한 기술과 숙련 노동자를 제공하며, 노사관계를 통제하는 등 기업 발전에 필요한 모든 것을 제공한다.[13] 이 발전전략이 잘 작동하기 위해서는 정책결정자들, 특히 관료들이 기존 이해관계자의 영향에서 독립하여 발전 가능성 있는 산업을 적절히 선정하고 지원할 수 있는 능력을 갖춰야 한다. 발전전략, 경제정책, 인센티브제도 결정에 있어서 대만 국가는 독자적이었고, 정치적 토론이나 사회적 압력으로부터 영향을 받지 않았다.

본토에서 자본가들, 특히 상하이 자본가들에게 휘둘렸던 국민당은 연고가 없는 대만에서 자본가에 대해 일정한 자율성을 갖고 있었으며, 국가가 기업과 재벌을 통제하는 국가 우위의 상황이었다. 또한 퇴각 초기에 국민당은 본토 수복이라는 가장 중요한 목표를 달성하기 위한 수단으로 경제를 바라보았기 때문에 경제발전에서 이익을 얻는 것에는 큰 관심을 두지 않았다. 1970년대 이후 대만 정부는 경제발전에 집중했는데, 이는 중국 정권의 공고화와 밀접한 연관이 있었다. 중국이 핵무기를 개발하고, 대만이 유엔에서 축출되고 중국이 유엔에 가입하는 한편, 미국이 대만과 상호방위조약을 철폐하고 국교를 단절하자, 국민당은 무력으로 본토 수복하는 것을 포기하고 경제발전을 통해 통일을 이룩한다는 정책을 수립했다.

1950년대 중반 이후 국민당 정권이 경제발전을 위해 노력한 것은 사실이지만, 대만 출신 민간 기업인들과 일정한 거리감, 심지어 경계심을 갖고 있었다는 점에 주목해야 한다(Cheng, 1989; Chu, 2013). 국민당은 본토에서 대자본가에게 휘둘렸던 경험과 자신이 저지른 2·28 학

13 이를 뒷받침하는 이론은 유아(유치)산업론인데, 특정 산업이 시작하는 단계에서는 다른 나라에서 이미 성장한 산업에 비해 경쟁력이 떨어지기 때문에 경쟁력을 갖출 때까지 국가가 다양한 방법으로 보호해야 한다는 이론이다. 발전국가에 관한 대표적인 연구로는 존슨(Johnson, 1982)을 들 수 있으며, 대만의 발전국가에 관한 대표적인 연구로는 웨이드(Wade, 2018)의 글을 참고할 수 있다.

살에 대한 대만인들의 분노가 커질 경우 대만인 자본가의 부와 권력이 국민당에 거부 세력으로 성장할 가능성을 우려하여 이들을 감시하고 일정한 거리를 유지했다. 1980년대 이전에는 전체 광공업 생산에서 국영기업의 비중이 매우 높았고, 대만인이 경영하는 대기업의 영향력은 미미했다(국민호, 1993). 그 결과 국영 대기업은 주로 안정적인 내수시장을 담당하고, 대만인(본성인) 중소기업 사업가들은 불확실한 해외시장의 위험성을 감수하면서 수출 사업을 했다(Hsiao, 1993: 148).

2) 국가와 기업의 관계 변화

1958년 이후 대만은 포화 상태인 국내시장에서 눈을 돌려 수출 지향적인 경제발전전략을 시작하면서, 대만인의 대기업 소유를 억제하는 대신 중소기업 창업을 허용하는 정책을 수립했다. 정치는 본토인이 하고 대만인들은 중소기업 위주의 경제 활동을 하도록 장려한 것이다. 하지만 1980년대 들어 정부는 대기업으로 이뤄진 국영기업 부문 투자를 동결하고, 창업 지원을 통해 중소기업을 육성하기 시작했다. 국영기업 부문의 비효율성이 두드러진 반면, 중소기업으로 이뤄진 민간 부문은 활발히 성장했기 때문이다(국민호, 1993: 173). 그 결과 대만은 2천만 인구에 70만 개 이상의 중소기업이 있는, 중소기업 지배적 경제체제로 변화했다.

이와 같은 경제발전은 예상치 못한 여러 결과를 낳았다. 노동자계급이 등장하고 대만인 기업가 집단이 증가하면서, 이들은 서서히 국민당의 통제에서 벗어났다. 그리고 경제발전에 따라 역동적인 자본주의 시스템이 국민당 정치 시스템을 능가하기 시작했다(Cheng, 1989: 483). 경제발전과 더불어 사회분화가 일어나면서 다양한 조직과 단체가 등장하기 시작했고, 국민당은 이러한 조직에 과거처럼 영향력을 행사할 수 없었다. 국민당은 직업과 기능에 따라 조직을 재편성하려고 노력했지만, 행정조직으로 짜인 구(舊)체제를 바꾸지 못해 시민단체와 경제조직의 증가를 반영하지 못하고, 사회조직에 침투해서 통제할 수도 없었다. 예를 들면 라이온스 클럽, 로터리 클럽, 청년 상공회의소와 같이 새롭게 등장하는 시민사회조직, 특히 해외와 연계되어 끊임없이 생겨나는 다양한 사회조직에 제대로 침투할 수 없었다.

또한 자본주의적 사고가 국민당의 기존 아이디어와 경쟁하기 시작했다. 자본주의는 계약에 바탕을 둔 비인격적 관계, 소비자 취향 중시, 공정한 경쟁을 위한 경기규칙(game rule)으로 특징 지을 수 있는데, 이런 사고에 익숙한 사람들은 민주주의도 일종의 정치적 시장에서 소비자가 자유롭게 정치지도자를 선택할 수 있어야 하고, 정치소비자의 선택을 받으면 집권하고 그렇지 않으면 권력에서 물러나야 한다는 생각을 하게 되었다(Cheng, 1989: 482). 국가의 지원을 크게 필요로 하지 않았던 섬유산업과 비내구 소비재 산업에서 서양의 부르주아가 정치적 자유를 선도한 것처럼, 정부의 지원이 크게 필요하지 않았던 대만 중소기업인들이 대만 민주화의 중요한 후견인이 되었다(Cheng, 1989: 484).

정치적 변화를 이끈 주요 세력은 중산층이었다. 정치학, 법학, 사회학을 공부한 이들은 단순한 회사원과 화이트칼라 노동자를 넘어서는 역할을 했다. 교육과정에서 서구 민주주의에 대한 이해가 높아진 이들은 이를 대만에 적용하려고 시도했다. 게다가 정치적 기술, 조직기술 수준이 그전 세대보다 비교할 수 없이 높았던 이들은 중소기업가와 다양한 사회적 연줄로 연결되어 경제적인 지원을 받을 수도 있었고, 필요할 경우 일자리를 얻을 수도 있었다.[14]

14 한 저자는 "대만의 사회과학대학들이 3만 개의 수출 기업과 야당에 동시에 인력을 공급"했다고 서술한다(Cheng, 1989: 483).

3. 국가와 노동

권위주의적인 국민당 정부는 노동 관련 조직은 허용했지만, 노동자들의 자주성을 통제하고 제한하는 강력한 조합주의적 통제정책을 펼쳤다. 이로써 안정적인 노사관계가 장기간 지속되었다. 민주화 과정에서 자율적인 노조가 탄생해 이들이 일정하게 국가의 정책에 도전하고 있지만, 노동에 대한 국가의 우위성은 상당한 정도로 유지되고 있다고 평가된다.

1) 초기의 순치된 노동

국민당 정부와 노동자는 그리 적대적이지 않은 관계였지만, 시기별로 변화를 겪어 왔다. 이는 산업화 정도와 성격, 그리고 국가의 억압적 성격과 밀접한 관계가 있다. 국가와 노동자의 비적대적 관계는 크게 두 요인으로부터 영향을 받았다.

첫 번째는 국민당과 대만 자본가들의 관계다. 상하이 자본가들에게 휘둘렸다는 평을 받기도 했던 본토의 국민당은 대만으로 퇴각한 후 토착 기업/자본과 연계성이 없었기 때문에 일정 부분 자율성을 갖고 있었으며, 오히려 국가가 자본보다 우위에 있었기 때문에 자본가의 노동자 착취를 허용하거나 국가가 앞장서서 노동자를 탄압하는 대신 오히려 선제적으로 노조 조직을 장려했다(김준, 1991: 148).

두 번째는 국영기업 중심이던 초기 산업구조와 1970년대 이후 중소기업 중심의 대만 경제구조다. 1960년대와 1970년대를 지나며 대만의 노동자는 급격히 증가했고, 특히 지방과 농촌에 수많은 중소기업이 성장했다. 대만 기업은 국민당이 소유하거나 사실상 직접 경영하는 대기업 중심의 국영기업과 대만인들이 소유한 중소기업으로 나뉜다. 전자는 좋은 노동조건과 높은 임금으로 노동자들의 불만이 별로 없었고(Deyo, 1989: 158), 후자는 중소기업주가 소수의 노동자를 직접 통제하는 데 별다른 어려움이 없어서 심각한 노사갈등이 발생하지 않았다. 또한 중소기업 노동자 대부분이 창업할 계획을 가지고 있었기 때문에 잠정적으로 노동하며 소위 일을 배우는 상황이어서 기업주에게 적대적인 행동을 하지 않았다. 어쩌면 가장 중요한 요소는 중소기업의 소유주와 노동자 모두 본토인에 의해 차별받는 대만인이라는 의식을 공유했다는 점일 것이다. 이렇게 중소기업을 중심으로 하는 대만 노동자 고용의 특성상, 노동자 의식에 기반을 둔 노동계급의식의 형성이나 노조 결성이 어려웠다(Deyo, 1989: 157).

1950년대에 국민당 정권의 수출 지향적인 산업화가 시작되면서 산업노동자 수가 증가했지만 그들 중 대부분은 일제하에 만들어진 대기업, 주로 국영기업의 노동자였다. 이들은 비교적 좋은 임금을 받는 노동자로서 대만인과 본토인이 섞여 있었는데, 앞서 언급한 2·28 학살로 말미암아 대만인과 본토인 사이에는 뛰어넘을 수 없는 정체성 문제가 자리 잡게 되었다. 또한 정부의 엄격한 감시 아래 노동자들은 대부분 순응하거나 일탈 수준의 개인적이고 소극적인 저항을 보일 뿐이었다(Ho, 2010). 산업화 초기 국민당의 적극적인 노동자 포섭 정책은 매우 효과적이어서, 그 결과 민주화 과정과 그 후에도 노동자들의 적극적이고 전투적인 행위를 소극적이고 온건하게 만들었다고 평가된다.[15]

15 데이오(Deyo, 1989: 160)는 그 증거로 노동자 복지 향상에 큰 역할을 한 1984년 근로기준법 개정 과정에서 노조가 아닌 행정관료들의 역할이 결정적이었고, 그 후 노동자 정당 결성을 주장한 것도 노동자가 아니라 중산층 지식인이었음을 지적한다.

2) 노동운동의 성장

1980년대 민주화운동의 성장과 1987년 계엄령 철폐는 불만을 가진 노동자들에게 집단적인 요구와 행동을 표출할 기회를 제공했다. 하지만 이전 시기에 형성된 노사관계의 특징은 이후 노동운동의 활성화에 큰 장애로 작용했다. 그 특징은 지방과 농촌 지역에 산재한 중소기업 위주의 노동자 고용, 농민이면서 노동을 부업으로 하거나 중소기업 창업의 준비 단계로 생각하는 노동자, 기업주와 노동자 모두 대만인으로서 공유하는 피해의식, 본토인 노동자와 대만인 노동자 간 분열[16] 등이었다.

그 결과 노동자들은 민주화 과정에서도 중요한 역할을 하지 못했고, 중요한 사회적 행위자로 인식되지도 못했다. 1980년대 이후 임금 인상과 고용조건 개선을 요구하면서 집단행동을 하는 노동자가 크게 늘어남에 따라 노동자 정당을 결성하려는 시도가 있었지만, 이것이 실패로 돌아간 뒤 노동 세력은 대중정당인 민진당에 흡수되었다(지은주, 2016: 285). 노동자들의 집단행동도 점차 줄어서 노동자가 대만 사회의 중심 세력으로 인지되지 않았을 뿐 아니라 노동 문제 자체가 사회적 의제에서 뒤로 밀렸다(Chu, 1996: 498). 민주화 이후에도 노동세력은 기존 질서와 타협하는 모습을 보였다(지은주, 2016: 285). 노조는 임금상승보다 근로조건 개선에 더 관심이 있었고, 민주화 직후 증가한 쟁의도 주로 개별적 노사관계와 관련된 법적 분쟁이었으며, 연대투쟁과 전국적 투쟁은 거의 찾아볼 수 없었다. 기업의 해외 이전으로 고용 불안

16 본토인과 대만인 사이의 갈등구조는 노동자들 간의 단결을 와해시켰다. 전국적인 수준의 노조에서도 비슷한 문제가 생겨 이는 여전히 대만 노조의 단결을 해치는 원인으로 작용하고 있다.

정이 증가할 때도 노조는 정부에 도움을 요청하고 정부와 대화를 통해 해결하는 방식을 선호했는데, 이는 노동집단의 독자성이 크게 훼손되는 결과를 가져왔다(지은주, 2016: 286).

4. 국가와 시민사회

퇴각한 국민당은 대만에서 시민사회를 엄격하게 통제하면서 반공과 전쟁 준비에 몰두했기 때문에, 이런 상황에서 정부에 도전할 수 있는 시민운동이 존재하기 어려웠다.[17] 하지만 1950년대 후반부터 경제성장이 시작되면서 상황이 서서히 바뀌었다. 성공적인 경제성장은 예상하지 못한 많은 문제를 만들어 냈기 때문이다. 산업생산이 증가함에 따라 여성 노동자를 포함해 임금노동자 수가 증가하여 노사갈등의 잠재성을 키웠고, 급속한 공업화는 대기오염과 수질오염 문제를 일으켰으며, 높아진 경제 수준으로 삶의 질 향상에 대한 요구도 커졌다. 양질의 노동력에 대한 수요가 증가함에 따라 대학교육이 확대되고, 세계화가 진전되어 외부 정보가 유입되면서 권위주의적 정권에 대한 비판의식을 갖춘 지식인이 증가했다.[18]

1980년대까지 국가는 시민집단을 인정하지 않았다. 유사 레닌주의 정당 국가에서는 국가로부터 독립적인 집단과 시민은 존재하지 않

17 이 시기에 정부에 대해 '건설적인 비판'을 할 수 있었던 거의 유일한 매체는 미국에서 교육받은 몇몇 지식인이 중심이 되어 활동하던 『자유중국(*Free China Fortnightly*)』이었는데, 이 격월간지는 정부의 압력에 의해 1960년 자진 폐간하고 말았다(Cheng, 1989: 479).

18 샤오(Hsiao, 1996)는 1987년 계엄령이 해제되기 전에도 소비자운동, 반공해운동, 자연보호운동 등 다양한 운동이 1980년대부터 나타났다고 보고한다.

았으며, 국가의 통제를 받는 국가 구성원으로서의 국민만이 존재했다. 1980년대에 들어서면서 대만에서는 경제성장에 따라 환경오염, 계급 착취, 농민빈곤 문제가 대두되기 시작했다. 여기에 더해 성차별과 토착민에 대한 차별과 감시는 높은 수준의 교육을 받고 정보가 많아진 시민들의 불만을 키웠다. 증가한 여성 노동자들은 전통적 성별 분업에 기반을 둔 가부장적 질서에 대한 비판의식을 키웠고, 합리적이고 개인주의적인 가치관을 가진 고학력 전문가들의 증가는 기존의 전통적 가치관, 권위주의적 정치질서와 충돌을 초래했다. 기존 정치·사회 제도가 이에 적절히 대응하지 못하자 이해당사자들은 집단으로 문제해결을 요구했고, 그 결과 민주화운동과 환경운동을 포함한 다양한 운동이 성장했다. 과거처럼 국가에 포섭된, 국가의 한 부분으로서의 국민이 아니라, 국가와 일정하게 거리를 두는, 정부가 전통적인 방식으로는 통제하기 어려운 자율적인 집단이 생겨나 국가의 지배질서에 도전하기 시작한 것이다.

1949년 국민당 집권 초기부터 1980년대까지 주로 비정치적인 소비자운동, 여성운동, 환경운동 단체나 잡지가 생겨나 자신들의 목소리를 내기 시작했다. 단체나 잡지를 만드는 사람들은 기존 관변단체에서 좌절감을 겪은 경험이 있는 경우가 많았다. 독립적인 시민단체가 나타나지 못하도록 많은 부문에서 대만 정부가 선제적으로 관변단체를 만들어 두었기 때문이다. 새롭게 나타난 시민운동단체는 초기에는 권위주의적인 정부에 직접 대항하기보다는 자신들의 목소리를 내면서도 정부와 타협하는 경향을 보였다. 정부도 이들의 의견을 부분적으로 수용하거나 정부기구에 포섭했기 때문에, 이 단체들은 적극적이거나 투쟁적이지 않았고 피해자들과 직접 연계되지도 않았다(박윤철, 2004: 517).

1987년 언론의 자유를 비롯해 시민적 자유를 회복시킨 계엄령 철폐는 억눌렸던 시민사회를 해방하는 역할을 했다. 대만이 군사주의와 산업주의를 거쳐 민주주의로 이행함에 따라 대만 시민사회는 계엄에 대한 두려움 없이 시민운동을 마음껏 전개할 수 있게 되면서 수많은 사회운동단체가 결성되었다.[19] 1988년이 되면서 결사의 자유가 부분적으로 회복되다가 1989년에는 완전히 회복되었고, 1993년부터는 시민운동이 합법화되어 제도화의 길로 나아갔다. 각각의 이해당사자들이 규격화된 방식으로 자신들의 이해를 추구하게 된 것이다. 자치단체장이 경찰의 통제를 이양받으면서 사회운동과 관련해 체포된 사람의 숫자가 급격히 줄어들었고, 야당 정치인이 국회에 진출함에 따라 거리 시위 대신 정치를 통한 문제해결을 시도하게 되었다. 2000년에는 민진당이 정권을 잡으면서 많은 시민운동가가 정부에 참여하여 시민운동의 의제를 정책에 반영하고자 노력했다. 하지만 경기침체에 직면한 민진당 정권은 경제활성화를 명분으로 시민운동이 요구하고 자신들이 공약으로 내걸었던 정책을 포기했다.

2008년 대통령 선거에서 민진당이 패배함에 따라 시민운동도 심대한 타격을 받은 것처럼 보였지만, 국민당이 승리한 후 보수적인 정책으로 회귀하자 시민운동은 빠른 속도로 활성화되었다. 2008년 대학생들의 중국 특사 반대 시위에서 경찰이 학생에게 가혹행위를 했다며 대규모 시위가 벌어졌고, 이어서 2009년 카지노 시위, 2010년 강제토지수용 관련 농민 시위, 미국산 쇠고기 수입 소비자 반대 시위, 해고노동자 시위, 공영 TV 지지 시위 등 수많은 시민이 새로운 운동에 참여했다. 이에 자극을 받은 민진당도 폐지했던 사회운동국을 당내 기구로 설치했다.[20]

19 계엄령 이전에는 상상할 수 없었던 사법개혁운동이나 반핵운동 같은 정치제도와 사회제도를 본질부터 바꾸려는 시민운동이 등장했다(Hsiao, 1996).

원자력발전소 건설을 주장해 온 국민당이 집권한 후 4기 원자력발전소를 거의 완공해 가던 2011년에 일어난 후쿠시마 원자력발전소 사고는 반핵 시민운동을 활성화하는 계기로 작용했다. 야당과 재야인사가 결합한 시민운동은 시위 등으로 국민당 정부에 지속적인 압력을 가해 드디어 2014년 원자력발전소 건설 잠정 중단 및 폐쇄를 끌어냈다(최창근·장지호, 2015; Ho, 2014). 2014년에 일어난 해바라기 운동에서는 기존 야당이나 노조 등이 아니라 대학생을 중심으로 한 청년들이 사이버 공간을 적극적으로 활용하면서 의회 점거와 시위를 이어갔고, 이들의 지지를 받는 후보가 선거에서 당선하기도 했다. 이 운동은 기존의 타협적인 시민운동과 결별하고 새로운 대만 시민운동의 등장을 보여 주었다(양동권, 2016).

활발한 시민운동이 등장한 원인은 2000년 민진당에 정권을 내주었다가 2008년에 재집권한 국민당의 반동적 정책에서 찾을 수 있다. 특히 해고법 도입, 공영 미디어 통제, 중국 중심 역사교육으로의 회귀, 환경정책 비판자 협박 같은 국민당의 비민주적 행태는 많은 시민을 분노하게 했고(고금비, 2016: 11), 새로운 사회운동의 촉진제가 되었다. 시민들은 민진당 치하에서 지지부진한 사회개혁과 민주화에도 실망했지만, 국민당의 보수 회귀와 비민주적 행태에 크게 실망하고 분노하며 시민운동에 적극적으로 참여했다. 또한 사회운동가들의 효과적인 동원전략도 주효했다. 민진당 정부하에서 시민운동가들은 당시에 이미 정부를 넘어서는 사회변화 전략을 고민하고 있었다. 그 결과 소송을 통해 환경보호전략을 수립하고, 모금한 후원금으로 환경보호용 땅을 사들이는 등 언론을 활용해 이슈를 만드는 미디어와 선진 학자들의 지

20 하지만 시민운동과 야당의 연계는 뚜렷하지 않았고, 야당 정치인들이 시위 현장에 나가긴 했지만 그다지 환영받진 못했다.

원을 받아 활용하는 방식을 찾아냈다.

요약하면, 유사 레닌주의 정당 국가였던 대만에서 시민운동은 1987년 계엄령 해제 이후 서서히 성장하다가, 2000년 민진당으로 정권교체가 이루어진 후에는 더욱 활발하게 활동하며 성장했지만, 의회를 포함한 정치·경제와 사회에서 국민당의 실질적 지배가 지속되는 상황에서 온건한 활동을 할 수밖에 없었다. 또한 2008년 민진당에서 국민당으로 정권교체가 이뤄지자 시민운동은 다시 위축되었지만 한번 성장한 시민운동은 결코 소멸할 수 없었다. 국민당의 보수 회귀와 억압적 정치행태가 나타나자 오히려 세력을 키우며, 급진적이고 직접적인 행동을 포함해 다양하고 효과적인 전략을 선택하여 여러 번 성공을 거두었다.

5. 민주화 그 후

대만은 성공적인 경제발전에 걸맞게 공고해진 민주주의를 성취했다. 그런데도 상대적으로 약한 시민사회와 노동운동조직, 그리고 무엇보다 지속적인 성장을 하지 못하는 경제라는 어려움을 안고 있다. 쳉(Cheng, 1989)은 1989년 당시 창당된 민진당이 가까운 시일에 국민당을 이기는 것은 어려울 거라고 예측했다. 두 당이 비슷한 정강과 정책을 가지고 있고, 목표 유권자도 비슷한 상황에서는 많은 자산과 대기업을 소유한 국민당이 유리하리라는 것이었다. 하지만 그로부터 11년 후 민진당은 집권했다. 또 대만 정치에서 외성인으로서 소수 집단 정체성을 가졌다고 간주되어 집권이 어려워 보였던 국민당이 2008년에 다시 집권하는 데 성공했다. 그리고 국민당의 재집권으로 본성인 정체성의 중요성이 약화되었다고 생각했을 때, 다시 정체성을 앞세운 민진당이 2016년에 승리하는 예측하기 힘든 역동적인 정치가 전개되었다.

대만 정치에서 정체성은 앞으로도 상황에 따라 중요한 역할을 할 것으로 보이지만, 이는 정체성이 중요한 요소 중 하나일 뿐임을 시사하기도 한다. 경제발전이 정체되고 환경보호, 사회권 보장 등 다양한 정치·경제·사회적 과제를 해결하지 못한 정권이 권력을 놓쳤기 때문이다. 국민당은 지도부를 대만인으로 교체하고, 경제전문가를 충원하여 중국과의 교역을 통한 경제성장전략을 제시하면서 여론의 지지를 얻어 2008년 재집권했지만, 집권 후 과거로 회귀하려는 행태를 보이고, 양안 교류 확대가 대만 산업의 공동화와 사회 불평등 심화를 가져오자 다시 정권을 내놓아야만 했다.

민주화와 이어진 민진당의 집권, 그리고 국민당의 재집권 과정에서 대만인 기업가들은 대만인 정체성을 가진 기업가에서 기업의 이익을 추구하는 기업가 집단으로 변화하고 있다. 이에 따라 중국과 교역의 중요성이 커짐에 따라 민진당을 지지했던 많은 대만 기업인이 대만의 독립을 반대하고 본토와 연계성을 강조하는 국민당을 지지하는 경우가 많아졌다.

약한 노동자 계급의식과 분열된 노조의 모습이 지속될 것인지는 대만의 경제구조 및 노동법 변화 등과 밀접한 연관이 있다. 대기업이 그 영향력을 키우고, 신자유주의적인 변화를 받아들여 해외이전과 쉬운 해고 등을 도입하고 새로운 경영과 노사관계를 도입한다면 지금처럼 협조적이거나 소극적인 노조운동과 노동운동이 지속될 것인가는 의문이다.

대만 시민운동의 기반은 다양한 사회문제를 만들어 내는 대만의 정치·경제·사회적 변화와 밀접한 연관이 있다. 국가가 협치 등을 통해 사회문제 해결 방식을 능동적으로 제도화하지 않으면, 높아진 시민의식과 사회운동의 경험을 바탕으로 사회운동단체는 환경오염 문제를 비롯해서 성차별, 소수민족 등 현대 대만 사회의 다양한 문제점에 대해 지속적으로 문제 제기를 할 것이다. 그리고 많은 이해관계 시민이 이를 지지할 것이고 이에 따라 갈등이 심화될 수 있다.

대만은 지금까지 중소기업에 기반을 둔 산업구조, 노동자계급 형성과 노동자의식 고양을 가로막는 대만인 정체성, 아직 발전하지 못한 시민운동, 타협주의적 전통 등 사회갈등을 완화할 수 있는 여러 구조적 요인과 문화적 요인을 가지고 있었다. 하지만 조정되지 않은 자본주의, 이윤 추구의 가치가 공동체적 가치를 넘어서는 상황, 경제적 불평등이 심화된다면 사회갈등이 첨예해지는 국면으로 접어들 가능성이 높다.[21]

과거 경제발전을 이끌었던 국가는 대만이 직면하고 있는 많은 문제를 해결하는 데 어려움을 겪고 있는 것으로 보인다. 민주화 이후 성장한 시민사회, 노동운동, 기업 등의 다원화된 요구를 조정하는 리더십이 매우 약화되었기 때문이다. 이런 맥락에서 클라크와 탄(Clark and Tan, 2012)은 성공적인 민주화가 발전국가의 효율성을 저해했다는 '성공의 비용'이라는 개념을 사용하기도 했다. 지금 상태에서 국가가 주도하는 발전의 가능성은 크지 않다는 것이다. 웡(Wong, 2010)은 대만의 경제발전이 정체되었다는 점에서는 클라크와 탄의 주장에 동의하면서도 현재의 정체가 발전으로 가는 도약을 위한 정체기일 수도 있다는 점을 조심스럽게 지적하고 있다. 대만 경제의 도약을 위해 기업들은 경쟁국들보다 더 최신 기술을 활용하는 산업(예컨대 바이오산업)으로 진입해야만 하는데, 이 과정에서 생기는 불확실성을 감당할 능력을

21 해바라기 운동은 온건한 사회운동이 주류였던 기존 사회운동과 달리 매우 급진적이며 직접 행동에 의존했다는 점에서 향후 대만 사회운동의 흐름을 예측하는 중요한 지표가 될 수 있다(Ho, 2015).

가진 주체는 국가뿐이라는 것이다. 이러한 주장은 포스트 발전국가의 가능성을 모색해 온 일련의 연구와 일정한 연계성을 갖고 있다(Chang, 2010a; Evans, 2010; Haggard, 2015). 민주주의는 결코 발전을 저해하는 것이 아니고 다양한 이해집단이 적절하게 정책 결정에 참여하고, 정부가 이에 기반을 두어 적극적인 경제정책을 펼치면서 성장을 이끌 수 있다는 포스트 발전국가론의 주장은 대만의 경우 국가가 집중하고 있는 바이오산업과 같은 신생산업이 성공하여 정체된 경제를 되살릴 수 있느냐에 따라 평가될 수 있을 것이다.

제6장 일본의 발전국가

자본주의 발전의 사회적 토대

1. 성장과 위기

일본을 포함한 동아시아 지역의 신흥공업국은 사회발전의 지형에서 가장 극적인 성공과 위기를 경험하여 국가 주도형 발전 모델의 전형으로 간주된다. 최근에는 중국이 지정학적 중요성이나 경제적 위상 면에서 크게 부상하는 것과 대조적으로, 일본의 경제적 성과에 대한 사회적 관심이 이전에 비해 확실히 감소하고 있는 것이 사실이다. 전통적으로 동아시아 지역에서 발전 경로의 핵심 요소는 국가의 역할이며, 강력한 국가 개입을 통해 산업화와 경제성장을 추구함으로써 국제경쟁력을 제고하는 것이 발전의 주요 목표였다. 이러한 발전 경로에 대한 학문 분야에서의 다양한 논쟁은 경제학을 중심으로 활발하게 전개되었으며, 주로 일본 발전 모델의 놀라운 경제적 성과와 원인 분석에 집중되어 왔다.

신고전주의 경제학을 중심으로 하는 주류적 지형에서는 경제성장에 대한 국가 개입의 부정적인 효과를 주장하면서 경제자유화와 시장순응전략의 효용성을 강조하고 있다. 이 시각에 따르면, 국가 개입이 경제성장에 어느 정도 영향을 주었다는 점을 인정하더라도 이는 어디까지나 부차적인 측면이며, 오히려 국가의 경제 개입을 통해 사회적 비용을 수반하는 행정적·재정적 특혜와 같은 지대추구(rent-seeking) 행위를 가능하게 함으로써 경제적 생산의 감소와 사회적 손실을 가져오게 된다(김시윤, 1999; Chang, 2006). 반면에 이와 대조적인 관점에서 볼 때, 국가는 자율성을 기반으로 지대추구의 범주가 상당히 컸음에도 이에 따르는 사회적 비용을 최소화할 수 있었을 뿐만 아니라 시장 및 사회 주요 행위자들의 갈등과 도전을 용인하지 않을 정도로 통제력을 행사할 수 있었다(윤영관, 1999). 이러한 구조적 특성을 바탕으로 국가 주도로 효율적인 발전전략이 수립되어 기업이 생산활동에 집중하고 시장효율성을 제고함으로써 괄목할 만한 경제적 성과를 달성할 수 있다.

국가 개입의 효과에서 중요한 사실은 국가 개입의 정도나 수준이라기보다 국가 개입의 질(質) 또는 성격이라고 할 수 있다(서문기, 2016). 경험적 차원에서는 1997년 외환위기를 통해 국가의 역할과 효용성에 강한 의문이 제기되었고, 서구의 사례와 대비됨으로써 발전의 패러다임에 대한 성찰이 요구되고 있다. 역사적 부침 속에서 발전국가의 효과는 불명확할 뿐만 아니라 논란이 가중되기 때문에 학문적 또는 정책적 틀에서 아직까지 합의점에 도달하지 못하고 있다(윤상우, 2005). 따라서 발전국가의 전형이자 국제 지형에서 중심국의 위치에 있는 일본의 사례를 심층 분석하는 작업은 매우 중요하다고 하겠다. 일본 경제의 성장, 정체, 회복에 따른 사회적 발전과 위기의 이면에는 발전국가가 가능해진 역사적 맥락과 발전 경로의 구조적 특성이 놓여 있다. 발전 경로의 역동적인 성격을 파악하기 위해서는 국가의 역할을 독립변수로 하여 접근하는 선행 연구들과 달리, 국가 개입의 질을 규정하는 사회적 토대의 함수관계를 살펴보고 그 상호작용을 분석하는 것이 필수적이다. 나아가 포스트 발전국가에 관한 기초적인 분석 틀을 마련함으로써 향후 지속가능성에 대한 중요한 통찰력을 제공할 수 있다.

한편으로 일본의 발전 모델은 여전히 유효하며 다른 국가들의 발전 전망에 좋은 사례로 간주된다. 시장 및 사회에 대한 발전국가의 개입 방식은 발전전략과 공공정책을 효율적으로 실행하는 데 기여하고 있으며, 중국과 많은 개발도상국에서 일본 모델을 따라가려는 노력을 하고 있다(Katada, 2012). 오늘날 서구의 발전 모델이 공동체 구성원의 신뢰를 점차 잃어 감에 따라 일본은 상당히 매력적인 사례로 다가오며, 일본 발전 모델의 지속가능성에 대한 관심도 높아지고 있다. 다른 한편으로 강력한 발전국가가 전후 경제를 주도해 왔지만, 이후 일본의 국가 엘리트는 발전국가의 문제점을 충분히 인지하지 못한 채 급속하게 변화하는 국내외 환경에 적절하게 대응하지 못하고 있다. 더욱이 일본의 전통적인 관료제와 사회체제 자체가 문제를 악화시켜 발전국가의 효용성은 광범위한 비판과 함께 갈림길에 서 있다(MacIntyre and Naughton, 2005).

일본의 발전 경로에는 정치·경제·사회적 구조를 형성하는 데 지속적으로 영향을 미치는 복합적인 상호작용 과정이 깊이 내재되어 있다. 이는 서구의 발전주의와 성격이 다른 형태의 발전양식이 여전히 유지되고 있음을 의미한다. 이에 제6장의 전반부에서는 발전국가에 대한 서로 다른 관점을 검토하고, 일본에서 발전국가 전개 과정에 따른 성격을 진단하여 발전의 효과와 함께 살펴본다. 후반부에서는 사회적 토대에 기초한 경로의존성을 규명하고, 발전국가의 보편성과 특수성의 연결고리를 파악하여 포스트 발전국가에 대한 전망을 제시한다. 구체적으로는 발전국가의 역사적 맥락을 천착하고 발전 경로를 조망함으로써 사회구조적인 측면이 발전국가에 어떤 역할을 했으며, 그러한 요소들이 왜 일본의 발전 과정에서 특징적인 성격을 배태했는지 분석하고, 향후 지속가능성에 대한 함의를 도출하고자 한다. 요컨대 발전국가의 사회적 토대에 대한 접근은 일본의 발전 과정에서 연속성과 비연속성의 문제를 제기하며, 전후(戰後) 역사적 발전 단계에 따른 상호작용을 분석하여, 사회발전의 실제적인 의미와 향후 전망을 가늠하는 기초자료로서 의미를 가진다고 하겠다.

2. 발전이론

1) 시장기제론

일본을 포함한 동아시아의 경제성장과 분배에 관한 대부분의 기존 연구는 시장기제와 광범위한 민간 부문을 전제로 한다. 시장기제의 중요성을 강조하고 국가 개입의 보조적 역할을 상정하는 신고전경제학적 시각(Balassa, 1988; Lal, 1985)에서는 자유주의적 시장 환경이 동아시아 신흥공업국에서 경제성장을 이룬 핵심 요소이며, 시장경제에 대한 국가의 개입은 최소화되어 있다고 주장한다. 왜냐하면 경제정책에 관한 국가 개입과 대외 지향적 발전전략은 부분적인 과시효과를 가져올 수는 있으나, 이중경제의 고착화나 발전 동력의 왜곡 같은 위험이 따르기 때문이다. 경제성장과 국가 및 시장의 역할에 관한 시장기제론의 핵심 내용을 정리하면 다음과 같다.

(1) 국가는 거시경제의 안정성을 유지해야 한다.
(2) 국가는 도로, 교통, 항만 등 물적 하부구조를 제공해야 한다.
(3) 국가는 국방, 안전, 교육, 법률체계, 환경보호, 시장정보 등 공공선(public good)을 제공해야 한다.
(4) 국가는 노동, 자본, 금융, 기술 등 시장기제 작동을 위한 제도

적 장치를 제공해야 한다.

(5) 국가는 시장실패(market failure)의 경우 가격의 왜곡성을 방지해야 한다.

(6) 국가는 최소한의 삶의 수준을 유지하기 위해 하층 부문에 대한 소득 재분배를 지향해야 한다.

이러한 맥락에서 신고전주의 경제학은 대외 지향적 발전전략이 수출·경제성장·고용 면에서 큰 성과를 가져올 수 있으며, 경제성장을 통하지 않고는 실업이나 불평등 같은 경제위기를 해결할 가능성이 낮아진다고 설명하고, 자유무역이 경제성장을 위한 최선책이라는 연구 결과를 제시하고 있다(Chang and Ram, 2000; Kerbo, 2009). 금융 및 무역 통제 체제를 자율화함으로써 수입 대체 산업보다 수출 지향 산업이 경제성장을 가져온다는 것이다(Jones, 1995). 다시 말해서 광범위한 수입 대체 산업화에 대한 국가 개입은 산업의 비효율성을 초래하여 국제 경쟁력을 약화시키고, 대내적으로는 국가의 경제정책과 보조수단을 둘러싼 민간 부문의 상당한 지대추구 행위 등으로 인해 생산성 증대를 통한 경제성장을 달성하기 어려워진다.

2) 국가주도론

발전연구의 지형에서 주류의 이론적 관점을 대변하는 시장기제론의 주장을 비판하고 국가의 역할을 재해석하는 국가 주도론적 시각에서는 국가의 주도적 역할과 함께 이에 상응하는 민간 부문의 역동성을 강조한다(Önis, 1991). 이 시각에 따르면, 국가는 신(新)국제분업 구조와 경쟁체제에 대응하기 위해 국내 산업을 보호할 뿐만 아니라 경쟁력 있는 산업을 선택적으로 집중 육성하고, 사회적 자원의 동원 체계를 국가의 전략적 목표인 경제성장에 집중시켜야 한다. 이러한 유형은 '자본주의 발전국가(capitalist developmental state)'로 규정되는데, 그 주요 특성을 정리하면 다음과 같다(Johnson, 1982).

(1) 국가정책의 우선순위를 복지보다 경제성장과 생산성에 두며, 발전 목표는 주어진 국내외 조건 및 국제 환경의 준거 틀을 통해서 설정한다.
(2) 국가는 기본적으로 사적 소유권과 시장경제를 보호한다.
(3) 국가 엘리트 집단이 시장에 개입하여 사회발전을 주도한다.
(4) 국가 개입은 민간 부문의 협력 및 조정 등에 기초하여 이루어지며, 이에 관한 제도적 기반 구축은 국가정책의 설계와 실행의 핵심 요소다.
(5) 관료조직이 사회를 통치하고 정치집단이 지배하는 기능적 분화는 국가기구의 자율성을 확보함으로써 사회집단의 요구로부터 독립성을 보장하게 한다.
(6) 국가의 상대적 자율성과 사회적 안정성을 연계하여 연성국가 체제로 운영함으로써 거버넌스의 수준을 효과적으로 높여 사회발전 목표를 추구하는 데 집중할 수 있다.

3) 발전이론의 비교와 한계

이렇게 볼 때, 발전국가 모델의 핵심 요소는 ① 강력하고 자율성 있는 국가체제, ② 시장기제를 원활히 작동시키는 다양한 제도적 장치, ③ 발전 목표에 대한 국가 엘리트의 헌신적 몰입, ④ 민간 부문과의 긴밀한 조정과 협력 등이다. 따라서 발전국가에 대한 이론적 지형은 초기 자유시장기제론과 신고전경제학파의 중간 지점에 놓여 있다고 할 수 있다. 단순히 국가 주도의 발전 유형과 시장 주도의 발전 유형으로 구분하여 접근하는 것이 비역사적인 사고 틀로서 기존 연구에서와 같이 일반화의 오류를 범할 수 있다면, 국가 개입의 성격에 관한 치밀한 분석을 통해 이론적 지형의 확장을 추구할 수 있을 것이다. 문제는 지속적이고 효율적인 경제성장과 조응하는 발전전략을 살펴보는 것이며, 이를 위해서는 국가와 시장뿐만 아니라 사회적 특성의 연결고리를 함께 고려해야 한다. 이를 통해 국가와 시장의 이분법적 접근법에서 벗어나 발전국가에서의 경제성장정책을 통해 자본주의 시장경제가 어떤 방식으로 조직되고, 조직화된 이 방식의 사회적 토대가 어떻게 구성되며, 경제성장을 위한 국가정책에 사회구성원들이 지지를 보내는지 여부를 체계적으로 분석할 수 있다.

발전국가 모델의 효용성과 한계는 크게 제도적 관점과 사회·정치적 맥락에서 고찰할 수 있다(박천오, 2006). 국가의 발전 목표를 달성하기 위해 국가 개입의 구조와 전개 양상을 체계적으로 분석함으로써 국가의 상대적 자율성과 강력한 국가계획의 실행 및 동원능력(state capacity)을 기반으로 국가 엘리트 집단에 의한 효율성을 강조하는 국가

[표 6-1] 발전이론의 비교

구분	분석 초점	핵심 주장
시장 기제론	발전동력: 성장성 - 낙수효과	경제성장과 산업화 과정이 숙련된 노동력에 필요한 일자리를 제공하고 노동수요를 지속적으로 창출함으로써 생산-투자-소비의 선순환을 통해 삶의 질 향상을 추구함
국가 주도론	발전동력: 분배성 - 여과효과	외형상 계량적 성과와 경제성장 위주의 정책은 운영 과정에서 여과효과로 사회구성원 간 경제적 불평등을 심화시키고, 분배 및 복지 부문을 왜곡시켜 사회갈등을 초래함
통합론	발전동력: 정합성 - 선택효과	국가와 시장의 정합성이 성장과 분배 문제를 해결하는 핵심 요소이며, 시장이 작동하는 영역에서는 국가 개입이 불필요하고, 시장실패 영역에서는 국가 개입을 통해 보완함

출처: 서문기(2015a: 117)에서 재구성.

주도론의 주장을 경험적으로 검증할 수 있는 것이다.

기존의 패러다임으로는 오늘날 발전국가의 위기 상황을 설명하는 데 한계가 있으며, 특히 국가와 시장에 국한하여 접근하는 방식은 일본을 포함한 동아시아 지역의 발전 과정에서 나타나는 역동적인 다양성을 이해하는 데 충분하지 않다. 사회적 자원에 대한 국가의 동원능력과 사회집단으로부터 독립된 자율성을 기반으로 하는 강력한 국가 개입은 사회발전의 왜곡을 가져와 시민사회의 저항을 불러일으키고 사회적 불만과 불안을 초래함으로써 사회발전의 지속가능성을 떨어뜨리고 있다(Suh, 1998). 국내외 경제환경이나 국제관계의 변화에 따라 발전국가는 사회적 토대 안에 누적된 부정부패 등의 부작용으로 사회발전을 위한 생산적인 활동의 증대보다는 국가의 보호에 안주하고 예산을 낭비함으로써 고질적인 정경유착의 폐단을 초래하게 된다.

급속한 경제성장과 장기적인 경기불황을 거치면서 발전국가의 단기 발전전략과 중·장기 발전전략이 상충한다면, 국가 개입과 경제성장 및 사회발전의 상관관계는 시장기제론이나 국가주도론의 접근으로 대안을 마련하는 데 어려움이 생길 수밖에 없다. 즉 사회발전의 지속가능성은 국가 개입의 질에 달려 있으며, 시장실패와 마찬가지로 국가실패(state failure)도 사회의 구조적 조건에 의해 규정된다고 할 수 있다(Krueger, 1990). 따라서 시장기제론과 국가주도론이 경제성장과 자원의 효율적인 분배를 위해서 각기 시장원리나 국가 개입을 더 요구한다고 일면만 주장하기보다는 실제로 국가가 어떻게 개입하며, 국가가 시장 및 사회와 어떻게 상호작용을 하는지, 사회적 토대를 어떻게 구성하고 활용하는지에 대한 통찰이 필요하다. 이를 통해 일본 발전국가의 장단점을 파악하고, 발전이론에 관한 경험적 비교연구의 새로운 준거 틀을 제시할 수 있다.

국가 개입이 경제성장에 어떤 효과를 가져오는지는 역사적·구조적 맥락에 달려 있으며, 제도적 수준만으로는 결코 결정될 수 없다. 따라서 국가 개입의 질에 대한 연구는 주어진 사회의 보편성과 특수성의 원리를 함께 고려하되, 국가와 시장의 다양한 상호작용 가능성을 발전 경로에 연결하여 접근하는 방법이 유용하다. 경제계획과 그 실행에 관한 국가의 효율적인 개입능력은 구체적인 제도적 특성과 함께 일반적인 정치·사회적 맥락에 의해 결정되기 때문이다. 이러한 분석 틀은 발전국가와 자본주의 발전의 상관관계뿐만 아니라, 사회를 구성하는 세 가지 핵심 영역인 국가, 시장, 시민사회의 상호작용을 살펴봄으로써 발전 경로와 전망에 대한 이론적 함의를 도출할 수 있다.

3. 일본의 발전 경로

일본의 발전 사례를 둘러싼 이론 지형에서의 치열한 다툼은 초기 시장기제론의 우세에서 벗어나 점차 국가주도론의 강점이 강조되다 외환위기의 정체기를 지나 회복기에 접어들면서 혼조 양상을 보이고 있다(임혜란, 2018; Johnson, 1995). 그러나 발전 유형을 국가 대 시장으로 구분하여 접근하는 것은 비역사적 사고로, 기존 연구에서와 같이 일반화의 오류를 범할 수 있다면 국가와 시장뿐만 아니라 사회적 특성과의 연계성을 함께 고려할 필요가 있다. 이를 통해 단순한 이분법적 접근에서 벗어나 발전국가에 의해 자본주의 양식이 어떤 방식으로 조직되고, 국가 개입과 사회적 토대에 대한 사회구성원의 지지 여부가 어떻게 결정되는지 체계적인 분석이 가능하기 때문이다.

일반적으로 사회적 토대란 국가-시장-사회의 연결고리를 의미하는 공식적·비공식적 사회조직의 구성 원리를 말하며, 상호 복합적으로 연결될수록 사회발전의 지속가능성은 증가한다(Acemoglu and

Robinson, 2013; Evans, 1995). 정부와 민간 부문의 상호 관계의 성격을 파악하기 위해서는 공통된 관심사와 정체감을 갖는 행위자 집단뿐만 아니라 각 집단의 네트워크에 해당하는 사회적 토대에 대한 이해가 필요하다. 사회적 토대는 하위 수준의 세부 모델로 구분하여 접근할 수 있으며, 대부분 소규모의 배타적이고 긴밀한 구조이거나 아니면 포괄적이지만 분절적인 구조를 갖는 경향을 보인다.

삶에 대한 사회구성원의 요구와 압력은 국가로 하여금 발전전략의 정당성으로서 급속한 경제성장과 농지개혁 등을 포함하여 사회적 자원의 동원력을 확보하게 한다. 서로 다른 경제·정치 사상이 대립구도를 이루는 서구와 달리, 일본의 발전국가는 강력한 국가 개입의 정당성을 확립하여 발전전략을 추진함으로써 산업재건 목표를 추구하는 과정에서 상당히 유리한 입장이었다. 관료들은 제도·문화적 특성을 바탕으로 여타 집단에 비해 상당한 특권을 향유해 왔다. 그뿐만 아니라 일본의 정치체계는 전통적으로 정치적 계급이 선거에 필요한 비용을 충당하는 데 전념할 수밖에 없는 구조였다. 따라서 국가는 정치적 갈등이나 혼란 없이 경제 운용에 집중할 수 있었다(Schaede, 1995). 아울러 일본 기업체인 케이레츠(keiretsu)의 네트워크 구조는 제도화된 사회관계의 광범위한 배열 속에 뿌리를 내리고 있어서 산업화를 이룬 선진국들을 따라잡기 위해 구성원들을 단결시키는 데 효과적이었다(Haggard, 1990). 예를 들어 서구와의 무역불균형과 국내시장의 개방 압력에 대해 일본은 대내적으로 강력한 통합능력을 보여 주었다.

역사적 맥락에서 일본은 지정학적 요소가 국가 개입의 질을 구조화하는 데 중요한 역할을 해왔음을 간과할 수 없다(사사다 히로노리, 2014). 지정학적 냉전구도에서 일본은 전후 서구 선진국에서 무상 또는 저렴한 비용으로 자본과 기술을 도입함으로써 산업과 사회간접 부문에 광범위한 투자를 할 수 있었다. 이는 자유 진영의 국제질서를 확장하려는 미국의 노력과 맞물려 일본이 세계화 과정에 참여하는 계기가 된다(Latham, 1997). 초기 단계에서 일본은 국제무역 규모가 가장 큰 유럽과 북미 시장에 특별한 제약 없이 접근할 수 있었고, 급격하게 팽창하는 국제 경제의 이점을 활용하여 최대 수혜국이 되었다. 특히 자국 내 금융 시스템에 대한 통제를 유지한 채 외부와 교류하는 과정에서 자국 시장을 개방하지 않았다는 점에 주목할 필요가 있다.

그러나 일본이 미국에 대한 전략적인 의존과 안보관계에서 비타협적인 성격을 가진다는 사실은 지정학적 맥락의 변화에서 잠재적으로 취약할 수밖에 없다는 점을 내포하기도 한다(Hughes and Fukushima, 2004). 예를 들어 국제 지형에서 이해관계가 첨예한 환율 조정 과정에서 미국이 일본에 협력을 요구하면 따를 수밖에 없는 구조적 상황에 놓이게 되었다. 엔저로 인해 일본의 무역수지 흑자가 과도하게 팽창하자 1985년 9월 뉴욕에서 개최된 5개국 재무장관 및 중앙은행총재 회의에서 달러 절하와 엔화 및 마르크화 절상에 대한 합의가 이루어졌다. 그 결과 이듬해부터 수출산업의 불황을 시작으로 일본 경제는 침체되기 시작했다(Shibagaki, 1994).

일본은 엔고에 의한 수출상품 가격의 인상을 피하기 위해 기업 부문에서 감량경영과 경영 합리화 노력을 대대적으로 실시하여 수출가격의 인상폭을 20% 이하로 억제하기도 했다(유재원, 2013). 이런 노력은 단기적으로는 엔화에 대한 달러 가치를 낮추는 효과를 가져왔지만, 의도하지 않았던 일련의 결과들을 초래하여 그 반향 효과가 상당 기간 지속되는 역설적인 상황에 놓이기도 했다. 첫 번째로, 엔화 절상을 보상하기 위해 통화정책이 완화됨에 따라 부동산과 주식시장에서 거품이 형성되기 시작했다. 두 번째로 엔고와 함께 일본에서 사업하는 비용의 증가는 일본의 가장 경쟁력 있는 수출 지향적인 기업체들의 역외이주를 초래했고, 국내 산업 및 시장 부문에 대한 보호의 필요성을 불러일으켰다. 그러나 이전에는 무역흑자에 의존하여 기업체에 주는 지원금을 충당했지만 점점 심화되는 국제 경쟁 구도에서는 이러한 관행이 지속될 수 없게 되었고, 이는 결과적으로 국가 내부뿐만 아니라 외부로부터도 개혁에 대한 압력을 초래했다.

일본에서 금융자유화가 은행과 산업 부문의 긴장을 완화시키고, 정부기구의 정책수단들을 약화시켰다는 사실에 비추어 개혁 자체는 강력한 폭발력을 동반한 상징성을 내포한다고 할 수 있다. 다른 부처와 마찬가지로 일본 재무성은 변화에 완강하게 저항했지만, 사실은 그들의 영향력을 제한시키는 그 개혁 과정을 통해 자체 권력을 유지하고자 했다(Amyx, 2004). 금융규제는 주로 정부의 담당 기관과 금융제도 부문의 비공식적인 네트워크에 기초하여 이루어졌으며, 규칙에 따른 절차라기보다는 자유재량에 의존했다는 점이 특징적이다. 금융 부문의 통합이 세계화 과정의 여타 측면보다 훨씬 많이 진행되어 왔고 일본 국내의 규제체계에 커다란 영향을 미칠 수 있다는 가능성을 고려할 때, 일본의 금융 부문 개혁 과정에서 나타난 제한된 범위의 효과는 흥미로운 사실을 보여 준다. 개혁의 사회적 필요성에도 불구하고 개혁에 대해 국가가 상대적으로 작은 영향력을 행사할 수밖에 없었던 것은 일본 국민 중 다수가 구(舊)체제에서 상당한 지분을 가지고 있어서 변화를 추구할 동기부여가 매우 낮은 상태였기 때문이다(권영주 외, 2001). 그러므로 일본이 당면한 문제는 기존의 정치적 권력과 사회적 토대에서 벗어날 수 없었기에 정치개혁 및 발전국가의 효율성을 지속적으로 감소시켜 왔다는 데 있다.

일본의 발전국가가 전후 회복을 이루는 데 중요한 역할을 한 것은 분명하지만, 이와 함께 발전국가의 사회적 역기능도 증가했다는 점을 간과해서는 안 된다. 강력한 국가자율성과 동원능력을 바탕으로 하는 전성기에도 발전국가는 공적자금을 낭비하는 등 특수한 이해관계에

얽혀서 정책운영을 제대로 관리하지 못했다(주노종·이우형, 2017). 그러므로 일본 정치체제의 최대 특징이자 약점은 주요 개혁을 추진할 정치적 의지나 능력이 없다는 점이며, 그 결과 오늘날 일본은 불확실한 상황에 직면해 있다. 일본의 근원적인 위기는 기존 모델에 집착하는 데서 기인하기보다 새로운 것으로 혁신하지 않은 채 미래의 모델을 찾으려는 노력을 포기한 데서 찾을 수 있다. 이와 같이 일본의 사례는 아시아 지역뿐만 아니라 많은 개발도상국에 발전 경로에 관한 깊은 통찰력과 의미 있는 사회적 함의를 제공함으로써 유용한 비교연구의 잣대가 된다고 하겠다.

4. 사회적 토대

발전국가에 기초한 자본주의 발전 양식은 고도성장과 급격한 사회발전을 특징으로 하는 일본 모델의 핵심 요소로 이해되어 왔다(So, 1990; Wade, 1990b). 그러나 경기침체와 외환위기를 거치면서 이에 대한 시각이 완전히 바뀌었다. 즉 다원화된 세계화 시대에 발전국가를 뒤떨어진 것으로 간주하고 정치·경제 체제에 대한 근원적인 제도 개혁을 주장하고 있다(Gibney, 1998; Katz, 1998). 일본의 개혁 과정에 대한 연구들은 발전자본주의 양식을 재정비하는 데 초점을 두고 진행되어 왔지만(Hall, 2004), 새로운 발전 방향과 변혁 과정이 기존 발전 양식을 완전히 해체한다고 말하기는 어렵다. 예를 들어 정치·경제 엘리트의 네트워크 구조는 발전국가의 핵심 요소이기 때문에 관성적인 흐름이 충분히 가능하다(Önis, 1991; Vogel, 2006). 그럼에도 국가의 발전전략은 사회구성원이 지지하고 공유할 때 지속적으로 실현 가능하다는 점에서, 발전국가는 사회적 토대를 필요로 하게 된다(Davis, 2004).

일본이 전후 고도성장을 이룬 것은 체제안정이나 성장 및 수출 정책을 국가가 선도적으로 추진했기 때문이 아니라, 인적·사회적 자원을 효과적으로 지원하고 발전전략을 지지해 주는 사회구조에 기인한다고 할 수 있다. 경제성장의 핵심 동력은 노사관계의 안정화이며, 이는 이후 일본의 고용 모델로 통합되어 고용보장과 보수 및 승진에 관한 연공서열, 구성원의 협동관계라는 구조적 특성을 배태하게 된다. 노사관계의 제도화는 기업 및 산업의 효율성을 바탕으로 확장되었는데, 그 이면에는 일본 사회의 가부장적인 전통 안에서 회사를 가족 또는 공동체로 보고 구성원 간의 깊은 연대를 강조하는 가치체계가 자리하고 있다. 고용 모델이 중소기업에까지 적용되는 등 일본의 지배적인 규범으로 자리를 잡으면서 국가는 노동력을 경제성장전략에 효과적으로 통합시킬 수 있었다.

다른 한편으로 일본의 발전 양식은 가족구조에 훨씬 더 깊은 뿌리를 두고 있다. 급격한 도시화와 근대화 과정에서 새로운 가족의 역할을 통해 구조적 변화가 일어나면서 여성이 본격적으로 국가의 성장전략에 통합되는 단계로 진입한다. 도시 가족의 이상형은 남성이 가족의 생계를 전담하고 여성은 현모양처로서 가사업무를 맡는, 남녀의 사회적 역할에 따른 분업으로 특징지어진다. 서구에서 평등한 성 역할에 의한 분업구조가 지배적인 유형으로 자리 잡아 가는 동안 일본에서는 남성 위주의 위계질서에서 역할분담에 따른 정직과 성실의 규범이 강조되고, 가정관리와 자녀교육은 여성의 의무가 되었다(Reischauer and Craig, 1973).

표면적으로는 여성이 사회발전에서 보조 역할을 하는 것처럼 보일 수도 있지만, 남성이 업무에 몰입하여 생산활동을 통해 발전국가의 전략에 통합될 수 있도록 지지하는 실질적인 역할을 수행해 왔다. 우선 남성은 가사 및 육아 노동에서 자유로워 기업체나 국가 및 사회조직체에 완전한 노동력을 제공함으로써 일본의 평생고용 모델이 완성될 수 있었다. 만약 가사 의무를 전담하는 여성의 역할과 지지가 없었다면, 남성은 회사 업무에 완전히 집중하여 조직체와 일체가 되는 소위 '회사인간(company man)'이 결코 될 수 없을뿐더러, 국가는 경제적 성과를 이끄는 동력을 상실했을 것이다.[1]

일본에서 남성의 안정적인 고용상태와 달리 여성의 노동인력은 경기의 순환 주기와 외부 충격을 흡수함으로써 노동시장에 유동성을 제공한다. 제도화된 성 역할에 순응하고 복종하는 여성은 처음부터 노동시장에서 남성과 동일하게 취급받는 것을 기대할 수도 없고 기대하지도 않기 때문에 여성노동력에 대한 차별은 불만이나 노조 파업으로 이어지지 않았고, 그에 따라 경제성장을 저해하지 못했다. 무엇보다 여성이 노인복지에서 중요한 역할을 담당한다는 점을 강조할 필요가 있다. 경제성장기에 대다수 노년층을 주로 큰며느리를 포함하여 가족이 돌보았기 때문에 국가가 지불하는 복지비용 부담을 낮춤으로써 작은 복지체계를 유지할 수 있었던 것이다(Yu, 2005). 사회복지 및 간병 서비스를 제공하는 여성의 역할은 생산적 복지국가를 향한 길을 터주어 향후 국가의 복지계획을 효과적으로 추진하는 데 크게 기여했다. 요컨대 노동시장과 사회복지 분야에서 여성은 중요한 역할을 수행해왔으며, 발전 양식의 숨겨진 사회자본으로 일본의 가족 모델이 제도화되는 데 크게 공헌했다.

1 비록 일본의 이상적인 가족 모델에서는 여성의 역할이 가사에 국한되었지만, 여성인력이 시간제 노동 및 임시직 업무에 종사하거나 가족회사의 일을 돕는 일종의 보조노동력으로서 노동시장에 적극 참여했다는 사실을 간과할 수는 없다(Suh, 2017).

발전자본주의 양식의 고도화 과정을 통해 세계 경제의 주요 주체가 된 일본은 사회구성원에게 수동적인 지지 이상을 요구하게 되었고, 이에 따라 국민 대다수가 국가의 발전계획에 적극 참여하고 그에 통합되는 과정이 진행되어 왔다. 일본의 전통사회는 자기수양, 근면, 신뢰와 같은 가치를 공유할 뿐만 아니라 전후 농지개혁을 통해 국가가 그들의 미래를 약속하고 운명을 개선할 수 있다는 학습효과를 경험한 바 있다. 반대로 1980년대에는 대규모 인구이동으로 도시 인구가 급격하게 증가했지만, 사실 국가의 성장계획과 특별히 관련이 있었다고 보기는 어렵다. 그렇다면 왜 사람들이 발전국가 양식을 계속해서 지지하는지, 그리고 왜 기업체나 정부의 경제목표에 자신들의 목표를 통합시켰는지가 중요한 쟁점이 된다. 그 대답은 일반적인 중산층 모델이 제도화를 거치면서 사회적 토대가 완성되었으며, 이러한 과정을 통해 일본의 사회구성원들은 그들의 삶을 어떻게 살 것인지, 그리고 무엇이 성공적인 생활방식인지 명확히 인지하게 되었다는 데서 찾을 수 있다.

사실 일본을 중산층 사회로 바라보는 것은 서구의 관점에서 영향을 받은 탓도 있지만, 상징적 조작이라는 일본 대중매체의 역할도 간과할 수 없다(Ishida, 1993). 이러한 관점에 따르면 일본은 여타 선진국과 달리 기회와 결과 면에서 상당히 특징적인 사회적 형평성을 유지하고 있다(Lefranc, Ojima and Yoshida, 2014). 객관적 차원에서 가구별 소득분포는 국제 지형에서 매우 높은 수준의 평등성을 보여 준다. 나아가 실력을 중시하는 학교 체계를 기반으로 교육적 성과의 중요성을 강조하는 일본 사회는 매우 개방된 사회계층 및 이동의 구조를 갖게 되었다. 동아시아 국가들이 그렇듯이 일본도 학력을 중시하는 사회의 대표적인 사례라고 할 수 있는데, 우수한 입학 성적과 소위 명문 학교 졸업은 일본 사회에서 성공적인 경력을 쌓는 데 필수적인 전제조건이 된다. 사회적 성공을 위한 열쇠라 할 수 있는 계층화된 고등교육기관에 입학하려면 치열한 경쟁 속에 어려운 시험을 통과해야 한다. 따라서 주어진 삶에서 가장 높은 위치에 도달하는 것은 사회적 신분이 아닌 개인적 노력의 결과로서, 계층 상승 이동에 따른 사회적 보상과 형평성을 유지하는 데 교육이 중요한 통로 역할을 한다.

앞서 살펴보았듯이 발전 과정의 초기 단계에서 이루어진 고용 모델과 가족 모델을 결합한 중산층 모델은 이상적인 생애경로와 성공적인 삶을 단계별로 규정함으로써 발전국가의 사회적 토대를 강화해 주었다. 일단 일본 사회의 생활방식에서 사회구성원은 열심히 공부해 상위 대학교에 입학하는 것을 생애 첫 목표로 삼는다. 대학 졸업 이후에는 전문직 또는 사무직 근로자로서 좋은 직업을 가짐으로써 학업에 대한 노력을 보상받으며, 대기업이나 정부 등 공공기관에서 평생고용을 보장받는다. 남성이 노동생애를 고용주에게 바치는 과정을 통해 출세의 길을 걷는 데 비해, 여성은 성공을 쌓아 가는 남성과 결혼하여 가정의 안정과 가족구성원의 성공에 헌신하게 된다. 아내는 남편을 내조하고 노부모를 봉양할 뿐만 아니라 자녀들의 인성과 교육적 성과를 위해 중요한 안내자 역할도 수행하게 된다(Hirao, 2001). 자녀가 교육적으로 성장하도록 관리하고 성공적인 삶의 방식과 가치관을 전수하면서 남성과 여성 모두에게 사회·경제적으로 행복한 삶을 완성하는 것이 곧 발전국가의 전략에 부합하는 것이다.

이와 같이 일본 사회에서 삶을 구성하는 방식은 발전자본주의의 중요한 자산으로서 의미를 지닌다. 교육에서 극심한 경쟁은 결과적으로 우수한 학업능력과 높은 노동생산성을 갖춘 노동자를 양산하여 일본의 경제성장에 크게 공헌한다. 이러한 과정은 단순히 구성원들에게 직업과 일에 관한 의식만 심어 주는 것이 아니라 어떻게 살아가야 하는지에 대한 가치체계의 기준을 제시하며, 발전국가의 필요성을 충족시키는 근원적인 사회적 토대를 구성한다. 미국의 자유자본주의에서는 자수성가한 기업가가 개인적인 자질과 특성을 바탕으로 하는 삶의 방식을 대표한다면, 일본에서는 사회적 토대의 지원을 바탕으로 국가 관료제와 대기업에 가장 우수한 인적자원을 공급, 관리한다는 점이 특징이다.

또한 발전자본주의의 사회적 토대는 경쟁과 평등의 절묘한 균형 체계와 연관되어 있다. 일본 사회에서 평등성은 모든 사회구성원에게 분명한 삶의 목표를 제시해 줄 뿐만 아니라, 사회생활을 이해하고 실천하도록 함으로써 주어진 목표들을 성취하는 데 필요한 성공과 나눔의 개념을 제공한다. 예를 들어 혼자 해도 되는 일을 두 사람 이상이 함께 하는 경험 등을 통해 업무의 공유문화가 뿌리 깊게 정착되도록 유도하는 것이다. 치열한 경쟁에 따른 가시적 성공뿐만 아니라 평등성과 공정성의 조합은 일본의 경제적 역동성을 설명해 주는 중요한 원천이라고 할 수 있다.

일본의 생활방식은 대다수 구성원에게 하나의 준거 틀로서 매력적인 유인을 가지며, 일상생활의 경험은 규정된 삶의 목표를 성취하는 데 필요한 문화적 가치체계를 보여 준다. 안정된 경제성장과 혁신적인 기술발전은 실업률과 사회적 불평등을 줄이고 생활수준을 높이는 결과를 가져다주었다. 결과적으로 사회적 상승이동은 양질의 직업이 계속 창출됨으로써 가능했으며, 그 결과로 신중산층의 비중도 지속적으로 증가했다. 일본 생활방식의 이상형은 많은 구성원에게 실현 가능한 것으로 다가왔으며, 이상적인 삶의 방식을 획득할 가능성은 남성의 교육수준 및 취업 분야와 밀접한 관계가 있었다.

사회구성원이 발전국가의 이념적 지향점에 부합하는 문화적 가치체계를 내면화함에 따라 개인의 성공은 조직과 국가의 경제적 성공으로 연결되었다(서문기, 2015b). 이러한 사회적 모델을 바탕으로 일본의 사회구조는 다양한 수준에서 균형 있게 조합되어 국가의 경제성장이라는 목표를 추진하는 원동력이 되었던 것이다. 여기서 경제성장과 사회발전의 연결고리로서 사회구조의 피드백 기제에 유의할 필요가 있다. 사회·문화적 가치체계는 실제로 경제성장에 따른 사회적 상승이동의 흐름을 지속시킴으로써 사회구조를 강화하고 경제성장을 촉진했다. 일본 발전자본주의의 성공과 역동성은 발전국가의 주도적 역할에서 파생된 것이 아니라, 사회구조와 문화적 가치체계의 핵심 요소가 긴밀하게 조합되어 나타난 것이며, 단순한 총합 이상의 체계로서 상호작용과 상승효과가 뒤따른 결과다.

5. 발전 모델의 도전과 가능성

전후부터 1990년에 이르기까지 일본은 국가와 사회의 통합성을 유지하면서 함께하는 나눔의 성장 단계를 경험했다. 국가의 경제적 성공 신화는 사회구성원으로 하여금 내면화된 가치를 공유하게 함으로써 국가의 발전전략에 지지와 호응을 보내게 했다. 그러나 1990년대에 접어들면서 소위 거품경제가 붕괴하기 시작함에 따라 일본은 경제적 정체 단계에서 잃어버린 20년의 시기로 빠져들면서 장기간 경기불황을 거듭했다. 이러한 변화는 발전국가의 사회적 토대에 심각한 균열을 일으켰다. 특히 기존의 이상적인 생애주기유형의 변화는 고용, 가족, 중산층의 사회적 모델에 대해서 점차 새롭고 도전적인 양상을 보여준다.

[그림 6-1]의 대졸자 취업률은 리먼 쇼크 직후인 2011년 91%에서 2018년 98%에 이르기까지 7년 연속 상승했으며, 제조업 고용자 수가 다시 1천만 명을 넘어서 경기회복과 일손 부족 상황을 함께 보여준다. 국가 공무원과 대기업 사무직의 비중도 40% 이상 증가했는데,

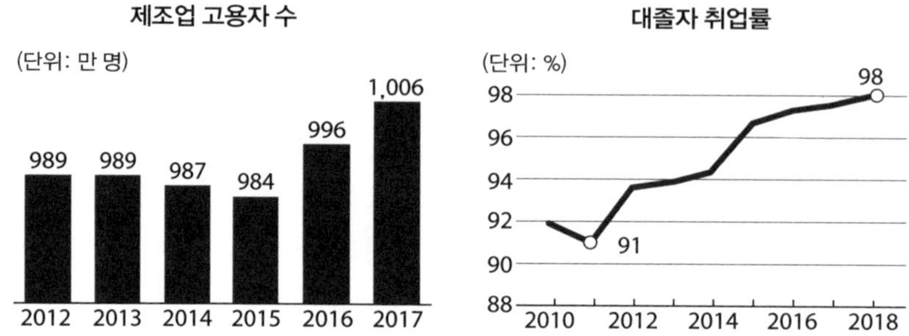

출처: 厚生労働省(2018).　　　출처: 文部科学省(2018).

[그림 6-1] 일본의 최근 고용 추이

〈비정규직 비중(%, %p)〉	2000(A)	2017(B)	(B-A)
▶전체	26.1	37.3	11.2
▶남성	11.7	21.9	10.2
▶여성	46.7	55.5	8.8
▶노년층	54.1	74.4	20.3

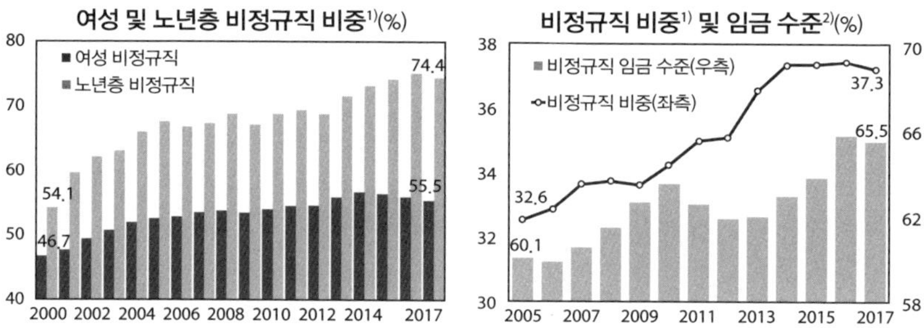

주: 1) 임원을 제외한 여성 및 노년층 직원 중 비정규직 비중
출처: 厚生労働省(2018).

주: 1) 임원을 제외한 직원 중 비정규직 비중
2) 월평균 급여 기준
출처: 厚生労働省(2018).

[그림 6-2] 일본의 비정규직 비중 변화

이는 개인 및 가족 차원에서 이상적인 생애주기와 삶의 방식이 여전히 유효함을 반영하는 것이다(박병걸, 2017). 그러나 높은 취업률의 이면을 들여다보면, 2017년 기준으로 임금 수준이 낮은 비정규직은 2,038만 명으로 전체 노동자의 37.3%를 차지해 지속적으로 증가하는 반면, 정

규직은 좀처럼 늘어나지 않는 추세다. [그림 6-2]에서 나타나듯이 비정규직 노동자 중 가장 많은 비중을 차지하는 집단인 여성과 노년층은 2017년 기준으로 각각 55.5%와 74.4%를 기록했다. 같은 시기 여성과 노년층 취업자 가운데 94.4%(438만 명)와 84.5%(240만 명)가 비정규직 상태로 머물러 있어 임금상승 부진의 중요한 요인으로 작용했다. 이 같은 여건은 실제 가계소득과 소비지출이 둔화하면서 낮은 노동소득 분배율로 연결되어 소득불평등을 심화시키고 있다. 역으로 인적자본의 효율적 배분을 높이고 여성 및 노년층 인력이 정규직으로 흡수된다면 고임금·저효율 구조를 배태하게 된다.

경기침체기에는 일본의 고용 모델에 대한 압력도 심각하게 다가와 일본의 고용 모델이 여전히 적합한지 또는 외부의 노동시장에 대한 의존도가 높아져야 하는지 등이 주요 쟁점이 된다. 기업체의 구조조정이나 변화된 인적자원의 관리가 중요해진다고 하더라도 제도적인 수준에서 일본의 고용 모델이 완전히 붕괴되었다고 할 수는 없다(Rebick, 2005). 실제로 일본의 기업들은 구조조정을 꺼려하며 발전 과정 초기 단계에 태어난 베이비 붐 세대를 포함하여 대부분의 사람들은 고용보장이라는 암묵적 합의사항을 계속 유지하는 것처럼 보인다. 그러나 오늘날에는 일본의 전통적인 고용 모델에 포함되는 취업자와 근로자의 비율은 감소하는 데 비해, 비정규직 종사자는 점차 증가해 산업공동화 현상이 뚜렷하게 진행되고 있다. 더욱이 일본 기업의 보수적인 가치체계로 인해 젊은 층이 경기불황에 취약한데(김정규, 2014), 이는 기업체가 직원을 해고하지 않으려고 하는 동시에 경기침체 등 위기에 적응하기 위해 젊은 근로자를 신규 채용하지도 않기 때문이다.

[그림 6-3]에서 알 수 있듯이 노동인구의 구조 변화와 정년연장 등으로 노동시장의 고령화가 진행 중이다. 여성의 경우 고학력자 및 취업자 수가 증가하고 있지만, 가사 및 육아 부담과 고용불안을 안고

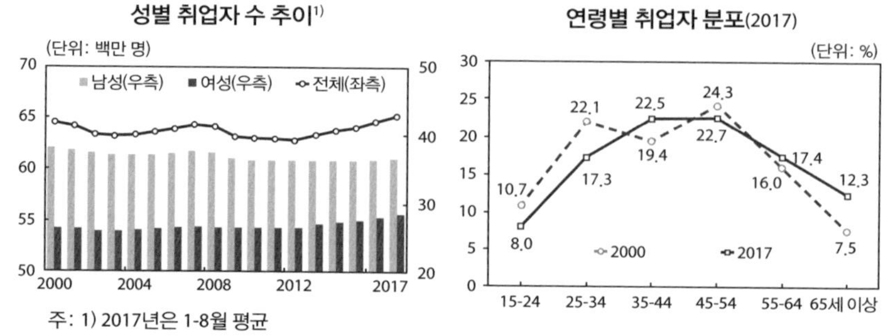

출처: 総務省統計局(2018).

[그림 6-3] 일본의 성별, 연령별 취업자 현황

있기 때문에 노동시장의 냉혹한 현실에 직면할 수밖에 없다.

가족 모델의 핵심 부분인 여성의 사회적 역할은 전후시대의 유산으로 시대에 뒤떨어졌다는 비판을 받았다. 일본의 여성운동은 서구 페미니즘에 기반을 두고 성역할의 새로운 관점에서 시작되었다. 이전의 여성운동은 여성의 권리를 확장하는 데에만 초점을 두었을 뿐 남녀 분업에 대해서는 문제제기를 하지 않았다. 이후 여성운동은 전통적인 여성의 사회적 역할을 비판하기 시작했고, 사회에서 여성의 동등한 참여를 주장했다. 오늘날 남성이 여성보다 직장 업무를 더 잘 수행한다는 데 동의하는 비율은 24.7%로 낮게 나타나, 남성과 여성의 전통적인 노동 분업에 대한 사회적 수용성이 크게 떨어진 것으로 보인다(厚生労働省, 2018).

일본의 고용 모델에서 성별 노동시장은 출발점부터 달랐는데, 그 차이가 점차 확대되면서 분업의 역할을 둘러싼 아노미 현상이 나타나는 것이 더 큰 문제다. 특히 전문적인 경력을 추구하는 여성은 가정과 직장 양쪽의 업무조정에서 종종 딜레마에 빠지곤 한다(Sugihara and Katsurada, 2002). 일본 기업이 경력직 취업자에게 요구하는 수준이 상당히 높기 때문에 전통적인 가족에 대한 책임을 함께 수행하기가 어렵다. 반면에 일본 인구의 90.8%가 여전히 자신의 삶에서 가족이 가장 중요하다고 응답하고 있으며, 65.5%가 육아를 포함한 가사 업무 또한 직장 업무만큼 중요한 것으로 간주하고 있다(World Values Survey, 2020). 이와 같은 결과는 가사에 대한 이상적인 역할의 가치체계가 남아 있음을 보여 준다. 하지만 전문직 여성의 위상이 변한다고 하더라도 현실적으로 일본의 가족 및 고용 모델에서 가족으로서의 책무와 직업인으로서의 경력 사이에 균형점을 찾기란 거의 불가능하다.

일반적인 중산층 모델의 유용성에 대한 논의도 현재진행형이다. 평등성에 대한 지나친 강조는 경기회복과 적절한 경제적 불평등 유지에 방해가 되며, 일본 사회에서 최근 나타나는 평등성에 대한 혐오와 대조적으로 중요한 화두가 되고 있다. 정부정책과 관련된 전문가 집단에서는 성장 경로의 회귀를 활성화하기 위해 '평등' 대신에 '경쟁' 개념을 강조하는 경향이 많다(Fujimoto, 2017). 적어도 국가 엘리트 집단에서는 정체된 계층구조를 더 이상 지지하지 않는다. 이는 나눔과 평등을 추구하는 단계에서 벗어나 경쟁과 개인주의를 바탕으로 하는 신자유주의 발전 단계로 이동하고 있음을 의미한다. 그 결과로 일본 사회의 소득분포는 점점 더 불평등해지고 있으며, 소득불평등의 심화 정도가 미국보다 더 큰 것으로 확인된다(OECD, 2017).

[표 6-2]에서 나타나듯이, 인구 비중이 4.1%에 불과한 자본가계급의 소득은 인구분포에서 가장 높은 비중을 차지하고 있는 노동자계급의 소득보다 2.3배(정규직 대비)에서 4.6배(비정규직 대비) 많다. 노동자계급 내에서도 정규직과 비정규직 간에 커다란 편차가 있으며, 빈곤율이 상대적으로 높은 구(舊)중간계급이 감소하고 전문직을 중심으로 새롭게 등장하고 있는 신(新)중간계급은 반대로 높은 비중을 차지한다. 전반적으로 남성의 미혼율이 높으며, 특히 비정규직 남성 노동자의 미혼율(66.4%)은 매우 심각한 상황이다. 계급격차는 여러 가지 이질적인

[표 6-2] 일본의 계급구조(2007)

계급지위	인구 (만 명)	남성 (만 명)	여성 (만 명)	연평균수입 (만 엔)	빈곤율 (%)	남성 미혼율 (%)
자본가	254 (4.1%)	194 (5.4%)	60.1 (2.2%)	861	4.2	12.9
신중간계급	1,285 (20.6%)	866.9 (24.2%)	418.5 (15.6%)	499	2.6	18.0
구중간계급	806 (12.9%)	533.3 (14.9%)	272.6 (10.2%)	303	17.2	-
정규직	2,192 (35.1%)	1,454.3 (40.7%)	738.1 (27.6%)	370	7.0	31.0
비정규직	929 (14.9%)	526.9 (14.7%)	40.1 (15.0%)	186	38.7	66.4
파트타임 주부	785 (12.6%)	-	784.7 (29.3%)	-	-	-

자료: 橋本健二(2007: 125-139)에서 재구성.

요소를 반영하지만 불평등 해소의 필요성에도 불구하고 향후 이러한 구조가 지속되거나 심화될 가능성을 배제할 수 없다.

일본 경제 엘리트의 충원 방식과 관련하여 한 가지 흥미로운 사실은 1990년대 이후 사회적으로 점점 더 폐쇄적이 되고 있다는 점이다. 또한 기업에서 고위직에 오르는 경로도 사회적 신분에 좌우되는 경우가 많아져 성취지위보다는 귀속지위의 성격을 지닌다. 이러한 현상은 일본 사회에서 전통적인 중산층 모델의 작동에 근원적으로 문제를 제기하는 단초가 된다. 국가 및 사회 엘리트 집단들은 사회적 평등의 해체를 바라면서 일반적인 중산층 모델을 더 이상 지지하지 않으며, 대다수 사람들이 그러한 과정이 진행된다는 것을 일상생활에서 충분히 경험하고 있다(Pekkanen, 2004). 가구별 소득불균형이 전반적으로 증가하고 있으며, 기존에 이상적으로 여겨지던 생애주기를 성취하기란 쉽지 않다. 심지어 명문대에 입학하더라도 졸업 이후 대기업이나 공공기관의 안정적인 일자리가 보장되지 않는다. 즉 일본 발전 모델의 구조는 이미 균열되기 시작했으며, 변화의 필요성은 시간문제라고 할 수 있다.

물론 사회구성원에 대한 구조적 압력에도 불구하고 현 단계에서 사회적 토대가 완전히 붕괴할 거라고 예단하기는 아직 이르다. 만약 일본 경제가 성장 경로로 점차 복귀한다면 사회적 토대는 다시 적응하거나 강화될 수 있다. 지속적인 경제성장은 고용 모델의 안정화도 가져오며, 자격을 갖춘 양질의 노동력이 다시 부족해지면 기업체는 가능한 한 많은 노동력을 고용할 뿐만 아니라 계속 유지하려고 노력할 것이다. 2017년 노동시장의 대학 졸업자에 대한 수요는 1980년대 말 수준으로 증가하고 있으며, 이러한 흐름은 상대적으로 점진적인 경제성장 기조 속에서 앞으로도 몇 년간 지속될 가능성이 높다(総務省, 2018).

오늘날 일본의 핵심 가치는 실용주의와 융통성 있는 적응 능력이며, 이러한 변화를 통해 중산층 모델은 공공 및 민간 영역에서 직업을 가진 여성에 대한 제도적 지원과 함께 가족 모델에서 제시하는 역할을 재설정해 줄 수 있다. 그러나 경제적 차원보다 발전자본주의의 사회적 토대가 훨씬 더 근원적인 문제다. 경기불황 위기가 가까운 장래에 극복되더라도 구조적 요인으로서 비정규직 노동자 문제, 성별 역할에 대한 갈등, 중산층 몰락 등이 심화 또는 확산된다면, 사회적 모델의 근원적인 재구성이 필요할 뿐만 아니라 일본 사회의 발전 전망에 대한 매력이 감소할 수밖에 없다.

6. 일본 사례의 함의

일본의 발전국가 모델은 성공과 실패에 관한 다양한 관점에서 상이한 평가가 가능하며, 현재 상당수의 구조개혁 안건이 진행 중이고 장·단기 전망이 혼재해 있기 때문에 그 효과가 나타나기까지는 다소 시간이 걸릴 수밖에 없다. 2012년 12월 26일 아베 정권이 출범한 이후 일본의 경제성장이 회복되고 2018년 2.4%의 완전 실업률을 보이는 것은 단순히 수치 저하가 아니라 노동수요가 확대되고 있음을 말해 준다. 과감한 통화완화 및 재정정책과 민간투자를 촉진하는 성장전략으로 경기회복의 전기를 마련해 장기침체와 디플레이션에서 탈출하는 데 성공했다. 그러나 경제 추진 과정에서 중소기업, 비정규직, 불평등, 인구변화 관련 정책의 차별화된 효과에서와 같이 부정적인 결과가 수반되면서 이에 대한 대응이 더욱 중요한 함의를 지닌다. 성장 기반을 정비하고 사회적 지지를 강화하기 위해서는 노동시장의 구조조정 및 개혁, 사회이동 활성화 및 사회보장 확대 등 주요 과제의 해결이 필요한데, 이러한 과제는 많은 사회적 갈등과 저항을 촉발하기 때문이다.

이와 같은 맥락에서 일본의 경기회복은 사회구조 변동에서 중요한 전환을 의미한다. 고도의 자격을 갖춘 전문직 종사자로 구성된 신중산층이 증가함에 따라 사회적 모델에 통합된 이상적인 생애주기는 전반적으로 혹은 최소한 부분적으로라도 실현 가능한 것으로 변하고 있다. 그러나 신중산층으로의 상승이동이 훨씬 더 일반화된다면 그러한 사회적 지위에 대한 만족도는 점차 줄어들 것이다. 발전국가 모델의 장점을 유지하기 위해서는 신중산층이 상승이동의 다음 단계인 최상의 엘리트층으로 이동해야 한다. 하지만 현실적으로 대다수 일본 국민이 공공 및 민간 영역에서 그러한 위치에 오르기는 쉽지 않다. 더 많은 대학 졸업자와 신중산층이 양산되더라도 어느 사회든지 엘리트의 위치는 항상 제한적이기 때문이다.

일본은 현재 사회적 신분의 상승이동에서 천장에 도달한 단계다. 이러한 구조적 문제는 완전히 새로운 것이 아니며, 그 신호는 초기 발전 단계에서부터 이미 나타나고 있었다. 대기업의 인력 충원 관행에서 나타나기 시작한 불공정성에 관한 사회적 관심이 대표적이다. 이는 오래전부터 명문대 출신에게 더 나은 직장을 제공해 왔다는 사실에서도 확인할 수 있다. 다만 오늘날과 비교할 때 차이점은 높은 경제성장과 신중산층의 확장을 가정하는 경우에도 이미 그러한 사회적 위치에 도달한 많은 사람에게 사회적 신분상승을 더 이상 제공할 수 없다는 것이다. 사회적 모델의 근본적이고 가장 중요한 요소인 높은 신분을 획득할 가능성이 대다수 사회구성원에게 발전국가의 성장전략을 매력적인 요소로 여기도록 유인해 왔지만, 이는 가까운 미래에는 더 이상 가능하지 않다.

또 다른 구조적 요인인 일본의 심각한 인구학적 변동은 사회적 토대의 지속성에 커다란 영향을 미치고 있다. 저출산·고령화로 인해 피부양 인구 비율이 높아짐에 따라 소득분배구조가 악화되고 있고, 가족형태의 변화, 청년층과 고령자의 세대 갈등, 1인 세대 증가, 부와 교육의 대물림 현상 등 다양한 사회인구학적 변화가 격차사회를 초래하는 요인으로 작용한다. 만약 경제가 다시 성장하기 시작한다면 고령화 과정을 포함하여 인구학적 흐름은 사회적 모델을 강화할 수 있을 것이다. 노동력이 감소하면서 나타난 공급 부족 현상은 고용 모델과 이에 맞춰 새롭게 조정된 가족 모델을 다시 유용하게 기능하도록 만들 수 있다. 그러나 장기적으로는 고령화 과정의 부정적인 효과로 인해 현재의 사회적 모델은 근본적으로 도전을 받을 수밖에 없으며, 노동력 부족을 극복하기 위해서는 세계화 과정과 이민정책이라는 두 가지 현실적인 전략이 선택지로 남아 있을 뿐이다.

먼저 일본 경제의 세계화는 기업체가 추진하는 외국인직접투자의 결과로 나타나는데, 많은 기업이 북미와 유럽, 중국, 동남아시아 등 해외 지역에 대량생산기지를 광범위하게 구축해 오고 있다. 이러한 생산기지의 해외 이전은 때때로 경기침체의 숨겨진 원인으로 간주되기도 한다. 생산기지의 세계화는 국내 수요를 감소시키며 중소기업의 수익성 기반을 약화시킴으로써 경기회복을 방해하는 효과가 있기 때문이다. 아울러 산업생산 부문과 달리 수출이 상대적으로 어려운 서비스 부문의 저임금 직업군에서 노동력 부족을 경험함으로써 경제적 세계화는 제한적인 성격을 가질 수밖에 없다.

또한 이민자 문제에서 일본은 전통적으로 자국의 경계선을 개방하는 데 매우 인색하지만, 노동시장의 수요가 그다지 많지 않음에도 일본에 거주하는 외국인은 점차 증가하고 있다(Shipper, 2002). 이민자들은 일본 사회를 인종적 다양성과 계층화로 이끌 것이다. 그리고 이러한 변화는 결과적으로 일본 중산층 모델의 해체를 가져와 현재의 사회적 토대를 유지하기가 점점 더 어려워질 것이다. 일본은 경제적 세계화가 진행될수록 그동안 이념적 장치로 기능해 온 경제민족주의에 더는 의존할 수 없으며, 이민에 의한 사회적 토대가 재구성되어 발전 전략의 재설정 또한 검토해야 한다.

일본의 발전 모델은 국가 엘리트들에 의한 국가 주도형 발전전략에 기초하지만, 본 연구결과에서 제시하듯이 사회적 토대의 역할이 더 중요하다. 따라서 국가의 성장 과실(果實)은 개인의 성취와 밀접하게 연결되어 왔다고 할 수 있다. 초기 단계부터 발전국가의 성장계획은 구성원에게 요구되었던 일본의 생활방식으로 뿌리내림으로써 사회적 기능의 측면에서 성공적이었다. 정치적 현안에 대한 국가 엘리트와 국민들의 타협의 결과로서 개인의 발전이 나라의 발전이라는 국가와 사회의 정합성의 이상형을 많은 구성원들에게서 실현 가능하게 했다. 대부분 서구 경제보다 훨씬 강한 연대적 특성을 바탕으로 한 일본의 사회적 토대는 발전 경로의 특수성과 역동성을 보여 주는 중요한 요인이다.

다른 한편으로 경기침체기를 거치면서 일본의 사회적 토대는 구조적 긴장 및 위기의 징후와 함께 성찰의 기회를 제공해 준다. 경제성장의 원동력이었던 발전국가의 특성은 국내외 환경변화와 함께 그 효용성의 한계를 드러냈으며, 관료제의 배타적 자율성과 사회적 동원능력이 점차 약화되어 결과적으로 다원화된 시민사회라는 변화를 가져왔다. 성별 분업과 가족 모델은 더 이상 수용 가능하지 않으며, 고용모델에 완전히 통합되는 노동자의 비율은 점차 줄어들고, 사회적 평등성에도 의문이 제기되고 있다. 남녀 고용격차가 상당해 일과 가정의 균형과 공존이 어려우며, 비정규직 여성 노동인구가 점차 늘어나는 추세다. 노동시장의 이중구조가 심화되고 기업의 수익성 개선이 가계소득으로 충분히 이어지지 못하면서 분배구조가 악화되고 있는 것이다.

나아가 생활방식의 급격한 변화는 일본에서 가치체계의 분절과 아노미 현상을 초래하고 있다. 왜냐하면 개인의 노력을 통해 학업성취와 사회이동 경로를 획득하는 것이 쉽지 않아졌을 뿐만 아니라 교육적 성과와 경제적 성취도 대다수 국민에게 더 이상 유일하고 배타적인 목표가 될 수 없기 때문이다. 사회발전 단계가 양적 추구에서 질적 변화로 진입함에 따라 물질적 풍요보다 정신적 행복을 추구하고, 사람들은 자신과 자녀의 삶에 의미를 줄 수 있는 무엇인가를 찾게 된다. 이러한 과정은 궁극적으로 생활방식의 개별화와 다원화를 가져오며, 국가의 경제성장은 더 이상 사회구성원 전체가 공유해야 하는 가치가 될 수 없다. 그럼에도 정체되거나 연기된 개혁은 사회·경제적 불균형을 심화시키고, 저출산·고령화로 인구가 감소해 노동력 부족이 심각해지면서 고용호황이 정점을 지나 중단될 수 있다.

현재 일본은 인구 고령화에 따른 재정지출 확대와 국가의 재정적자라는 두 가지 과제를 함께 해결해야 하는 딜레마에 빠져 있으며, 발전 없는 성장은 훨씬 심각한 도전을 안겨 줄 것이다. 이것은 발전국가 모델의 폐기를 의미하는 것이 아니라, 발전 경로의 다변화를 통해 새로운 단계로 진입해야 함을 의미한다. 국가는 환경 변화에 따른 상황적 맥락을 이해하고 발전 전망과 전략 설계의 시기를 잘 포착해야 하지만, 사회구성원의 신뢰를 바탕으로 사회적 지지와 호응이라는 근원적인 토양 위에서 정책 추진 역량을 갖출 때 비로소 실질적인 사회발전을 기대할 수 있다.

제3부

글로벌 아시아의 자본주의 전망

제7장 동아시아 국가의 발전 경로

1. 발전국가의 이론적 지형

오늘날 대부분의 국가에서 경제성장과 산업화는 사회발전의 중요한 목표이자 생존전략이 되었다. 이러한 목표를 달성하기 위해 많은 국가가 다양한 발전전략을 모색하고 있으며, 그 가운데 동아시아의 특징적인 발전 경로는 자본주의 시장경제에 대한 국가의 역할과 관련하여 많은 이론적 쟁점을 제공하고 있다. 주지하다시피 동아시아 지역에서 급속한 경제성장과 산업화 과정은 유례를 찾기 어려울 만큼 괄목할 만한 성과를 보여 왔다. 실제로 동아시아 지역은 제3세계의 변혁 과정에서 선두주자로 자리매김했듯이 생산과 소비, 투자의 관점에서 신흥시장으로서 위상을 굳건하게 지켜 왔다. 그러다가 1997년의 외환위기와 2008년의 금융위기 등을 거치면서 국가의 역할과 정책 효율성에 강한 의문이 제기되었으며, 서구의 발전 경로와 비교하여 발전 패러다임의 부침을 단적으로 보여 주고 있다.

일련의 위기에 따른 낙진현상은 동아시아 발전 모델을 재평가하는 계기가 되었으며, 급격한 외부환경 변화는 학문적으로나 정책적인 차원에서 당연시해 온 가정들에 대해서 재고해 보는 출발점이 되었다. 아울러 세계 경제와 산업에서 커다란 영향력을 미치는 중국의 위상은 동아시아 국가들의 발전 경로에 대한 전망과 발전전략을 수정하게 만드는 중요한 변수가 되고 있다. 동아시아 국가들이 큰 비중을 차지하고 있던 외국인 투자 유입을 중국이 흡수해 가면서 광범위한 세계 공장의 역할과 함께 중국의 경제성장은 급속하게 이루어졌다. 이에 따라 동아시아 국가의 상대적 위치에도 상당한 변화가 나타나고 있다(윤상우, 2005). 기존 세계경제의 구도에 맞춰 왔던 틀에서 벗어나 동아시아 국가의 발전 경로를 다시 설계해야 하는 단계에 와 있는 것이다.

이론적 지형에서 발전 경로에 관한 논의는 매우 광범위하게 진행되어 왔지만 연구주제와 쟁점의 범주가 주로 경제 영역에 대한 국가의 역할에 편중되어 있다는 한계를 가진다(서문기, 2016). 이에 한국을 비롯한 동아시아의 경우 강력한 국가 주도의 발전 모델이 필요하다는 전통적인 주장(Amsden, 2001; Haggard, 1990; Johnson, 1982; Wade, 1990b)에 대한 검증이 요구되며, 발전의 중심축이 국가에서 시민사회로 이동함에 따라 사회발전의 결과가 다르게 나타날 가능성을 고려할 필요가 있다. 발전국가에 의해 지속적인 경제성장을 추구했던 동아시아 지역은 최근 위기 양상을 보이면서 발전 전망이 이전과 상당히 달라졌다는 사실에 주목해야 한다. 특히 비슷한 발전 과정을 거치면서 동일한 지역 문화권으로 분류되는 동아시아에서도 국가의 역할과 성격은 국가별로 큰 편차가 나타난다. 따라서 동아시아 국가의 특성과 발전 경로를 체계적으로 분석함으로써 발전 모델과 관련한 기존의 이론적 관점에 새로운 틀을 마련하는 것은 매우 유용할 것으로 기대할 수 있다.

주어진 사회의 발전 경로는 목표와 성과에 따른 평가와 전망을 반영하여 미래 청사진을 제시하고, 이에 관한 장·단기 추진전략과 정책을 수립하는 효과를 가져다준다(Hart-Landsberg, 1993). 사회·역사적 구성물인 발전 과정에 따른 효과는 각국의 특수한 사회·문화적 환경에 따라 다르게 나타났는데, 이는 국가의 역할이 이들 지역에서 구체적으로 어떻게 전개되어 왔는지를 반영한다(임현진, 2010). 이와 같은 맥락에서 동아시아 발전국가의 전망에 관해 목적지와 진행 방향을 알려 주는 정확한 지도와 나침반 역할을 할 핵심적인 연구문제는 다음과 같다. 동아시아 발전 경로의 보편성과 특수성을 어떻게 바라볼 것인가? 동아시아 발전국가의 핵심 요소는 무엇이며, 구조적 특색이 갖는 함의는 어떻게 이해할 수 있는가? 이에 본 연구에서는 동아시아 발전 경로의 특성을 아시아 자본주의 발전에 따른 거버넌스 구조에서 찾으며, 국가를 독립변수로 접근하는 기존 방식과 달리 종속변수로서 국가의 구성요소를 중심으로 거버넌스의 효율성에 영향을 미치는 요인에 대해 경험적으로 분석한다. 나아가 아시아 자본주의 정신을 진단하기 위해서는 핵심적인 발전가치가 반영된 분석 틀을 설계하는 것이 필요하다는 전제 아래, 포스트 발전국가 단계에서 문화적 가치체계의 중요성을 검토하여 발전이론의 지형에 대한 대안적 모델과 함의를 제시하고자 한다.

사회발전의 성공과 실패에 관한 요소를 분석하기 위해서는 발전 과정에 연관된 다양한 원인과 결과를 체계적으로 분류하여 평가하는 작업이 관건이다. 사회발전은 구조적으로 특징적인 과정을 포함하며, 발전 과정이 하나의 모델이나 패러다임으로 특화되기 위해서는 이에 관한 개념 틀을 분석하고 관련된 핵심 명제를 검증하는 단계가 필요하다. 더욱이 국가 간 비교분석은 주어진 환경에서 공통분모를 추출하여 이론적으로 제시된 인과관계가 동일한 성격인지 규명하는 데 방점이 있다(Przeworski, 2000). 동아시아 발전 모델의 공통분모는 강력한 발전국가의 역할에 있으며, 이론적으로 시장의 원활한 기능을 강조하는 자유주의적 접근부터 시장경제에 대한 국가 개입을 강조하는 보수주의적 접근에 이르기까지 매우 다양하다(Vogel, 1991). 방법론은 사회의 발전 과정에 대한 심층서술법 등 질적 분석에서부터 국가 간 회귀분석을 포함하는 양적 분석에 이르기까지 광범위하며, 질적 접근과 양적 접근의 분석결과가 일치하느냐가 쟁점이 되기도 한다(Rueschemeyer, Stephens and Stephens, 1992).

발전이론 가운데 시장기제론이 국가의 개입이나 규제로부터 자유로운 시장기제의 긍정적인 효과를 강조하는 데 비해, 신자유주의는 시장을 창출하고 유지하는 데 필요한 국가의 역할을 인정한다(Balassa, 1988). 두 진영의 기본 주장은 자유로운 경쟁이 경제발전을 가져다주며, 이에 따른 제도적 경쟁력은 사회발전의 결과를 설명해 준다는 것이다(Kennedy, 2009). 예를 들어 해외시장은 경제적으로 발전할 수 있는 기회를 제공하며, 경제성장은 정치적 민주화를 이끄는 원동력이 된다. 산업화는 교육, 의료, 복지 등의 발전을 가져와 전통사회의 저(低)발전적 속성을 없애는 데 이바지하지만, 전통적인 가치체계는 자본주의적 정치·경제 발전에 공헌하지 못하며, 구성원의 성취욕구를 강조하는 개인주의 가치를 수용하는 데 장애요소가 될 뿐이다(Lal, 1985).

반면에 국가의 역할을 강조하는 진영에서는 생산 과정에서 나타날 수 있는 시장 기능의 부정적인 왜곡 가능성에 유의한다(Krueger, 1990). 국가 개입을 최소화하고 시장에 맡겨 두면, 시장의 독점 기능이 강화될 뿐만 아니라 국가 목표에 부합하는 발전 과정과는 점점 멀어진다고 경고한다(Deyo, 1989). 시장의 착취기제가 경제적 또는 정치적으로 발전을 저해하며, 사회제도가 갖는 왜곡성이 발전의 결과를 말해준다는 것이다. 예를 들어 해외시장은 경제적 종속을 가져다주며 경제성장을 위한 후발국가의 노력은 정치적 선택을 제한한다(김시윤, 2010). 다만 강력한 권위주의 체제에서는 경제성장을 일정 수준 달성하더라도 시장이 왜곡됨으로써 불평등과 갈등이 심화되어 사회 양극화로 치

닫는 결과를 초래하기도 한다(정태환, 2003).

본 연구에서는 국가의 역할이 시장 영역뿐만 아니라 사회 차원에서도 중요하다고 보고 양자 간 함수관계에 초점을 둔다. 이러한 관점에서 가장 일반적인 명제는 사회·정치적 준칙 또는 거버넌스 체계가 경제성장을 가져다준다는 것이다(임혁백, 1994). 전통적으로 강한 국가는 사회적 자원을 효과적으로 동원하여 국제 지형에서 국익을 증진시키고 경제성장을 실질적으로 이끌 수 있다. 사회 토대는 경제성장과 정치안정에 근본적인 동력을 제공하며 문화적 가치를 반영할 때 장기적인 효과를 가진다(Halpern, 2010). 동아시아 국가는 오랫동안 강한 국가의 유산 속에서 경쟁체제를 통해 공공 및 민간 영역에서 경제적 부와 사회적 지위가 부여되는 능력주의(meritocracy)의 가치를 중시해 왔다. 이러한 가치체계는 거버넌스의 토대로서 사회구성원의 생활세계에 광범위하게 영향력을 미쳐 왔으며, 특히 교육에 대한 높은 열망과 국가에 대한 강한 신뢰를 초래했다.

현실적인 차원에서 동아시아의 발전 과정은 시장기제론이 전제하듯이 비교우위에 의한 정태적 과정으로 볼 수만은 없으며, 국가주도론이 주장하듯이 국가와 시장의 결합 효과라고 쉽게 단정하기도 어렵다. 예를 들어 동아시아 지역에서는 시장기제가 종종 배타적 형태로 나타나며, 국가를 둘러싼 주요 행위자 간에도 선택적 친화력이 지속되어 왔다(임혜란, 2018). 그러므로 동아시아 발전 모델을 진단하기 위해서는 양쪽 진영의 공통분모인 국가의 역할을 통합적인 관점에서 살펴보고 사회·문화적 요소를 반영하는 분석 공간을 마련할 필요가 있다. 사회구성원의 관점에서 국가를 분석하는 전략은 기존 경제성장의 결정요소에 대한 일반화의 오류를 제어하고, 국가 변수의 방법론적 여백을 체계적으로 보완할 수 있다. 시장 및 사회 영역에서 차지하는 제도·문화 차원의 영향력을 고려할 때, 이에 관한 분석 결과는 사회발전의 지속가능성에 대한 이론적 함의를 제공할 뿐만 아니라 기존 분석 틀을 넘어설 수 있다는 장점을 가진다.

국가의 역할과 관련하여 제7장의 연구 내용은 크게 네 단계로 구성되며, 단일한 사례나 영역에 관한 분석보다는 발전국가의 역할과 국가 개입의 질에 영향을 주는 주요 변수에 대해 보다 통합적인 밑그림을 제시하고자 한다.

(1) 1단계는 아시아 지역의 국가 수준에 관한 분석이다. 국가의 역할에서 거버넌스 질의 구성요소에 관한 경험적 자료를 활용하여 국가 개입의 지속가능성을 검토한다.
(2) 2단계는 1단계에서 분석한 결과를 바탕으로 거시적·미시적 차원에서 어느 요소가 국가 개입의 질을 어느 정도 결정하는가를 검증한다.
(3) 3단계는 2단계의 분석 결과를 반영하여 발전국가의 모델인 동아시아 지역에서 국가 역할에 관한 핵심 가치체계의 효과를 진단한다.
(4) 4단계는 각 단계의 분석 결과를 종합하여 발전국가의 특성과 경로를 비교·분석함으로써 국가의 역할과 사회발전에 관한 함의를 도출한다.

사회발전 지형에서 국가의 역할 개념과 이론적 관점에 대해 살펴보고 국가별로 사회발전을 향한 거버넌스 수준이 어떻게 나타나는지 체계적으로 비교한다면, 어떤 형태의 사회체계가 사회구성원의 욕구를 잘 반영하여 토대를 완성하는지 이론적 단초를 찾을 수 있다. 이에 본 연구는 사회발전에 관한 기존 연구들의 종착점을 '국가 개입의 질' 이라는 새로운 출발점으로 전환함으로써 어떤 결정요인들이 국가 개입의 질에 효과적으로 영향을 미치는가에 대한 인과론적 추론을 수행하고자 한다. 구체적으로는 거버넌스의 제도적 측면이라는 객관적 차원과 국가에 대한 사회구성원의 반응 같은 주관적 차원을 함께 고려함으로써 국가 역할의 구조적인 연결고리를 규명한다. 발전국가의 역할을 단순히 시장 및 사회의 계급적 이해관계를 반영하는 것으로 파악하기보다는 역동적 과정으로 접근하되 이를 다시 종속변수로 분석하는 작업은 국가, 시장, 시민사회를 둘러싼 발전국가의 경향과 전망을 파악하는 데 유용한 기초자료를 제공할 수 있다.

2. 발전국가의 구성요소

앞서 살펴보았듯이 국가의 효율적인 개입능력은 제도적 수준과 함께 사회·문화적 맥락에 의해 결정된다(Acemoglu and Robinson, 2013). 먼저 제도적 요소는 전통적 핵심 변수인 국가기구의 자율성과 동원력뿐만 아니라 정책 기구와 민간 부문의 연결망을 포함한다(Cohen, 1995; North, 1990). 사회·문화적 맥락에서는 정책의 설계와 집행 과정에 관한 효율성을 결정하는 요소로서 국가 엘리트 집단의 가치체계를 반영하며 특히 성과체계와 밀접한 관계를 갖는 조직구성원의 근면성과 경쟁성, 발전 전망, 사명감을 고려할 수 있다(Gardiner and Kosmitzki, 2010).

1) 국가자율성과 동원력

국가자율성(state autonomy)은 크게 두 영역으로부터 독립성을 확보할 때 가능하며, 이를 기반으로 발전전략을 효과적으로 수립하여 추진할 수 있다(Önis, 1991). 우선 정부 조직 내부에서 상부의 압력을 받지 않고 정책 결정을 할 수 있는 독립성이 필수적이며, 부처 간 이해관계와 정책 방향의 상관관계가 효율성의 관건이 된다. 국가자율성의 두 번째 영역은 정부 조직 외부의 정치·경제 영역의 로비나 압력으로부터의 독립성으로, 이것은 국가 개입의 지속성을 보장하는 핵심 요소라고 할 수 있다(Gardner, 2013). 다른 한편으로 국가가 사회·경제적 자원을 동원할 수 있는 능력은 정책 추진에 관한 동기부여와 보조수단을 강화하는 정책 수행 능력을 의미한다(Shapiro and Taylor, 1990). 정책 추진의 기준을 투명하게 마련하고 이를 강화시킬 수 있는 동기부여 차원에서 재정적 지원을 할 때 정책의 신뢰도가 향상되며, 시장 및 사회 영역의 정책에 대한 지지도가 높아진다. 이와 반대로 국가가 정책 성과의 기준을 공정하게 설계 또는 집행하지 못하거나 엄격하게 감시하지 못함에 따라 공공 부문에서 활용 가능한 지원책을 사적 영역으로 전환하여, 정책 부서가 민간 부문에 매몰되거나 포획되는 경우 거버넌스의 수준이 크게 약화될 수 있다(Hendrix, 2010).

2) 연결망

국가의 역할에 관한 전통적인 견해는 거버넌스의 관료적 성격을 강조하지만, 기업 부문과의 상호작용에 의해 이해관계를 조정해야 하는 배태된 자율성(embedded autonomy)의 측면을 간과할 수 있다(Evans, 1995). 나아가 사회적 복합성이 증가한 오늘날에는 공무원과 기업체의 관계뿐만 아니라 시민단체와의 협상 여부를 결정하는 (비)공식적 사회조직의 구성 원리가 중요해지며, 연결망이 긴밀해질수록 국가 개입 능력이 증가하고 거버넌스의 수준이 높아진다(Kapucu, Hu and Khosa, 2014). 정부와 민간 부문 간 광범위한 의사소통체계는 양방향 대칭적인 정보 흐름과 교환을 핵심 전제로 하며, 이를 통해 국가의 발전전략에 따른 기대효과를 민간 부문이 인지하고, 국가의 정책 부서는 시장 및 사회의 관심사와 어려움을 파악할 수 있다. 장·단기 성과에 따라 국가 전략의 수정이 불가피할 경우에는 정책연결망을 통해 담당 부서의 신속한 정책 전환을 기대할 수 있다는 점에서 거버넌스의 융통성을 높이는 장점이 있다(강황선, 2003). 다만 정책연결망은 기획, 예산 등의 영역에서 편중된 이해관계를 반영하는 경우 배타적이고 분절적인 성격으로 전환된다.

3) 근면성과 경쟁성

국가의 발전전략은 관료집단이 조직 내에서 체화하고 있는 가치체계의 성격에서 많은 영향을 받는다(Harrison and Huntington, 2000). 기본적으로는 국가가 목표를 효과적으로 달성하기 위해 필수적인 사회적 태도인 근면성과 함께 사회적 자원의 희소가치를 최대한 효과적으로 확보하기 위해 경쟁성을 추구하는 가치체계가 요구된다(Sarah, 2006). 이를 통해 조직체의 기능적 분화가 이루어지면서 관료사회의 전통적인 한계인 패쇄성과 경직성에서 벗어나 급변하는 국내외 환경 변화에 대응하는 근본적인 토대를 마련할 수 있다. 근면성과 경쟁성이라는 가치체계는 국가조직의 구성원에게 무엇을, 어떻게 해야 하는지 규범적 기준을 제시하며, 국가의 거버넌스 능력이 제도적 차원뿐만 아니라 문화적 차원에서 규명될 수 있다는 점에서 중요한 함의를 지닌다(Porter, 1990).

4) 발전 전망

발전 전망은 국가 엘리트가 발전계획을 수립하고 추진전략에 전념하여 사회구성원으로부터 지지와 권위를 위임받을 수 있는 청사진 효과에 관한 요소로, 국가정책에 대한 신뢰와 직접적으로 연관된다(Nye, 2005). 국가의 전략적 선택에 관한 정책 담당자의 목표와 가치 지향점에 따라 국가 개입의 성격뿐만 아니라 경제성장과 사회발전의 양과 질이 달라질 수 있기 때문이다. 따라서 발전국가의 향후 지속가능성을 진단하기 위해서는 발전 전망과 국가 거버넌스의 관계에 천착할 필요가 있다(Cetron and Davies, 2006). 국가 엘리트가 사회적 공감에 기초한 발전 전망을 제시한다면, 정부와 정책에 대한 신뢰 및 기대 수준을 높이고, 시장 및 사회 부문에 대한 동기부여와 정책수단 강화를 통해 국가경쟁력을 효과적으로 제고함으로써 국가의 거버넌스 수준에 긍정적인 효과를 가져올 수 있다(Chibber, 2002).

5) 사명감

관료 집단의 사명감은 국가 엘리트가 장기적 발전전략을 선택할 것인지, 아니면 개별적 이해관계에 매몰되어 정책의 일관성과 투명성을 사장시킬 것인지 여부에 커다란 영향을 미친다. 일차적으로 발전전략에 대한 정책 담당자의 기본 태도는 국익을 위해 정책 수행에 얼마나 몰입하는가를 나타내는 조직충성도를 말하며, 이는 동아시아 발전국가의 공통된 특성으로 간주된다(Domjahn, 2013). 사명감과 관련하여 또 다른 중요한 측면은 국가 엘리트들이 고시(考試)제도와 같은 공개채용 시험에 의해 충원됨으로써 서로 연대감을 유지하고 있다는 점이다. 엄격한 선발 및 훈련 기제를 통해 사회적 위신을 획득하고 공공선을 실현해야 한다는 선민의식은 다른 집단으로부터 일정한 사회적 거리감을 갖는 동질적 지위공동체로서 규정되고 이에 따라 사명감을 배태하게 된다(안병영, 1992). 능력주의 가치체계가 국가 엘리트의 사명감을 고취시키고 정책 입안과 추진 과정에서 독립성과 열정을 가져다줌으로써 국가의 개발계획과 사회개혁에 대한 중요한 사회·정치적 맥락을 제공하는 것이다.

국가의 역할을 좀 더 체계적으로 이해하기 위해서는 분석 대상을 시장과 사회로 구분하여 개입 정도에 따른 중앙집권화를 살펴보는 것이 의미가 있다. 이를 통해 발전국가의 기본 성격과 전환에 대한 분석적 함의를 찾을 수 있기 때문이다. [표 7-1]에 제시된 국가의 역할은 두 가지 기본 영역인 시장과 사회 간 상호작용에 의해 크게 네 가지 유형으로 구분된다. 각 유형은 강력한 국가 개입을 특징으로 하는 발전국가의 초기 단계로부터 국가의 성격과 정책 방향이 기능적으로 분화되는 후기 단계에 이르기까지 연결망의 특성을 나타내는 상대적인 개념으로 이해할 수 있다. 예를 들어 홍콩의 분권적 국가 개입과 분절적 민간 부문은 경제 및 사회 영역에서 사용 가능한 정책적 선택범위를 좁힘으로써 연결망의 복합성 수준이 상대적으로 낮다. 그러나 동시에 연결망의 다원주의 성격은 국가정책에 대한 사회의 압력으로 나타나 반(反)담합정책의 가능성을 사전에 차단하는 등 정책 결정 과정이 소수의 국가 및 민간 엘리트로 집중되는 것을 원천적으로 봉쇄하기도 한다(Freeman and Hew, 2002). 반대로 한국과 대만은 중앙집권적 조직문화와 위계질서에 기초한 관료제적 특성으로 특화된 정책선택지를 집중적으로 활용해 왔지만, 발전 전략에 따른 산업별 정책예산과 효율성이 높은 데 반해 사회 분야에 대한 국가 개입은 상대적으로 낮은 수준이

[표 7-1] 아시아 국가의 역할 분화

구분		시장 개입 수준	
		높음	낮음
사회 개입 수준	높음	중국, 싱가포르	일본
	낮음	한국, 대만	홍콩

다(Suh, 1998; UNDP, 2020).

중국과 싱가포르의 사례에서처럼 국가의 개입이 시장과 사회 영역에서 모두 높은 수준을 보이는 경우 강력한 국가자율성과 동원력을 바탕으로 사회발전 주체와 객체 간 비대칭관계를 형성하기 때문에 국가의 권위에 도전하는 것은 사실상 불가능하다(So, 1990). 이 유형에서는 국가 개입으로 정책을 효과적으로 추진해 높은 거버넌스 수준을 보여 줌으로써 서구와 다른 맥락을 함의한다. 반면에 발전국가의 원형인 일본은 발전국가의 전형적인 시장 개입 단계에서 벗어나 보다 적극적인 사회 개입 단계로 이동하면서 국가-시장-시민사회의 각 영역이 상호 협력하고 때로는 상호 견제하는 틀을 유지한다. 이를 통해 발전국가의 특성인 국가의 과도한 시장 개입에 의한 왜곡효과를 제어하고 사회 영역에서 협력과 공존을 모색함으로써 유연하고 복합적인 네트워크 체제를 형성하고 있다(사사다 히로노리, 2014; Shibagaki, 1994).

3. 국가효율성의 영향 요인

발전 과정에서 국가정책에 대한 사회적 반응은 국가의 역할을 이해하는 데 매우 중요한 요소다(Bevir, 2006; Midgely, 2014). 국가의 역할에 관한 제도 차원뿐만 아니라 사회구성원의 신뢰 정도가 거버넌스 수준에 커다란 영향을 미치기 때문이다. 이에 본 연구에서는 국가의 정책효과와 공공서비스 수준을 나타내는 지표로 국가의 역할에 관한 세계 거버넌스 지수(World Governance Index)를 채택한다(World Bank, 2020). 이 지수는 공공서비스를 설계하고 입안·실행하는 과정에서 정책 형성 및 집행을 포함하는 거버넌스의 포괄적인 효율성을 평가하는 분석 척도다. 그러므로 이론적 차원에서 국가의 역할에 대한 개념은 분석적 차원에서 거버넌스 지수로 연계되어 종속변수로 활용 가능하며, 측정지표 자체는 국가 간 비교분석에서 보편적으로 사용하는 정부의 효율성을 의미한다. 관료조직체의 독립성을 의미하는 국가자율성은 외부 압력 여부를 묻는 항목으로 측정한다.[1] 국가의 동원력에 대한 지표는 국제비교연구에서 일반적으로 사용하는 국내총생산(GDP) 중 국가세입의 비중을 고려하며, 이는 사회발전 목표를 효과적으로 달성하기 위한 국가의 재정적 능력을 반영한다(UNDP, 2020).

연결망과 같은 국가의 역할에 대한 구조적 차원과 함께 근면성, 경쟁성, 발전 전망, 사명감 등 미시적 차원을 분석하기 위해서는 가장 보편적으로 사용되는 세계가치조사의 자료(World Values Survey, 2020)를 활용한다. 사회발전의 핵심 영역에 관한 가치자료는 세계 57개국 8만 5천 명을 대상으로 구조화된 설문지를 바탕으로 한 대인면접조사를 통해 수집한다.[2] 이 자료는 국가별 조사대상자의 응답 내용을 표준척도로 측정하며, 국가표본은 현지조사의 타당성 검증을 통해 18세 이상 전체 인구에서 계층화추출법을 사용해 주기적으로 수집된다. 즉 삶, 가치, 종교, 인권 등 사회환경에 대한 공통의 설문문항과 동일한 조사기법을 지속적으로 적용해 국가별, 분야별, 시계열별 비교연구의 토대로 활용할 수 있다.

국가의 역할에 관한 연구 설계와 관련하여 정부의 역할 및 사회구성원의 의식수준이나 가치체계 등을 핵심 변수로 함께 분석한 연구는

1 구체적으로 "의회나 선거 등 외부 압력으로부터 방해받지 않는 강한 국가지도자를 갖는 것이 필요한가?"라는 문항에 대해 국가별 조사대상자가 응답한 점수의 평균치로 나타낼 수 있다.

2 예를 들어 "정부는 사회구성원의 삶의 질 요소를 포함한 제반 공공재의 공급에 대해 어느 정도 책임이 있는가?"와 같이 국가의 사명감에 대한 주관적 평가와 가치체계에 관한 내용을 포함한다.

[표 7-2] 변수별 측정 지표와 세부 내용

변수	측정 지표	세부 내용	출처
국가 역할	세계 거버넌스 지수(WGI)	정부정책의 효과에 대한 지표로 공공행정 서비스의 질, 정책 형성 및 집행 등을 포함하는 거버넌스 능력을 평가	World Bank (2020)
자율성	독립 정도	"의회나 선거 등 외부 압력으로부터 방해받지 않는 강한 국가지도자를 갖는 것이 필요한가?"라는 문항으로 측정(5점 척도)	WVS (2020)
동원력	세입/GDP (%)	사회발전 목표를 효과적으로 달성하기 위해 정책 추진에 관한 동기부여를 지원하는 국가의 제도적·재정적 능력을 반영	UNDP (2020)
연결망	네트워크	"사회활동에서 네트워크에 기초한 정치력이 중요한 요소인가?"라는 문항으로 측정(5점 척도)	WVS (2020)
근면성	노동윤리	"열심히 일하는 노동윤리는 삶의 질을 높이고 사회적 성공을 가져다주는가?"라는 문항으로 측정 (10점 척도)	WVS (2020)
경쟁성	경쟁구도	"경쟁구도는 업무효율성과 창의력을 제고하는 데 자극을 주기 때문에 좋은 것인가?"라는 문항으로 측정 (10점 척도)	WVS (2020)
발전 전망	발전 목표	"정부는 사회발전 목표에서 명확한 전망을 제시하고 있는가?"라는 문항으로 측정(5점 척도)	WVS (2020)
사명감	책임 정도	"정부는 사회구성원의 삶의 질을 포함한 제반 공공서비스 제공에 대해 책임이 있는가?"라는 문항으로 측정(10점 척도)	WVS (2020)

많지 않다. 선행 연구는 대부분 경제성장과 소득분배 같은 외형적 측면에 초점을 두어 사회발전의 비경제적 여건에 관해 사회구성원이 실질적으로 받아들이는 측면을 놓치기도 한다(Suh, 2014). 이와 같은 맥락에서 자료 획득이 가능한 아시아 지역 26개국에 대한 조사 결과를 분석하는 데 사용된 변수별 측정 지표와 세부 내용은 [표 7-2]와 같다.

국가 역할의 다양한 차원을 충분히 다루지 않은 연구 작업은 사회발전의 경험적 현실을 제대로 반영하지 못함으로써 현실을 파악하

[표 7-3] 각 변수의 기술통계량

변수	N	최소	최대	평균	표준편차
국가 역할	26	24	100.0	58.8	27.8
자율성	26	19.7	82.4	43.2	15.0
동원력	26	0.9	27.5	14.4	6.5
연결망	26	25.4	73.0	47.9	11.5
근면성	26	2.1	6.6	4.1	0.8
경쟁성	26	2.0	4.9	3.7	0.7
발전 전망	26	40.1	81.0	56.6	12.1
사명감	26	2.8	6.3	4.6	1.1

는 데 한계를 가진다. 본 연구에서는 국가 거버넌스의 효율성에 관한 객관적 측면과 주관적 측면 모두를 반영하고 개념 및 측정 방법을 세분화하여 최소자승법(ordinary least squares estimates)에 기초한 회귀분석을 통해 공통점과 차이점을 이해하고자 한다. 국가의 역할에 관한 분석 모델을 구성하는 각 변수들의 평균값과 표준편차 등 기술통계량은 [표 7-3]에 제시되어 있다. 국제 지형에서 구조적 특성에 관한 횡단면을 살펴보면, 예를 들어 조사 대상인 26개국은 평균적으로 국내총생산 대비 14.4% 정도의 국가세입구조를 가진다. 전반적으로 26개국의 발전 전망과 사명감의 평균값은 최대 및 최소 사례의 중간 수준과 비슷하며, 연결망과 근면성이 상대적으로 양호하며, 자율성은 낮은 수준인 데 비해 경쟁성은 다소 높은 수준을 보여 준다. 평균값 대비 표준편차의 크기는 국가 역할(0.472), 자율성(0.347), 동원력(0.451), 연결망(0.240) 등 제도적 차원이 높은 것으로 나타나며, 발전 전망(0.213), 사명감(0.239), 근면성(0.195), 경쟁성(0.189) 등 미시적 차원이 다소 낮은 것으로 추정된다.

분석 모델이 일정한 자유도(degree of freedom)를 유지하기 위해서는

[표 7-4] 아시아 국가의 역할에 관한 회귀분석 결과

독립변수	국가 역할			
	모델 1		모델 2	
	b	VIF	b	VIF
상수	-2.765(34.192)		-17.442(40.253)	
자율성	-0.944***(0.264)	1.097	-1.192**(0.399)	2.313
동원력	1.930***(0.805)	1.049	1.579**(0.833)	1.428
연결망	1.177***(0.356)	1.155	1.171**(0.442)	1.572
근면성	4.089(5.644)	1.121	3.305(8.714)	2.435
경쟁성	-		-3.743(11.983)	3.136
발전 전망	-		0.728(0.469)	1.763
사명감	-		1.927**(4.769)	1.673
R^2_{adj}	0.665***		0.730***	
F	16.847		17.542	
N	26		26	

주: 괄호 안은 각 회귀계수의 표준오차를 나타냄.
*P<0.1, **P<0.05, ***P<0.01

각 변수군의 크기를 최소화하는 것이 이상적이며, 분석상 적은 사례 수를 고려할 때 이론적 타당성을 갖는 선택적인 모델 설정이 필요하다. 아울러 국가 단위와 같은 거시적 차원의 분석 모델은 공통분모와 제한된 사례 수로 인해 이론적 구성에 따른 인과적 실험 설계와 통제가 상대적으로 용이하다는 장점이 있다. 이 기준에 의해 관료조직체의 구조적 차원을 반영해 자율성, 동원력, 연결망과 근면성의 함수관계를 기본 축으로 하는 모델(모델 1)과 경쟁성, 발전 전망, 사명감을 함께 포함하는 확장 모델(모델 2)의 분석 결과는 [표 7-4]에 제시되어 있다. 회귀결정계수(R^2_{adj}) 값에서 알 수 있듯이 각 모델은 종속변수인 국가 역할의 변동 편차에 대해 66%와 73%의 통계적으로 유의미한 설명력을

나타낸다. 다중공선성(multicollinearity)의 가능성을 진단하기 위해서 다결정계수(multiple R^2) 방법을 활용해 분산의 변동 요소를 통제한 결과, 변수별 크기(variance inflation factor: VIF)는 1-3 수준에 분포해 비교적 양호한 것으로 보인다. 국가기구의 객관적 측면에 초점을 두는 '모델 1'에서는 국가의 역할과 관련해 자율성 및 동원력과 연결망에 대한 이론적 전망과 일치하는 결과를 확인할 수 있다. 제도적 차원과 주관적 측면을 함께 반영하는 '모델 2'의 경우 사명감에 관한 가설이 추가로 검증되어 '모델 1'의 분석 결과를 좀 더 확장시켜 준다.

'모델 1'을 구체적으로 살펴보면, 모든 조건이 동일할 경우 동원력과 연결망 변수는 거버넌스에 대해 정(正)의 계수효과를 가지며, 통계적으로 0.01 수준에서 유의미한 것으로 나타나고 있다. 이러한 결과는 국가의 동원력이 증대하거나 네트워크 영역이 확장되어 참여도가 높을수록 거버넌스 질도 높아진다는 이론적 기대를 지지한다(Matthews, 2012). 반면에 국가자율성의 계수효과는 통계적으로는 유의미하지만 가설 방향과 일치하지 않는 것으로 추정된다. 확장 모델인 '모델 2'의 변수별 회귀계수효과와 관련하여 기본 요소에서는 '모델 1'의 분석 결과와 동일하며, 여타 변수를 통제했을 때 동원력과 연결망에서 통계적으로 0.05 수준에서 유의미한 것으로 보인다. 확장 요소에서는 사명감에 관한 회귀계수효과가 0.05 수준에서 정의 방향을 나타내며, 근면성, 경쟁성, 발전 전망은 통계적으로 유의미하지 않았다는 사실에 주목할 수 있다.

한 가지 흥미로운 사실은 '모델 1'에서와 같이 자율성이 높을 경우 전반적으로 거버넌스에 대해 부정적인 효과를 가지며, 여타 요소에 비해 상대적으로 중요한 영향력을 미친다는 점이다. 이를 계수효과의 탄력성(elasticity)으로 전환하여 살펴보면, 자율성이 1% 상승할 때마다 거버넌스 수준은 0.693% 감소하는 것으로 이해할 수 있다. 동원력이 1%

강화될 때 정부효율성을 반영하는 거버넌스 지수는 0.472% 상승하며, 정책연결망이 1% 증가할 때마다 거버넌스 수준은 0.958%씩 증가하는 것으로 변량의 크기가 추정된다. 사명감은 1% 상승에 0.157%의 거버넌스 지수 증가를 나타내 상대적으로 작은 계수효과를 보이지만, 구성원의 가치체계가 거버넌스 지수와 관련하여 공통적으로 중요한 위치를 차지한다는 것을 알 수 있다. 그러므로 국가 역할의 결정요인과 관련하여 객관적·제도적 차원 또는 주관적·문화적 차원 가운데 어느 한쪽의 효과만으로 충분하다는 관점은 수정될 필요가 있으며, 실제로 두 차원이 상호 배제적인 것은 아니다.

회귀분석에서 유의미하지 않은 변수(근면성, 경쟁성, 발전 전망)로 나타난 문화적 가치체계를 한국, 중국, 일본, 대만, 홍콩, 싱가포르 등 동아시아 발전국가에 적용한 분석 결과를 살펴보면 전반적으로 근면성, 경쟁성, 발전 전망의 가치체계는 거버넌스와 정의 상관관계를 보여 준다. [그림 7-1]에 나타나 있듯이, 근면성이 증가할수록 정부효율성이

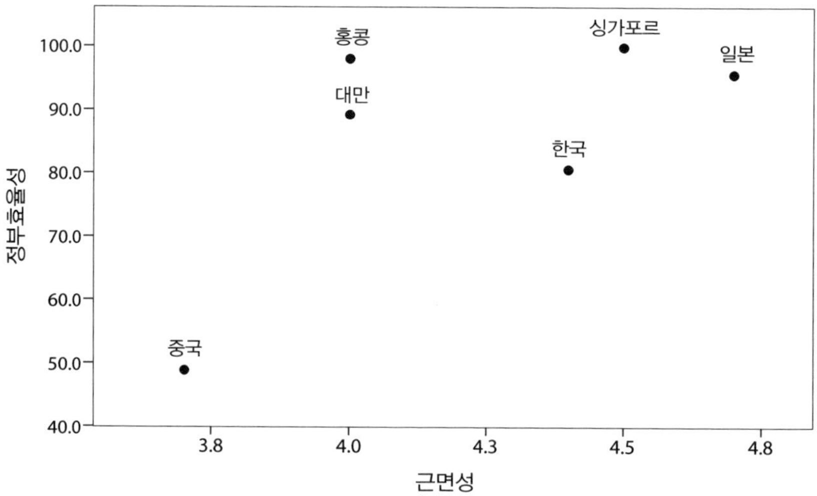

[그림 7-1] 정부효율성과 근면성

높아지는 것을 알 수 있다. 국가 분포는 일본, 싱가포르, 한국, 홍콩, 대만, 중국 순으로 구성되며, 특히 홍콩과 대만은 근면성 정도에 비해 정부효율성이 높은 것으로 나타난다. 대부분 정부효율성과 근면성이 상대적으로 높지만, 중국은 두 영역에서 모두 낮게 나타난다. 동아시아 지역은 전통적으로 위계질서적인 권위주의 문화이므로 국가의 역할이 상대적으로 중요하지만, 사회와의 관계에 따라 역동적인 발전의 흐름이 나타난다고 할 수 있다. 이론적 지형에서 근면성의 가치는 주체성을 바탕으로 하는 개인의 역능성(capability)과 주어진 환경변화의 구조적 함수관계를 의미한다(Sen, 2010). 근면성의 가치가 강조되는 동아시아 국가에서는 구성원이 목표 실현을 위해 주체적으로 참여하는 경우 관료조직체의 효율성을 높이는 데 효과적인 것으로 보인다.

정부효율성과 경쟁성의 가치체계에 관한 분포는 [그림 7-2]에 제시되어 있다. 싱가포르, 일본, 홍콩, 한국, 중국의 순서로 정의 상관관계를 나타내는데, 대만은 특이하게도 경쟁성 정도가 낮은 데 반해 정

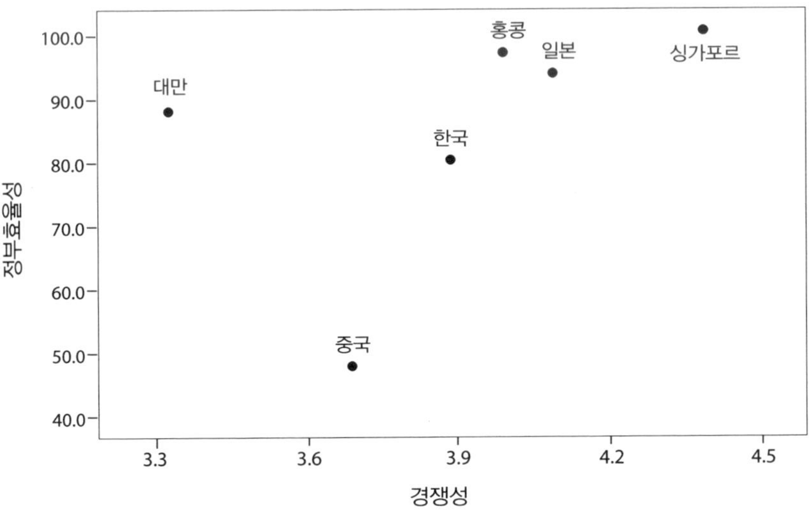

[그림 7-2] 정부효율성과 경쟁성

부효율성이 높은 것으로 추정된다. 이는 대만의 발전국가가 초기에 커다란 성과를 거두었음에도 오늘날 여타 동아시아 국가들과 비교하여 경제성장과 사회발전 정도가 다소 뒤처지는 경향과 무관하지 않다. 국가의 역할과 경쟁성의 가치체계가 정의 상관관계를 보인다는 것은 관료집단 구성원이 발전목표를 향해 도전적인 자세로 일에 집중하는 문화를 반영하며, 최상의 성과를 달성하려는 치열한 경쟁 과정을 통해 거버넌스가 향상될 수 있다는 점에서 의미를 가진다. 관료조직체 내에서 경쟁을 추구하는 성향이 높아지면 권위체계에 의한 수직적 통제 방식보다는 네트워크 방식에 기초한 수평적 상호작용으로 창의적 성취문화가 발달하는데, 교육에 대한 열망이나 기업가정신이 높은 동아시아 국가군이 이러한 범주에 속한다.

[그림 7-3]에서는 대체로 발전 전망이 명확하게 제시될수록 정부효율성이 증가하는 것을 알 수 있다. 두 변수의 상관관계는 싱가포르, 대만, 일본, 한국, 중국의 순서로 나타난다. 국가 엘리트의 발전 전

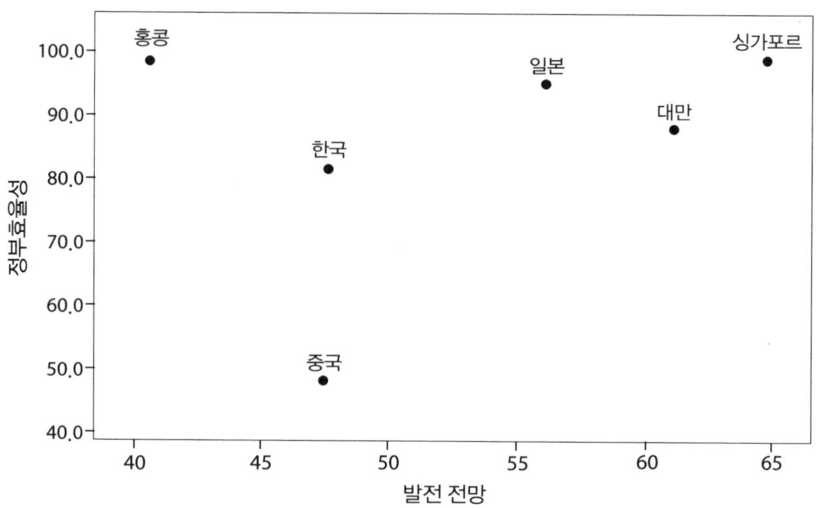

[그림 7-3] 정부효율성과 발전 전망

망은 제도 및 정책적 틀을 체계적으로 정비하여 추진할 수 있도록 하여 정부효율성을 증가시키며, 결과적으로 거버넌스 수준과 정부 신뢰에 있어 상당히 중요한 요소가 된다. 나아가 사회구성원의 사회적 요구나 주장을 반영하여 발전 전망에 대한 조정의 기회로 활용함으로써 국가와 사회의 상호 소통체계를 정립한다면 발전의 지속가능성을 더욱 확장시킬 수 있다(Kang, 2003). 예외적으로, 홍콩은 발전 전망이 낮은 수준임에도 정부효율성이 높게 나타나 가외치 또는 이상치로 간주할 수 있다. 이는 1997년 홍콩의 중국 반환 이후 최근까지 일국양제(一國兩制)를 둘러싼 발전 전망의 혼란과 사회갈등을 반영한 결과이기도 하다.

4. 발전국가에 대한 재성찰

동아시아의 발전 과정에서 국가의 역할이 핵심 요소로 작용했던 것은 관료조직체가 발전 목표와 추진 전략을 공유하고 뚜렷한 사명감으로 거버넌스 수준을 제고할 수 있는 제도·문화적 조건을 배태한 결과다. 만약 국가 엘리트가 개별적인 이해관계에 매몰되어 국익을 우선시하는 공통의 목적을 공유하지 못하거나, 관료조직체의 폐쇄성과 왜곡성이 증가한다면 정부 신뢰 문제는 엄청난 비용을 수반하기 마련이다. 더욱이 사회발전의 중심이 국가에서 시장 및 사회로 이동하면서 발전국가의 전통적인 특성에 대한 재성찰이 요구되고, 새로운 네트워크와 거버넌스 방식에 의해 정부효율성과 신뢰에 영향을 주는 사회적 토대가 중요해지고 있다.

이와 같은 문제의식은 국가의 역할을 이해하는 기본 전제가 되며, 시장기제와 국가 주도의 기존 이론적 지형을 확장하는 데 기여한다.

예를 들어 국가를 종속변수로 접근하는 방식은 국가 연구에 관한 새로운 가능성을 제시하고, 지리적으로 유사하지만 서로 다른 국가 개입의 수준과 특성을 체계적으로 고찰하는 데 도움을 준다. 나아가 관료조직체의 제도적 특성뿐만 아니라 문화적 요소들을 바탕으로 거버넌스 수준을 비교할 수 있다. 이에 본 연구의 분석 결과는 국가의 역할에 대해 관료조직체의 자율성, 동원력, 연결망, 발전 전망 등이 유의미하게 영향을 미친다는 것을 실증적으로 보여 준다.

발전국가의 핵심 요소인 자율성이 거버넌스 수준에 부정적인 영향을 미친다는 점은 시장과 시민사회의 높아진 위상을 고려할 때 다원화된 사회의 분화 과정과 밀접한 관계가 있는 것으로 추정된다. 강력한 독립성을 바탕으로 하는 발전국가의 특성은 사회발전의 초기 단계에서 발전 목표를 수립하고 추진체계를 구성하는 데는 효과적이었지만, 오늘날 네트워크 사회구조의 복합성을 반영하지 못함에 따라 발전국가의 재조직화가 필요하다(박천오, 2006). 다른 한편으로 관료조직체의 동기부여 및 재정적 측면이 국가의 역할에 많은 영향을 미친다는 점은 경제적 차원이 여전히 중요한 요소라는 점을 말해 준다. 거버넌스에 대한 연결망과 발전 전망의 상대적 중요성은 발전국가의 지속가능성을 결정하는 요인으로 작용한다는 데서 찾을 수 있다.

국가동원력에서 업무성과에 대한 평가기준의 공정성은 필수적이며, 예산 및 인사를 둘러싼 부처이기주의 등이 중요한 변수가 될 수 있다. 은행 등 금융기관을 중심으로 하는 재정적 보조 및 지원수단은 관료조직체의 자율성과 일정한 상관관계가 있으며, 정책의 안정성과 예측가능성 차원에서는 정책연결망 구조와 밀접한 관계를 갖는다. 다만 상·하위직의 집단별 간극이 너무 넓어진다거나 권한과 책임의 범주가 명확하지 않을 때 부정부패 가능성은 상존할 수밖에 없다(서문기, 2018). 공무원 사회의 가치체계나 삶의 질에 대한 만족도 문제도 거버넌스를 이해하는 데 향후 고려해야 할 사항이다(Helliwell and Putnam, 2004).

정책연결망이 일상적인 의미에서 매우 강력하게 작동하는 경우 정부 및 민간 부문 간 긴밀성을 반영하며, 정보교류는 양 부문의 협력 방안을 모색하는 데 큰 도움을 줄 수 있다. 반면에 민간 부문의 로비나 압력이 국가자율성에 영향을 미치게 되어 정책 형성 및 추진 과정이 왜곡된다면 거버넌스의 투명한 운영과 공정한 효과를 기대하기 어렵다. 발전 전망은 사회발전을 향한 구성원의 강한 열정이 필수적이며, 미래 청사진에 대한 구성원의 지지와 신뢰를 바탕으로 한다(Fukuyama, 1995). 반대로 정부 신뢰가 급격하게 무너지거나 부서 간 상이한 전망과 상충하는 이해관계를 조정하지 못하면 발전전략의 불안정성을 초래하여 거버넌스 자체가 흔들릴 수 있다. 아시아 26개국을 표본으로 하는 회귀분석 결과와 달리 분석 대상을 동아시아 지역으로 한정할 경우 근면성, 경쟁성, 발전 전망의 가치체계는 국가의 역할과 관련하여 유의미한 것으로 나타난다. 이는 전통적으로 능력주의에 기초한 교육과정과 사회이동의 열망을 바탕으로 근면성과 경쟁성의 가치를 높게 평가하고 발전 전망을 추구해 온 이 지역에서 정부효율성이 상대적으로 높다는 점을 함의한다.

동아시아 지역은 국가가 경제개발 과정에서 주도적인 역할을 했던 초기 단계를 지나, 급변하는 국내외 환경에 따라 새로운 거버넌스와 가치체계를 필요로 하는 발전국가 이후 시기를 대비해야 하는 단계에 와 있다. 이러한 변화 과정은 동일한 권역 내에서 국가별 편차를 반영하며, 자유방임 및 야경국가에 기초한 서구의 고전적 신자유주의와도 차별화되어 있다는 점이 특징적이다. 한편으로는 세계화 이후 높아지는 신자유주의의 파고 속에서 정책적 효율성의 저하와 함께 국가의 시장 개입 능력이 감소하고 있으며, 다른 한편으로는 발전국가의 관성을 유지한 채 시장뿐만 아니라 사회 영역에까지 광범위한 발전주의 정책을 추진하거나, 국가와 시장의 중간 지점에서 전략적 정책성과를 도모하기도 한다.

본 연구 결과에서 나타나듯이 발전의 가치는 국가 주도가 아니라 사회적 토대에 의해 수용, 흡수되어야 하기 때문에 자본주의 발전 양식은 단순한 경제체제라기보다 다양한 사회·문화적 가치를 포함하는 총체적 과정이다(조홍식, 2020; Braudel, 1995; Weber, 2010[1905]). 그러나 기존 발전국가의 개념적 특성에는 국가가 시장을 선도하고 조정해야 한다는 반(反)시장적 가치가 뿌리 깊이 자리하고 있으며, 이는 동아시아 지역에서 국가정책의 개입과 규제 방식을 통해 급속한 경제성장이 이루어졌다는 경험에 기인한다. 이러한 지형은 다원화된 네트워크 사회에 알맞은 제도와 문화의 변혁 과정에서 심각한 장애가 되고 있다. 과도한 국가 주도형 거버넌스는 경제력 편중과 사회적 불평등으로 인한 갈등을 초래하여 복지국가를 향한 지속적인 사회발전을 어렵게 할 따름이다. 그렇다면 동아시아 국가군은 경제성장과 위기 과정을 거치면서 새로운 환경에 알맞은 가치체계를 반영하고 개혁정책을 끊임없이 추진하고 있는가? 아니면 지난날 높은 효용성을 보여 준 발전국가의 울타리 안에 안주하고 있는가? 이 질문에 대한 대답이 바로 동아시아 사회발전의 미래와 국가의 역할을 결정하게 될 것이다.

제8장 아시아 자본주의의 미래

1. 아시아 자본주의의 변화

신자유주의적 자본주의 외에 다른 대안은 없다고 한 영국 총리 마거릿 대처(Margaret Thatcher)나, 영미식 신자유주의적 자본주의만이 세계화된 세상에서 살아남을 것이라는 토머스 프리드먼(Thomas Friedman) 등의 자신만만한 예언은 이제 힘을 잃은 것처럼 보인다. 그 대신 2000년대 이후에는 '자본주의 다양성(varieties of capitalism)'(Hall and Soskice, 2001) 이론의 핵심인 수렴되지 않은 두 개 이상의 자본주의가 존재할 수 있다는 주장이 널리 받아들여지고 있다.[1] 아시아 자본주의에 관한 많은 연구가 지적했듯이 국가 주도의 경제성장을 이룬 한국, 일본, 대만 그리고 '국가자본주의'라고까지 불리는 중국을 포함하여 아시아 자본주의는 서양의 자본주의와 다른 모습으로 존재하고 발전할 것이라고 예

1 자본주의 다양성 이론에 관해서는 윤상우(2010)를 참고할 수 있다. 물론 자본주의 다양성 이론 자체에 대한 다양한 비판이 존재하지만, 자본주의가 수렴될 것이라는 의미에서의 비판은 아니다. 자본주의 다양성 이론에 대한 본질적인 비판은 헤리겔(Herrigel, 2010)을 참고할 수 있다.

측할 수 있다. 그렇다면 아시아 자본주의는 다른 지역의 자본주의와 어떤 차이가 있을까? 이 지역 자본주의는 한 방향으로 움직이는가, 아니면 국가별로 분기해서 움직이는가 하는 질문은 아시아 자본주의의 현황과 미래에 대한 본질적이며 핵심적인 질문으로, 매우 긴 논의가 필요할 것이다.[2] 이 글은 이런 복잡한 질문에 대해 간략하게 추정해 보려는 시험적 시도다.

제8장의 논의는 다음과 같은 내용을 전제로 한다. 우선, 동아시아 자본주의의 미래는 과거와 밀접한 연관이 있다고 본다. 과거는 인과적으로 미래를 구속하지는 않지만, 다양한 방법으로 영향을 주기 마련이다. 그래서 초기 자본주의 발전 과정에서 동아시아 국가들의 공통점에 주목하면서도 각국이 처한 상황에서 다양한 모습으로 발전하는 모습을 찾아보고자 한다.

아시아 자본주의는 서양에 비해 늦게 시작했지만, 굉장히 빠른 속도로 발전했고 국가주도성이 명확했다는 공통점이 있다. 그러나 시간이 지남에 따라 일본의 발전 속도는 둔화하고 경제발전에서 국가주도성도 크게 약화되었다. 일본을 추격한 한국과 대만도 정도의 차이는 있지만 발전 속도가 둔화되고 국가주도성이 약화되는 모습을 보이는 듯하다. 그렇다면 동아시아 3국의 초기 모습과 비슷한, 후발 추격자 중국의 미래는 어떨까? 현재 중국은 국가 주도의 경제발전전략에 기초해 경제개발에서 국가주도성을 유지하면서 빠르게 성장하고 있는데, 가까운 미래에 중국도 발전 속도가 둔화하고 국가주도성이 약화될 것인가? 제8장에서는 이렇게 비슷하면서도 다른 모습으로 발전한, 그리고 발전하고 있는 각국의 자본주의가 미래에는 일정한 동아시아 자본

2 과거가 현재와 미래에 어떻게 영향을 주는지 살펴보는 경로의존이론을 활용한 연구로는 류석진(2012)을 들 수 있다.

주의로 수렴할지, 아니면 각기 다른 경로로 전개되어 갈 것인지에 대한 대답을 모색하고자 한다.

이를 위해서 이 글은 먼저 동아시아 자본주의의 변화를 설명할 수 있는 이론적 틀을 고찰하고, 아시아 발전을 이끌어 온 발전국가를 검토한다. 특히 발전국가 이론의 두 가지 중요한 요소인 국가의 경제 개입과 시장 기능의 활용에 대해 애덤 스미스(Adam Smith)와 카를 폴라니(Karl Polnayi)의 이론을 접목하여 논의하고, 이런 발전체제에 변화를 강요하는 요인을 살펴본다. 여기에 더해 일본, 한국, 대만보다 늦게 발전하고 있는 중국의 경험을 살펴본 다음, 중국의 발전이 동아시아 자본주의 전반의 앞선 변화 요인과 더불어서 향후 동아시아 자본주의의 변화에 어떤 영향을 줄 것인지 논의해 보고자 한다.

동아시아 자본주의 체제의 지속과 변화를 설명하기 위해 많이 사용되는 이론으로 경로의존이론을 들 수 있다(류석진, 2012). 경로의존이론은 제도가 우리 행위에 매우 큰 영향을 준다는 점을 강조하지만,[3] 다른 한편으로 다양한 요인과 조건의 가능성도 함께 고려한다. 자본주의의 다양성을 강조하는 홀과 소스키스(Hall and Soskice, 2001)의 접근법도 경로의존이론과 일정하게 연결된다. 그들은 기업을 중심으로 왜 국가마다 다른 형태의 경제체제가 존재하는지 설명했다. 기업은 주어진 상황에서 해결해야 할 문제, 예컨대 금융, 인력자원개발, 노사관계 등에 대해 해결책을 찾아내는데, 일단 해답을 찾으면 제도로 고착되는 경향이 있다. 기업을 둘러싼 여러 제도가 상호 연관되어 있으므로 특정 방식의 해결책과 제도가 생겨나면 바꾸기 어렵다. 왜냐하면 한 제도로의 변화는 연결된 많은 제도의 변화를 수반하기 때문이다.[4] 한 제도의 변

3 이재열(1994)은 경로의존이론을 제도주의의 한 부분으로 평가한다.

4 19세기 초 기술적인 한계로 타자 속도가 느린 자판을 채택한 타자기가 보급

화는 다른 제도의 변화에 영향을 줄 수도 있지만, 동시에 다른 수많은 제도에 의해 영향을 받기 때문에 독립적으로 변화하기란 쉽지 않다.[5] 이와 같이 경로의존이론의 통찰력은 한때 합리적인 이유가 있어 존재했던 기존 제도가 그 존재 이유를 상실하더라도 지속될 수 있음을 보여 준다. 한번 만들어진 것은 생명력을 갖고 끈질기게 살아남으려 하기 때문이다.

전통적인 경로의존이론은 변화를 위해 외부의 큰 충격과 같은 요인이 필요하다고 가정했다. 제도는 끊임없이 변화하고 새로운 제도가 도입되기도 하지만, 그 제도는 기존 제도와 일정한 연관성을 가지고 생겨나고 그 모습을 갖춰 가는 것이 일반적이라는 것이다. 거시적인 역사적 변화를 경로의존이론으로 설명한 대표적인 예로는 콜리어 부부(Collier and Collier, 2002)를 들 수 있다. 이들은 '결정적 국면(critical juncture)'이라고 부르는 중요한 역사적 상황에서만 중대 변화가 일어나며, 이는 그 이전과는 다른 방향으로 역사가 움직이게 만드는 조건을 형성한다고 본다.

경로의존이론이 기존 제도에 지속적으로 영향을 미치는 메커니즘에 대해 헤리겔(Herrigel, 2010: 17-23)은 비판적인 대안을 제시한다. 그는 제도학파에 근거를 둔 '자본주의 다양성' 이론이 주장하는 제도의 지속성이 사실은 끊임없이 개인 혹은 집단의 성찰에 따른 선택의 결과로 제도가 지속 또는 변화하는 것이라고 주장한다. 즉 상징적 상호

되었는데, 그 결과 타이피스트들이 이 타자기만을 사용하게 되었다. 이런 상황에서 기술적 한계를 극복해 더 빨리 타이핑할 수 있는 새 자판을 채택한 타자기는 보급되기 어렵다. 기존 타자기를 보유한 사람들이 더 나은 타자기 도입을 거부하기 때문이다(David, 1985).

5 경제학자들은 기존 제도에 수확체증(increasing return)이 존재하면 경제적 비효율성이 있더라도 경로의존이 존재할 수 있다고 본다(Arthur, 1989).

작용론과 프래그머티즘(pragmatism) 이론에 기반을 두어 제도 자체가 개인이나 집단의 행동을 결정하는 것이 아니라, 외부 상황에 대한 행위자들의 반응이 제도를 지속시키거나 변화를 가져오게 한다는 것이다. 다시 말해 특정 산업이나 국가의 제도가 지속되는 것은 제도 자체에 현상을 유지하는 힘이 있어서가 아니라, 상황에 대한 행위자들의 습관적인 해석과 반응이 현상을 유지하게 만들기 때문이라고 주장한다.

물론 경로의존이론도 구조가 행위자들에게 일방적으로 자신의 논리를 실현하는 것이 아니라는 점을 보여 준다(채오병, 2009: 167). 이 이론은 결정적 국면이 구조화되는 데 일정한 시간과 조건, 행위자의 개입 등을 거친다는 것을 보여 주는데, 이는 행위자들이 사회구조와 변화에 일정하게 개입하고 있음을 인정하는 것이다.[6]

상반되는 것처럼 보이는 이 두 가지 이론적 접근법은 변화에 있어서 현재 제도가 반드시 미래 제도를 구속하는 것은 아니라는 점을 보여 주며, 나아가 사회의 중요한 행위자들 간의 교섭 결과가 사회 변화의 주요 동력이 될 수 있다는 점을 보여 준다. 이 글은 이런 점에서 동아시아 국가를 둘러싸고 있는 환경 변화에도 주목하지만, 제1장에서 제시한 것과 같은 국가와 시민사회의 관계, 특히 시민사회, 노동, 기업과 국가의 관계가 미래를 형성하는 데 매우 중요한 역할을 한다는 가정하에 동아시아의 미래에 대한 분석을 전개한다.

6 이 부분은 경로의존이론의 강점이 아닐 수도 있다. 경로의존이론은 제도가 인간의 행동에 어떻게 영향을 주는지에 관한 설명이기 때문이다. 이와 대비되는 자원주의 이론은 제도의 영향에도 불구하고 상황에 대한 해석에 따라 인간의 행동이 달라질 수 있음을 보여 준다.

2. 제2차 세계대전 이후 아시아의 경제성장

농업 위주로 더딘 성장을 해오던 아시아 국가는 서구 열강의 진출에 위기의식을 느끼고, 국가적 생존을 위해서라도 경제성장을 이루어야겠다는 생각에서 다양한 방식으로 서양을 따라잡으려 시도했다. 하지만 아시아 국가들이 국권을 잃고 서구 열강의 식민지로 전락하는 가운데, 일본은 예외적으로 메이지 유신 이후 빠른 성장을 거듭하면서 아시아에서 유일하게 서구의 발전과 보폭을 맞추는 모습을 보여 왔다. 1935년 미국의 구매력평가(PPP) 기준 1인당 국내총생산이 5,590달러일 때 일본은 2,154달러였고, 중국은 562달러였다(Maddison, 2001). 잘 알려져 있듯이 제2차 세계대전 이후 일본은 놀라운 속도로 경제성장을 이루어 구매력평가(PPP) 기준 1인당 국내총생산은 2018년에 41,501달러에 이르렀다(World Economic Outlook Database, 2018). 대만은 2018년 26,520달러, 한국은 41,135달러, 중국은 10,100달러로 추정되어 동아시아 지역 경제가 급성장하고 있음을 보여 준다.

이 놀라운 발전에는 여러 요소가 영향을 미쳤지만, 많은 학자는 자본주의 도입과 경제성장을 위한 정부의 적극적인 역할을 지적한다. 장기적으로 볼 때 자본주의는 다른 어떤 경제체제보다 높은 성장 속도를 보여 왔다고 평가된다(Baumol, Litan and Schramm, 2012). 일본을 필두로 대만과 한국은 1960년대 초반부터 자본주의에 기반을 둔 경제발전을 시도했고, 중국도 1970년대 후반 이후 시장경제에 기반을 둔 자본주의적 발전을 지속하고 있다. 동아시아의 자본주의 발전이 다른 지역과 다른 것은 경제발전에서의 국가주도성이다. 국가주도성은 동아시아 경제발전을 선도했던 일본에서부터 시작되어 한국, 대만, 중국에서도 뚜렷하게 나타났다. 흔히 '발전국가'라고 불리는 국가가 주도하는 경제발전체제는 경제성장과 더불어 예기치 못한 시민사회의 성장을

가져왔고, 이는 국가주도성을 일정하게 제약하면서 현재 동아시아 자본주의의 중요한 특색을 이루고 있다.[7]

1) 발전국가

존슨(Johnson, 1982)은 일본의 경제발전에 관한 선도적인 연구에서 통상산업성(MITI)과 같은 정부 선도 기관이 산업정책과 다양한 성장촉진 정책을 추진하고, 불황 시 구조조정 등을 통해 산업과 기업을 만들어 내고 발전에 필요한 재원과 기술 등을 지원하는 등 어려움에 빠진 산업과 기업을 조정하면서 높은 성장을 이뤄 냈음을 지적한다. 일본 정부는 메이지 유신 이후, 즉 소위 개국 이후 경제발전에 일관되게 개입해 왔다.[8] 그러면서 수많은 실패와 성공을 통해 일본만의 고유한 경제발전 제도와 관행을 만들어 냈다. 이 고유성은 일본이 메이지 유신 이후 자본주의화 과정에서 습득한 것이다(Johnson, 1982: 13). 이는 일본이 발전에 필요한 정부 개입 제도를 시행착오를 통해 습득하는 데 수십 년이 걸렸음을 의미한다.

일본의 발전 과정에서 정부의 역할은 기록하기 어려울 정도로 다양했다. 정부 스스로 기업을 시작하거나 기업인들에게 특정 기업을 시작하게 하는 등 정부가 기업의 생살여탈권을 쥐고 있었다 해도 과언이 아니다(Johnson, 1982: 16). 예를 들어 기업이 외국에서 기술을 도입

7 1960년대부터 1980년대에 이르기까지 아시아 경제의 고속성장을 시장주의적 접근으로 설명하는 것은 이제 소수 의견이 되었는데, 대표적인 것으로는 당시 세계은행(World Bank, 1993)의 견해를 참고할 수 있다.

8 신장섭과 장하준(2004)이 지적하듯이, 후진국들이 선진국을 따라잡기 위해 국가가 경제에 적극적으로 개입하여 국내시장을 보호하고 다양한 방법으로 자국 기업의 발전을 도모한 것은 근대 경제사에서 자주 나타나는 현상이다.

할 때는 반드시 정부로부터 승인을 받아야 했는데, 이런 상황에서 기술 도입 허가를 받지 못한 기업은 도태될 수밖에 없었다. 따라서 지원이 집중된 특정 산업은 성장했지만 그렇지 않은 산업은 많은 어려움을 겪었다. 하지만 관료들은 시장 친화적인 방법을 통한 개입으로 부작용을 최소화하고 발전을 자극하려 했다. 시장 친화적 개입은 서로 모순되어 보이는 두 가지 요소가 결합한 것이다. 한편으로 관료들은 정책이 시장 작동 원칙을 거스르면 안 된다고 생각했지만, 다른 한편으로는 자신들이 원하는 변화를 얻기 위해서는 시장에 맡기는 것만으로 부족하다고 생각했다.

거셴크론(Gerschenkron, 1962)은 영국이라는 선발 공업국을 추격하는 프랑스, 독일, 러시아는 영국과 다른 발전 패턴을 보였다고 주장한다. 선진국과 달리 후발국의 민간 부문은 자본을 축적하지 못했기 때문에 국가가 민간 부문을 대신해서 투자하고, 산업정책 등을 통해 경제발전을 촉진한다는 것이다. 같은 맥락에서 일본은 국가가 경제발전에 개입해야 한다는 원칙 아래 국가 개입 혹은 시장 활용 방법을 수십 년간 시행착오를 통해 찾아낸 것이다(Johnson, 1982: 32). 일본에서는 응집력을 가진 관료집단이 이러한 시도를 할 기회가 오랫동안 주어졌고, 이를 통해 지식과 경험을 축적할 수 있었다.

일본의 앞선 경험은 한국과 대만에도 커다란 영향을 주었다.[9] 이 두 나라는 모두 제2차 세계대전 이전에 수십 년간 일본의 지배와 일본 주도의 산업화를 일정 부분 경험했다. 일제 점령하에서 대만은 사탕수수와 쌀을 중심으로 성장했지만, 조선은 북부 지역에 공업지대가 설치

9 동아시아 국가의 정부주도성에 관해서는 많은 연구가 있지만, 대표적으로 한국의 경우는 앰스덴(Amsden, 1989), 대만의 경우는 웨이드(Wade, 1990b)를 참고할 수 있다.

되어 일본의 군수품 등을 생산하는 기지 역할을 하기도 했다. 교육, 도로, 철도 등 인프라 건설이 이루어졌고, 산업화를 통해 근대적 기업 운영에 대한 지식을 얻을 수 있었다. 일본 식민지배 청산에 미온적이었던 남한의 경우 식민지 조선에서, 그리고 일본 괴뢰국이었던 만주국에서 일본에 부역한 공무원과 기업 경영자 등이 일본식 경제발전 모델을 한국에 이식하는 데 일정한 역할을 했다(한석정, 2010). 일본의 앞서간 과정을 당시 실정에 맞춰 도입한 남한은 상당한 속도로 경제발전을 이룩할 수 있었다. 남한은 한국전쟁으로 파괴된 경제를 회복하는 데 10년 가까운 시간을 들여야 했고, 그 결과 1960년대 초반부터 놀라운 경제성장을 시작했다.[10] 과거 산업발전을 경험한 바 있는 남한은 미국의 경제원조와 자국 시장 개방에 힘입어 빠른 속도로 경제발전을 이룩했다.

대만 역시 같은 시기에 국가 주도의 경제성장을 경험했다. 대만은 설탕 산업을 제외하면 산업생산이 그다지 발전하지 않았고, 지배층이 중국 본토에서 왔기 때문에 일본과의 연계성이 한국보다 상대적으로 약했다. 하지만 계엄령을 선포한 대만 정권은 강력한 군부통치 아래에서 안정된 정국 운영을 기반으로 국영기업 중심의 경제발전을 시도하여 높은 성장률을 달성했다. 대만 역시 경제 엘리트들이 경제발전의 방향을 정하고 발전을 주도했다.

이 시기에 동아시아 세 국가에서 일어난 경제성장의 배경에서 몇 가지 주목할 만한 점이 있다. 앞서 언급한 것처럼 일본은 과거 식민본국이었고 한국과 대만은 일본의 식민지였는데, 과거 이들 간의 관계

10 하지만 이는 앞서 Maddison 추계에 나타난 것처럼 과거 식민지 시절의 발전 수준으로 회복한 정도였다. 이미 1935년에 조선은 1,224달러, 대만은 1,212달러의 소득으로 중국의 두 배 이상이었다. 그러나 식민지 체제이던 1935년의 구매력평가(PPP) 기준 1인당 국내총생산을 회복한 것은 한국은 1963년 전후이고, 대만은 1957년 전후였다.

는 공산주의 확산을 막기 위한 미국의 정책에서 재현되었다고 평가된다. 당시 미국은 공산주의가 확산되는 것을 막기 위해 동아시아의 발전이 필요했지만, 냉전 초기 막대한 군사·경제 지원은 미국으로서도 부담이 되었기 때문에 이 지역의 경제 부흥을 견인할 필요성이 있었다(이병천, 1998; 정일준, 2013; Cumings, 1984). 이에 따라 동맹국 지원 차원에서 일본을 정점으로 대만과 한국의 경제발전계획이 수립되어 시행되었고, 이 과정에서 경제원조, 미국 시장 개방 등 다양한 정책을 통해 발전을 시도했다고 평가된다.[11] 한국은 추가로 월남전, 중동 건설 특수 등 1960-1970년대 수출 주도 성장을 촉진한 해외 요인의 영향도 컸다.

이러한 외부적 요인에 더해, 이들 세 나라는 관료로 상징되는 국가가 시민사회와 기업의 영향에서 벗어나 발전정책을 수립하고 실행할 수 있었다는 공통점이 있다. 이는 국가가 시민사회로부터 일정한 자율성을 확보하고 있었기 때문이다. 경제개발 초기 단계에서 관료들은 경제개발을 위한 정책을 수없이 실험하면서 성공을 거두기도 했지만 잦은 실패도 경험해야 했다. 관료들은 정경유착으로 보일 수 있는 수많은 특정 기업 또는 산업의 사활이 걸린 결정을 하기도 했다. 이들은 또 높은 관세로 국내 기업과 시장을 보호하기 위한 정책을 폈지만, 그 결과로 일반 국민은 저렴한 외국 제품 대신 질이 낮거나 비싼 국산품을 써야만 했다.

이렇게 국가가 자율적일 수 있었던 이유로 1970-1980년대의 상당 기간 동안 세 나라 모두 시민사회가 매우 약했다는 점에 주목할 필

11 이러한 주장은 냉전 해체 이후 미국이 이들 국가에 가한 시장 개방 압력 등을 미국의 지원을 바탕으로 동아시아의 경제성장이 이뤄졌기 때문이라고 설명한 데서 주목을 받는다.

요가 있다. 물론 이 세 나라에서 시민사회의 힘은 각기 달랐다. 일본은 동아시아 지역의 다른 국가들보다 이른 시기에 경제성장을 달성하고 오랜 기간 다수당의 보수정당이 지배했지만, 이에 맞춰 노조 등 시민사회와 대기업이 성장함에 따라 그들의 목소리가 커지기 시작했다. 한국은 일본보다 늦었지만, 1970년대부터 시민사회가 성장해, 1980년대에는 노동운동과 시민운동이 국가와 일정한 대결을 벌였고, 1987년 민주화 이후 그 힘은 더욱 커졌다. 특히 1997년 경제위기 이후 시민사회는 대기업 중심의 국가 주도 경제를 강력하게 비판하며 변화를 요구하고 나섰다. 대만도 1980년대부터 민주화를 위한 행보를 시작해 1990년대에 이르러 민주화를 이룩했다. 이 과정에서 한국과 마찬가지로 대만 경제정책에 대한 경제관료들의 독단적 주도권은 크게 약화되었고, 다양한 기업들의 목소리가 커졌다.

2) 시장기반 발전과 시민사회의 성장

동아시아의 발전이 국가의 적극적 역할을 통해 이뤄진 것은 분명하지만, 이들 국가가 적극적으로 시장 기능을 적절하게 이용한 것에 주목해야 한다. 존슨(Johnson, 1982)은 시장의 반응과 상관없이 자신들의 경제개발계획을 밀어붙이던 과거 러시아나 유고, 헝가리 등에서 이루어진 국가의 경제 개입과 일본 발전국가의 경제개입정책은 다르다고 설명한다. 일본에서 국가는 기업에 발전 방향을 제시하고 기업이 시장에서 경쟁하게 하면서 승자에게 더 많은 지원을 하며, 정책이 시장과 상호작용을 하는 것을 관찰하면서 문제가 생겼을 때 행정지도 등을 통해 시장 기능을 끊임없이 조정함으로써 정책의 효율성은 높이고 부작용을 줄였다는 것이다(Johnson, 1982: 317-321). 관료들은 자신들의 정책이 시장에서 원하는 결과를 가져오는지 관찰하며 정책을 변경하면서 가장 좋은 정책을 선택해 나갔다는 것인데, 이것은 바로 시장이 제대로 작동하도록 국가가 역할을 해야 한다는 애덤 스미스의 주장과 부합한다(Arrighi, 2008: 73).

스미스는 개인이 시장에서 자유롭게 생산한 것을 사고파는 과정에서 국가의 부가 극대화된다고 보았다. 시장은 경쟁을 만들어 내고, 경쟁 과정에서 생산물이 증가하고 가격은 하락하여 결과적으로 사회 전체에 이익이 된다는 것이다. 하지만 그는 교환이 자유롭게 일어나는 시장은 참여자들이 시장을 신뢰할 수 있어야만 존재할 수 있다고 지적했다(Smith, 1976[1789]: 292).[12]

시장이 제대로 작동하는 데 위협으로 작용하는 요소는 많다. 예컨대, 자산가들이 독점 추구 행위를 통해 큰 이윤을 얻으려고 하면 가난한 사람들은 시장에서 제대로 경쟁할 수 없고, 이는 결과적으로 시장의 확대가 아니라 시장의 위축을 가져오게 된다는 것이다(Smith, 1976[1789]: chapter iv). 그런데 시장은 국민에게 더 많은 부를 가져다주고, 국방 등 국가 기능에 필요한 더욱 많은 재정을 확보할 수 있으므로 국가가 그 존재를 허용해야 한다는 스미스의 주장에 주목할 필요가 있다. 그에게 시장은 국가의 발전과 시민의 복지 향상을 위한 도구였지, 결코 시장 자체가 목적이 아니었다. 그러므로 시장을 절대시하는, 소위 신자유주의적인 자본주의는 스미스에게 받아들일 수 없는 체제였을 수 있다. 오히려 발전국가처럼 시장을 허용하되, 사회 전체의 목적과 장기적인 발전을 위해 국가와 관료가 적극적으로 시장에 개입하기도 하고, 조정하기도 하는 것이 오히려 스미스적인 경제체제에 가깝다. 스미스가 부자들을 의심하는 태도 또한 이와 연결되어 있다. 부자

12 스미스의 주장은 경제행위가 신뢰 높은 사회에서는 쉽게 일어나고 그렇지 않은 사회에서는 일어나기 힘들다는 견해를 뒷받침한다.

들은 부를 사용해 독점을 추구하기 쉽고, 이는 시장의 긍정적 작동을 방해하는 행위라는 것이다(Sen, 2009).

폴라니(Polanyi, 1944)는 사회가 통제하지 못할 때 생겨나는 시장의 문제점을 지적한다. 그는 인류 역사에 존재하지 않았던 '자율적 시장'이라는 제도가 18세기에 나타나서 그 힘을 서서히 강화해 결국 20세기에 인류에게 대재앙을 안겼다고 주장한다. 시장의 힘이 커지면서 사회의 통제를 벗어남에 따라 결코 상품화된 적이 없던 인간, 토지, 화폐가 19세기 말에서 20세기 초에 상품화되었고, 그 결과 사회의 대혼란과 격변이 초래되었다는 것이다. 사회의 통제를 벗어난 이 시장을 폴라니는 '자율적 시장'이라고 개념화했는데, 그는 자율적 시장이 진전되면 사회구성원 대다수의 고통으로 이어져 이에 대한 사회의 방어운동이 일어날 수밖에 없다고 보았다. 상품화할 수 없는 인간, 자연(토지), 화폐를 '허구의 상품(fictitious commodity)'으로 바꾼 결과 사람들은 견딜 수 없는 고통을 겪게 되었다. 따라서 사람을 보호하기 위한 사회입법을 요구하는 사회운동, 자연을 지키기 위한 곡물관세와 토지입법, 그리고 만성적 화폐 부족으로 인한 고통을 줄이기 위해 중앙은행이 통화정책을 도입해 시장의 파괴적인 작용을 완화하거나 없애려는 시도가 일어나지 않을 수 없었다는 것이다. 문제는 자본주의적 발전이 자율적 시장과 사회보호운동이라는 갈등적이고 모순적인 현상을 동시에 만들어 낸다는 점이다. 사회를 지키려는 운동은 자기조정시장 기제를 수정하는 결과를 가져왔는데, 자기조정시장은 이를 수용하지 않으려는 경향이 있다. 폴라니는 이 결과가 시장경제체제의 붕괴를 일으키고, 파시즘과 사회주의, 뉴딜이라는 대안적인 사회체제로 이행하는 결과를 낳았다고 본다.

그래노베터(Granovetter, 1985: 482)가 제시한 '배태성(embeddedness)'이라는 개념은 스미스와 폴라니의 주장과 연결된다. 그는 경제행위란

사회에 배태해서 이뤄진다고 본다. 모든 경제는 어떤 식으로든 사회에 일정하게 배태되어 있기 마련인데, 경제가 사회에 어떻게 배태되어 있느냐에 따라 그 결과는 긍정적일 수도 있고 부정적일 수도 있는 것이다. 린(Lin, 2018: 24)은 에릭슨(Erikson, 2014)의 연구를 인용하면서 배태성의 성격, 특히 조직이 기반을 두고 있는 조직 구성원 간 관계 네트워크의 특성이 경제체제의 흥망을 결정지을 수 있다고 주장했다.[13]

요약하면, 역사적으로 자본주의 시스템은 반복해서 위기를 겪었고 그때마다 국가가 이를 구조해 내야 했다. 이렇게 반복되는 자본주의의 문제점은 잘 알려져 있지만, 이를 제어하기란 매우 어렵다. 그런데 일본에서 시작하여 동아시아 3국은 시장을 적극적으로 통제해 본 역사적 경험이 있다. 시장을 적절하게 통제하기만 하면 성장을 성취할 수도 있고, 사회를 일정하게 보호할 수도 있다는 발전국가의 경험을 가진 것이다.

3. 아시아로 오는 변화의 물결

국가는 국내시장을 보호하고, 다양한 방법으로 여러 산업의 경쟁력을 키워 수출 지향적인 발전을 이루어 왔는데, 이런 관행은 1980년대에 이르러 더는 지속되기 어려워졌다. 미국을 선두로 한 서구 국가는 동아시아 국가에 시장개방을 요구하고 다양한 방법으로 자국 시장을 보호하기 위한 조치를 취했다. 이런 변화는 냉전질서가 해체되는 상황에

13 에릭슨(Erikson, 2014)은 영국 동인도회사가 조직 내부적으로 엘리트들이 긴밀하게 연결되어 있고, 공동체의식이라는 사회적 배태성을 갖고 있었기 때문에 성공적인 조직이 될 수 있었다고 주장한 바 있다.

서 '신자유주의'라는 새로운 이념의 성장과 밀접한 관련이 있다.

1) 냉전 종식과 신자유주의의 대두

1980년대 말과 1990년대 초 동유럽의 붕괴로 냉전체제가 종식되었는데, 이는 공산주의 확산을 막기 위해 동아시아 국가에 혜택을 지속적으로 제공할 필요가 없어졌음을 의미한다. 한국과 대만에 특별관세 혜택 등을 부여함으로써 미국 시장 접근을 허용하여 이들 국가의 수출주도형 성장을 유인했던 미국은 냉전 종식 전후로 일본에는 플라자 합의를, 한국과 대만에는 시장 자유화를 통해 미국 상품의 수입 등을 요구하며 자국 경제의 이익을 추구하게 된다(신광영, 2006: 203). 한국은 미국과의 통상마찰 속에서 시장개방에 대한 요구와 함께, 국내 기업에 유리했던 수많은 제도에 대한 변화를 강요받았다. 1980년대부터 거세진 미국의 시장개방 압력과 이어진 세계화의 진전에 따라 이들 동아시아 3국은 일정하게 시장개방을 하지 않을 수 없게 되었다. 시장개방과 투명한 경제운용은 외부에서만 요구하는 것이 아니었다. 시민사회가 성장함에 따라 특정 산업이나 기업에 집중 투자하거나 특혜를 주는 불투명한 기존 관행에 대한 비판이 증가했다.

2) 시민사회의 성장과 국가자율성 침식

냉전 해체라는 외부 충격에 더해 동아시아 3국은 내부에서 성장한 시민사회에 직면하여 국가의 자율성이 크게 약화되기 시작했다. 대만의 경제성장은 중국 본토 출신 국민당의 압박을 받았던 대만 출신 중소기업인들의 숫자와 힘을 키웠고, 이들은 중국 본토에서 온 지배층과 관료들의 지배에 저항하는 세력이 되었다. 야당 세력은 이들의 지원을 받아 민진당으로 성장하고, 급기야 2000년 대통령 선거에서 승리해 대만의 민주화가 진행되었다. 민주화는 국가의 자율성을 크게 제약해, 경제발전정책에서도 과거와 같이 전권을 휘두르기가 어려워졌다.

제7장에서 살펴본 것처럼 일본도 국가자율성 약화를 경험하고 있다. 일본은 1990년 소위 거품경제 붕괴 이후 경제발전이 정체되었다. 그 결과 모든 국민에게 중산층의 삶을 제공하고 국가의 지원으로 개인이 노력하면 신분 상승을 이룰 수 있다는 믿음이 무너져, 일본 국가체제에 대한 국민의 지지가 크게 약화되었다. 국가의 정책결정 자율성뿐만 아니라 여성의 사회적 지위를 엄마와 아내로, 남성을 생계 담당자로서 규정하는 등 개인과 가족 수준에서 발전국가의 토대를 이루던 국민적 합의도 크게 약화되었다. 그 결과 국가의 역할과 시민사회와의 관계 재설정이 요청되기에 이르렀다.

윤상우(2013)는 대만의 경우 1990년대 이후 세계화와 신자유주의의 영향과, 민간기업과 시민사회의 성장이 국가가 다양한 수준에서 변화하도록 추동했는데, 신자유주의 및 복지정책을 부분적으로 도입한 것이 두드러진다. 하지만 대만은 여전히 전략적 산업정책을 수행하고 있는데, 중점 산업으로 선정하고 정책적으로 지원한 생명공학산업 등에서 거둔 성과는 미미했고, 경제성장이 지체되는 것은 물론 불평등 지표가 크게 악화되는 등 문제를 드러냄으로써 국가주도성의 정당성이 약화되고 있다. 그래서 윤상우는 대만이 발전국가에서 혼종적 발전국가로 변하고 있다고 평가한다.

한국도 시민사회가 급격히 성장해 국가가 시행하는 다양한 정책에 적극적으로 간여하고 있다. 대표적인 경우로 2008년 이후 미국산 쇠고기 수입(강윤재, 2011; 백욱인, 2008; 정태석, 2009), 2016-2017년 박근혜 탄핵을 둘러싼 촛불시위 등을 들 수 있다(김동춘, 2017; 이지호, 2017). 시민사회는 심지어 정당에 앞서 의제를 설정하고 정치·사회적 변화를 요구하며 일정한 결과를 이끌어 냄으로써, 국가의 자율성을 크게 제약하는 모습을 보였다. 그래서 류석진(2012: 178)은 한국의 전통적 발전국가는 더는 가능하지 않고 새로운 한국형 자본주의 모델을 구상해야 한다고 주장한다.

하지만 중요한 것은 오랫동안 이 세 나라의 시민사회가 어려운 경제 상황에서 벗어나려 열망해 왔고, 국가 주도의 발전 노력에 거의 제동을 걸지 않았다(못했다)는 점이다. 투명한 경제운용을 요구하기는 하지만, 시민사회는 지금도 경제가 어려운 상황이 되면 국가가, 구체적으로는 관료들이 경제 전반에 적극적으로 개입해서 위기를 극복하고 경제성장을 견인하기를 기대한다. 동아시아 국가에서 경제위기가 닥쳤을 때 관료가 위기극복과 경제회복을 위해 시도하거나 노력하는 모습을 보이지 않고, 손 놓고 있는 상황은 상상하기 어렵다.

이런 경험 때문에 동아시아 국가들은 신자유주의의 압력에도 본질적인 변화를 겪었다고 보기 어려운 부분이 많다. 김형기(2016)는 한국의 경우 부분적인 신자유주의적 수용이 있었지만, 현재 한국 경제모델은 발전국가적 유제와 신자유주의적 정책이 혼합된 하이브리드 모델이라고 평가한 바 있다. 영미형 모델의 요소(시장 기반적 금융 시스템, 부채의 금융증권화, 주주자본주의, 유연한 노동시장, 성과급 임금 시스템)가 도입된 것은 사실이지만, 동아시아 모델의 핵심이라 할 수 있는 은행기반 금융 시스템, 대기업집단(일본의 게이레츠, 한국의 재벌), 국유기업의 지배적 지위, 종신고용, 연공서열형 임금 시스템이 완전히 붕괴한 것이 아닌 하이브리드 시스템이라는 것이다. 동아시아에서 세계화 압력에도 불구하고 변화가 제한적이라는 것은 글렌 모건(Glenn Morgan)의 금융화(financialization)에 대한 동서양 비교 평가에서도 드러난다(모건, 2016). 그는 영미와 유럽에서 주장하는 금융화가 아시아에서는 아직 서구처럼 진전되지 않았다고 본다.[14] 서구 자본주의는 지난 20년

간 더욱 금융화되었지만, 아시아에서는 금융기관 자체가 주요 행위자가 아니며, 다른 행위자에 비해서 상대적으로 약한 위치에 놓여 있다. 이는 아시아 국가들이 사회적 안정성과 통합을 시장보다 중요한 개념으로 여긴 결과라고 평가되는데, 이들은 아직도 경제를 최우선 가치가 아닌, 사회적 필요성에 따른 수단적 가치로 여긴다.

3) 중국: 뒤늦은 국가 주도 발전

중국은 한국, 일본, 대만보다 늦은 시기에 자본주의적 경제발전을 시작했다. 1992년 남순강화(南巡講話) 이후 대대적으로 자본주의적 개혁을 시작하여 지금까지 놀라운 성장을 지속해 왔다. 이 글에서는 중국 경제발전의 비밀은 밀턴 프리드먼 같은 자유시장주의자들의 처방을 따른 것이 아니라 다양한 기업, 특히 국영기업을 경쟁에 노출해 조직의 변화와 생산성을 증가시킨 결과라는 주장에 좀 더 주목한다. 중국이 앞서 애덤 스미스적 발전을 해왔다는 아리기(Arrighi, 2007)의 주장은 상당히 설득력 있다. 그의 주장에 따르면 스미스가 경쟁이 자유롭게 일어나는 시장을 통해 경제성장을 할 수 있고, 이 경제성장은 국가의 부를 키워 국민을 보호하고 복지를 향상할 수 있다고 보았듯이, 중국 공산당은 경쟁적 시장을 도입하여 발전을 모색했기 때문에 성공했다는 것이다. 중국은 자유로운 시장을 도입하는 것 자체를 목적으로 삼지 않고, 시장이라는 도구를 사용해서 국가 구성원 전체의 복지 향상이라는 목표를 추구했다는 것이다. 스미스 역시 시장은 사회와 독립적으로 작동하는 것이 아니라, 국가의 지원과 통제 속에서만 작동할 수

14 '금융화' 개념에 대해서는 모건(2016: 41-42)을 참고할 수 있다.

있다고 보았다.[15]

중국이 시장개방에 따른 구조개혁으로 발생한 실업에 적극적으로 대처하여 사회안정을 유지할 수 있다는 인식에서, 해고를 어렵게 하고, 고등교육을 확대하며, 대안적 고용 기회를 신속하게 늘리고, 농촌 주민이 농촌 경제에 더 많이 투입되도록 세금 감면과 여타 개혁을 통해 농촌의 노동력 부족 상황을 타개하려고 노력한 것이 결과적으로 시장이 작동하고 지속되게 만들었다(Arrighi, 2007). 만약 시장 확대가 실업과 불평등을 확산했다면 폴라니적인 사회보호운동이 대대적으로 일어나 중국의 발전이 지체되거나 경제 자체가 붕괴했을 수도 있다.

사실상 중국의 모든 은행은 정부가 소유하거나 정부의 엄격한 감독하에 있고, 공식적인 노동조직은 정부의 통제하에 있으며(Lee, 2012: 121-124), 심지어 정부는 전국 모든 행정조직을 비롯해 공기업과 사기업에 조직원을 파견하여 모든 상황을 모니터링하고 있다(Breslin, 2012: 44; Lin, 2018). 린(Lin, 2018)은 이런 통제가 중국 발전의 중요한 요인 중 하나라고 본다. 그는 조직원의 파견에 더해 '관시(關係)'라고 하는 중국의 전통 문화적 요소가 긍정적으로 작동하고 있다고 주장한다. 정서 또는 감정에 기반을 둔 사회적 관계[16]를 뜻하는 '관시'는 통제를 더욱 효과적으로 만들고, 이 통제가 중국이 고속 경제성장을 달성한 근원이라고 주장한다. 마치 발전국가의 상대적 자율성을 가진 관료집단처럼, 공산당 권력자들은 오랫동안 다양한 행정 경험을 쌓았고, 이들은 관시

15 "중국은 아마도 외국의 조언에 귀를 기울이면서도 자국의 사회·정치·경제적 여건에 비추어 결정하는 국가의 가장 좋은 사례일 것이다."(Arrighi, 2009: 489)라고 한 베이징 주재 세계은행 관계자의 말도 중국 국가의 시장에 대한 통제적 태도를 보여 준다.

16 린(Lin, 2018)은 관시(Guanxi)를 "정에 기반을 둔 사회적 관계를 이르는 중국 용어"라고 정의한다.

라는 중국의 문화적 특성에 기반을 둔 일종의 동료애와 집단정신을 가진 집단을 형성했다. 이 응집력 있는 집단은 정부정책과 경제정책 등 모든 정책을 일사불란하게 실행함으로써 효과적으로 운영하게 된다는 것이다.

스미스가 국가는 부를 축적한 개인들이 독점을 통해 이익을 얻으려는 자유로운 시장의 작동을 막아야 한다고 주장했는데, 중국도 공산당원을 공기업은 물론 일정 규모 이상의 사기업에까지 파견하여 모니터링하고 있다. 이는 모든 금융기관이 당과 국가의 통제하에 있다는 사실과 결합하면 국가의 기업 통제력을 극대화시킨다(Lin, 2018: 19-20).

중국의 시민사회가 국가정책을 견제하거나 변화를 요구하기는 매우 어려워 보인다. 중국의 모든 기업은 공산당의 통제하에 있어서, 사실상 향진기업이나 민영기업도 국영기업이고, 사기업에도 공산당이 직접 채용시키는 사람의 비율이 높다. 이런 상황은 중국의 금융기관이 국가 소유이거나 국가의 통제하에 있다는 사실과도 연관된다(Carney, 2012). 중국에서는 사회의 변화에 따라 다양한 경제 단위의 요구로 상업은행 등 다양한 형태의 은행이 생겨났고, 악성 채권이 늘어나는 문제의 해결책으로 주식시장이 도입되기도 했다. 그런데 이 과정을 모두 국가가 주도하고 은행, 금융기관을 모두 국가가 직간접으로 소유하고 있다. 그래서 은행에 기댈 수밖에 없는 기업은 국가의 통제와 지시에서 벗어나면 사실상 생존하기 불가능한 것이다. 중국 노동자들은 국가 통제하에 있는 총공회와 같은 전국 노동자 조직의 제한된 보호만 받을 수 있는데, 현재는 노동의 상품화가 진전되고 비정규직이 크게 증가해 노동자의 힘이 매우 약한 실정이다(Lee, 2012). 중국의 시민사회 역시 체제에 도전할 힘이 없다(장영걸, 2013). 중국 사회의 변화에 따라 재력을 가진 개인들이 모여 시민단체를 구성하는 일이 많아지자 이를 정부가 일정하게 수용하여 사회적·법적 지위를 부여한다고 보고하지만, 이 모든 변화는 중국공산당의 주도권 아래 사회의 통합과 안정을 유지하는 한도 내에서만 가능하다.

4. 아시아 자본주의의 전망

동아시아 국가들은 자본주의를 성공적으로 구축해 나가고 있다. 일본이 앞장선 국가 주도의 경제성장 방식을 한국과 대만이 비슷한 시기에 차례로 좇아갔지만, 중국은 뒤늦게 국가 주도 자본주의 발전전략을 선택했다. 이 국가들은 국가 주도적 발전전략을 채택했다는 공통점이 있지만, 전략의 폭과 실행 방법에서는 국가별로 매우 다른 양상을 보여준다. 이 글에서 초점을 맞추는 국가와 시민사회, 국가와 노동, 국가와 기업 등의 관계에서 한국, 일본, 대만은 매우 다른 모습을 보여 왔으며, 중국의 경우에는 앞선 세 나라와 더 큰 차이점을 보여 준다.

한국, 일본, 대만은 국가 주도적 성장을 성공적으로 이룩했고, 이에 따라 국가가 경제에 적극적으로 개입하는 것이 상당한 정당성을 확보하고 있다. 과거와 달리 국가의 개입과 조정이 횟수와 강도 면에서 약화된 것은 사실이지만, 아직도 이들 국가는 서구 국가에 비해 경제의 주요 정책과 사안에 적극적으로 개입하고 있다.

민주주의의 성장과 더불어 각국의 시민사회와 기업은 점점 힘을 키워 가고 있다. 그 결과 자율적인 국가가 경제에 직접 관여해 통제하거나 조종하기는 어려워질 것이라고 예상할 수도 있다. 하지만 동아시아 경제가 신자유주의, 금융화 등의 표피를 쓰고 나타나는 자율시장적 요소를 가진 서구 자본주의의 영향을 받으면 받을수록 그 폐해가 각국에 나타날 것이고, 시민사회는 국가를 통해 사회를 보호하려 시도할 것이다. 이때 동아시아 국가는 서구보다 경제 개입과 조정에 상대적으로 긍정적일 것이다.

세계화, 경제성장, 시민사회의 역할 강화는 정도의 차이는 있지만 동아시아 3국에서 모두 관찰되고, 이것은 전통적인 국가 주도 사회에 변화를 가져오는 것으로 보인다. 일본은 세계 경제에서 담당하는 역할과 세계 경제와의 통합 정도를 고려할 때, 다른 국가에 비해 시장주의적 개혁의 수준과 상품화 정도가 상당히 높다. 그래서 위트와 레딩(Witt and Redding, 2013: 282)은 일본이 다른 아시아 국가와 달리 국가주의적이라기보다 정책 결정 과정에 다양한 산업 조직의 참여를 허용하는 조합주의적 성격을 보이는 유럽의 프랑스, 독일, 스웨덴 등과 공통점을 지닌다고 평가한다. 한국도 일본과 같은 평가를 받지는 못하지만, 문돈과 정진영(2014: 144)은 자율적 관료 집단에 초점을 맞춰 발전국가가 더는 존재할 수 없다고 주장한다. 발전국가를 유지해야 하는 관료들이 1990년대 이후 국가 이익이 아니라 사익을 추구하는 집단으로 변질되었기 때문에 더는 자율적이지 않아 발전국가가 가능하지 않다는 것이다. 대만 역시 민주화 이후 정치적인 결정과 대중영합주의 득세로 발전국가가 크게 약화했다는 평가도 있다(Hsu, 2011).

그러나 몇몇 연구자는 최소한 한국과 대만에서 국가의 주도성과 적극성 모두 약화되었지만, 다른 국가에 비하면 매우 강한 수준이라고 주장한다. 이를 이미 일본을 앞지르고 미국의 경제발전 규모와 수준에 접근하고 있는 국가 주도적 중국 자본주의 체제와 연결하면, 장래 경제발전에서 국가의 주도적 역할에 대한 긍정적인 평가가 나올 수도 있다.

또한 최근 선진자본주의에서 국가의 적극적인 역할에 관한 논의도 동아시아 자본주의 국가에서 국가의 역할을 예측하는 데 참고할 수 있다. 보몰 등(Baumol, Litan and Schramm, 2012: 127)은 다양한 자본주의 형태 중에서 가장 효율적으로 성장하는 경제성장체제는 독과점적 대기업과 혁신적 창업기업이 결합해 공존하는 형태라고 주장한다. 이는 수많은 소규모 혁신기업이 혁신적인 제품을 만들어 내면 이를 독과점적인 대기업이 상품화하여 대량생산하는 체제를 말한다. 문제는 독과점 대기업과 혁신적인 창업 소기업을 어떻게 공존하게 만들 수 있느냐 하는 것이다. 보겔(Vogel, 2018)은 국가가 이러한 공존을 가능하게 할 수 있다고 본다. 그는 자본주의가 고도화될수록 시장에는 끊임없이 새로운 제도가 형성되는데, 이 새로운 제도가 독점을 방지하고 혁신을 끌어낼 수 있어야 선진 자본주의가 발전한다는 것이다. 그는 미국과 일본의 다양한 시장통제장치를 비교하면서, 발전을 위한 최선의 유일한 제도는 존재하지 않고 국가별 상황에 맞춰 선택하는 것이라고 지적한다. 핵심은 선진 자본주의에서도 국가는 시장과 관련된 다양한 제도를 만들어 내는 중요한 기능을 수행한다는 것이다. 헤리겔(Herrigel, 2010) 역시 과거 역사적 경로와 상관없이 같은 산업에서의 구조조정 문제를 국가마다 다양한 방식으로 해결하는 것을 보여 줌으로써, 특정 국가가 직면한 문제에 대한 최적의 유일한 해답은 존재하지 않는다고 말하면서 동아시아 국가, 특히 중국 국가의 역할에 대해 부정적으로만 평가하기는 어렵다고 주장한다.

중국에서 일어나는 변화의 성격은 뚜렷하다. 중국은 자본주의를 계속 유지하겠지만, 그것은 우리가 알고 있는 자본주의가 아니라, 새로운 형태의 자본주의일 가능성이 매우 크다. 중국 국가는 사유재산을 불법으로 여기지도 않고, 사익을 추구하는 경제행위를 금지하지도 않지만, 자율조정시장은 허용하지 않고 국가가 시장을 조종하는 자본주의라는 것이다. 린(Lin, 2018)에 의하면 2012년 시진핑 집권 이후 중국 정부는 사기업조차 국영화하려는 경향을 보인다. 개인이 국가의 적극적인 지원으로 대기업을 이루면 국가가 국유화해서 직접 운영한다는 것이다. 이는 앞서 브레슬린(Breslin, 2012: 42-44)이 2009년 하반기 이후 국진민퇴 아이디어가 확산하고 있다고 관찰한 것과 일치한다.

이러한 국가 개입 자본주의는 커다란 재앙이 될 수도 있다. 한 예로, 카니(Carney, 2012)는 지방정부 차원에서 수많은 기업과 사업에 투자가 이뤄지고 있는데, 이것이 현재 커다란 경제 문제로 대두되고 있다고 본다. 그런데 중앙정부가 이 문제를 정치적으로 해결하려고 할 것이기 때문에 오히려 문제를 키울 가능성이 있고, 게다가 중국의 만연한 부정부패는 문제 해결을 더욱 요원하게 만든다고 주장한다.

아이버슨과 소스키스(Iversen and Soskice, 2019)는 선진 자본주의 국가에 관한 연구에서 민주주의가 새로운 시장 규율 형성에 커다란 도움을 준다고 지적한다. 지식기반 사회에서 국가의 적극적인 개입으로 인한 제도 개선, 높은 수준의 공교육 제공 등으로 지속적인 성장이 가능한데, 민주주의는 이러한 국가적 필요성을 적극적으로 수행하는 능력이 있는 정당이 정권을 유지할 수 있게 만든다는 것이다. 이러한 비판적 평가에 대해서 린(Lin, 2018)은 현재 중국 발전 과정에서 많은 문제점이 드러나고 있지만, 이는 자본주의 발전 과정에서 많은 국가들이 경험한 일이라고 본다. 대신 그는 효과적이고 효율적으로 정책을 집행할 수 있는, 일본의 발전국가에서 있었던 관료집단과 비견할 수 있는 공산당 지도자들이 중국의 정책을 제대로 이끌어갈 것이라고 확신한다.

결론적으로 동아시아 자본주의는 매우 빠른 속도로 성장하며 변화하고 있으므로 그 성격과 미래는 아직 확정적이지 않다. 하지만 국가가 경제, 사회, 복지제도 등에 강력하게 개입하는 것은 동아시아 자본주의를 다른 지역의 자본주의와 구분 짓게 한다. 아직도 발전국가의 유제에 의해 강한 영향을 받기 때문이다. 더욱이 국가자본주의를 채택하고 있는 중국의 미래는 역내 다른 국가들에도 심대한 영향을 줄 것이다. 그러므로 동아시아 자본주의가 선진 자본주의로 진입한다고 해도 국가별로 정도의 차이는 있지만, 다양한 층위에서 국가의 적극적인 개입 수준은 영미, 유럽 등 다른 자본주의 국가보다 상당 기간 뚜렷히 높을 것이다.

참고문헌

강민. 1983.「관료적 권위주의의 한국적 생성」.『한국정치학회보』 17: 341-362.

강윤재. 2011.「광우병 위험과 촛불집회」.『경제와 사회』 89: 269-297.

강황선. 2003.「정부중재형 거버넌스 체제의 운영전략에 관한 연구」.『한국사회와 행정연구』 14(3): 201-227.

경제기획원. 1980.『통계연보』. 서울: 경제기획원 조사통계국.

고금비. 2016.「사회운동세력의 정당정치진입: 대만 시대역량의 사례」. 연세대학교 석사학위논문.

고병익. 1995.「동아시아 나라들의 상호 소원과 통합」. 정문길·최원식·백영서·전형준 엮음.『동아시아, 문제와 시각』. 서울: 문학과지성사.

고성국. 1985.「1970년대의 정치변동에 관한 연구: 유신체제의 성립과 붕괴과정」. 최장집 엮음.『한국 자본주의와 국가』. 서울: 한울.

고양중·강태헌. 2015.「중국경제의 리스크 점검 및 평가」.『국제경제리뷰』 17: 1-15.

구춘권. 1999.「'아시아적' 자본주의?: 전후 유럽의 성장구도에 대비되는 한국과 일본에서 자본주의 발전의 특수성들」.『한국정치학회보』 33(1): 207-229.

국민호. 1993.「국가주도적 경제발전: 일본·한국·대만의 산업정책에 대한 비교 연구」.『현대사회과학연구』 4: 151-185.

______. 2016.「전후 일본의 신자유주의 실험과 경제위기」.『현상과 인식』 39(3): 69-109.

권순미. 2008.「민주화, 세계화, 대만의 사회정책」.『사회과학논총』 39(2): 109-126.

권영주·김근세·라휘문·정용덕. 2001.「일본 자본주의 국가의 기능과 기구, 1981-1996」.『한국정책학회보』 10(1): 237-266.

권혁기·이지평. 1993.『일본형 자본주의: 관민협조의 성공모델』. 서울: 럭키금성경제연구소.

김기원. 2007.「김대중-노무현 정권은 시장만능주의인가」.『창작과 비평』 137: 171-186.

김도균. 2012.「국가의 저축동원과 발전주의 복지체제의 형성: 한국과 일본 사례 비교 연구」.『한국사회정책』 19(1): 163-198.

김동춘. 2017.「촛불시위, 대통령 탄핵과 한국 정치의 새 국면」.『황해문화』 94: 202-

220.
김범석. 2002. 「갈라지는 민주화의 길」. 『국제정치논총』 42(2): 237-262.
김성숙 외. 2011. 『아시아 태평양 10개 국가의 공적연금제도 비교연구』. OECD 대한민국정책센터·국민연금연구원.
김성옥. 2012. 「중국 국진민퇴(國進民退)의 배경과 작동기제에 관한 연구: 강화와 확산의 기제와 사례」. 『중국연구』 56: 27-54.
김시윤. 1999. 「국가개입과 경제성장: 지대추구론 비판을 중심으로」. 『한국행정논집』 11(4): 755-773.
______. 2010. 「발전이론과 국가-기업관계: 지대추구에서 성장지향으로」. 『한국비교정부학보』 14(1): 101-120.
김영명. 1996. 『동아시아 발전모델의 검토』. 서울: 소화.
김용렬. 2008. 「일본기업의 소유구조와 고이즈미 정권의 친기업정책」. 『일본연구논총』 28: 257-284.
김용복. 2016. 「2000년대 일본의 장기불황과 정권변동: 신자유주의, 복지주의, 신보수주의」. 『일본비평』 15: 84-111.
김은혜. 2015. 「전후 일본 발전국가의 구조전환: 토건국가에서 신자유주의까지」. 『일본학보』 105: 77-90.
김인춘. 2004. 「위기 이후의 발전국가와 국가정체성: 한국, 중국, 일본」. 『세계지역연구논총』 22(1): 223-252.
김정규. 2014. 「일본 노동시장의 구조변화 및 정책과제」. 『해외경제 포커스』 22. 서울: 한국은행.
김준. 1991. 「대만에 있어서 노동자계급의 형성과 노동운동 1945-87」. 『경제와 사회』 10: 126-170.
김지은. 2017. 「중국 경제정책(3): 중국의 미래 대비 주요 정책과 전망」. 『국제경제리뷰』 6: 1-16.
김태일. 1985. 「권위주의 등장 원인에 관한 사례 연구: 유신 권위주의체제의 성립을 중심으로」. 최장집 엮음. 『한국 자본주의와 국가』. 서울: 한울.
김형기. 2007. 「서장: 글로벌화·정보화 시대와 자본주의의 다양성」. 김형기 엮음. 『현대 자본주의 분석』. 서울: 한울.
______. 2016. 「동아시아 발전모델의 원형과 변형」. 『경제발전연구』 22: 1-25.
김호기. 1985. 「경제개발과 국가의 역할에 관한 연구: 1960-70년대를 중심으로」. 최장집 엮음. 『한국 자본주의와 국가』. 서울: 한울.
노턴, 배리(Naughton, Barry). 2010. 『중국경제: 시장으로의 이행과 성장』. 이정구·전용복 옮김. 서울: 경제경영.
다나카, 스테판(Tanaka, Stefan). 1995. 「근대 일본과 '동양'의 창안」. 정문길·최원식·백영서·전형준 엮음. 『동아시아, 문제와 시각』. 서울: 문학과지성사.
다케다 하루히토(武田晴人). 2016. 「성장신화로부터의 탈출: 제로성장기 일본경제를 보는 새로운 시각」. 『일본비평』 15: 18-49.
대외경제정책연구원. 2004. 『2004년 중국경제연보: 중국의 부상과 동아시아 경제』. 서울: 대외경제정책연구원.
딜릭, 아리프(Dirlik, Arif). 1995. 「아시아-태평양권이라는 개념」. 정문길·최원식·백영서·전형준 엮음. 『동아시아, 문제와 시각』. 서울: 문학과지성사.
뚜 웨이밍(Tu Weiming). 1995. 「유가철학과 현대화」. 정문길·최원식·백영서·전형준 엮음. 『동아시아, 문제와 시각』. 서울: 문학과지성사.
란보조우(籃博洲). 1998. 「대만-2.28에서 50년대로 이어지는 백색테러」. 『역사비평』 42: 53-69.
류석진. 2012. 「세계경제위기와 한국형 자본주의 모델: 발전국가, 자본주의 모델 그리고 경로의존성을 중심으로」. 『한국과 국제정치』 28(1): 155-183.
류석춘·왕혜숙. 2007. 「외환위기는 발전국가를 변화시켰는가: 공적 자금을 중심으로」. 『한국사회학』 41(5): 64-97.
맥마이클, 필립(McMichael, Philip). 2013. 『거대한 역설: 왜 개발할수록 불평등해지는가』. 조효제 옮김. 서울: 교양인.
모건, 글렌(Morgan, Glenn). 2016. 「21세기 자본주의와 아시아 탐색하기」. 『아시아리뷰』 52: 39-62.
문돈·정진영. 2014. 「발전국가모델에서 신자유주의모델로: '한국발전모델' 논쟁에 대한 비판적 평가」. 『아태연구』 21(2): 129-164.
박노자. 2006. 『당신들의 대한민국』 1·2. 서울: 한겨레출판사.
박병걸. 2017. 『최근 일본 고용여건 개선세의 주요 특징』. 도쿄: 한국은행 도쿄사무소.
박상영. 2015. 「발전주의와 신자유주의의 혼재성에 대한 고찰: 90년대 이후 한국 발전국가의 변화와 혼재성의 다양성」. 『아태연구』 22(4): 5-40.
박윤철. 2004. 「대만의 시민사회조직과 시민사회의 성숙도」. 『중국학연구』 30: 511-538.
박천오. 2006. 「정부관료제 연구의 두 관점」. 『행정논총』 43(1): 1-31.
백승욱. 2003. 「중국과 동아시아 발전모델」. 한국산업사회연구회 엮음. 『노동과 발전의 사회학』. 서울: 한울.
백욱인. 2008. 「촛불시위와 대중」. 『동향과 전망』 74: 159-188.
사사다 히로노리(佐田博教). 2014. 『일본 발전국가의 기원과 진화』. 박성진 옮김. 서울: 한울.
서문기. 2008. 「한국사회의 발전경험과 국가의 역할에 관한 연구」. 『국제지역연구』 17(3): 1-25.

______. 2013.「사회발전과 문화: 기어츠(Geertz)의 비교문화연구에 대한 방법론적 고찰」.『사회과학논총』 15: 119-140.

______. 2015a.「잘사는 국가는 행복한가?: 삶의 질에 관한 국가 간 비교분석」.『한국사회학』 49(1): 111-137.

______. 2015b.「문화적 가치체계가 삶의 질에 미치는 영향」.『문화정책논총』 29(2): 78-102.

______. 2016.「한국의 사회발전경로에 관한 이론적 소고」.『사회과학논총』 18: 1-25.

______. 2018.「부패인지에 미치는 영향요인 연구: 한국과 아시아의 경험을 중심으로」.『아시아리뷰』 7(2): 3-31.

서상민. 2011.「시장경제 시기 중국의 국가역할: 1990년대 국가발전계획위원회의 선도기구(pilot agency) 역할 분석」.『아태연구』 18(1): 19-44.

소, 앨빈(So, Alvin). 2012.「중국의 경제기적과 그 궤적」. 홍호평·조반니 아리기 외.『중국, 자본주의를 바꾸다』. 하남석 외 옮김. 서울: 미지북스.

손호철. 2006.「세계화와 한국국가의 성격 변화」.『동아연구』 5: 16-33.

송병락. 2010.『한국경제의 길』. 서울: 박영사.

송주명. 2010.「내셔널리즘과 신자유주의를 넘어?: 민주당 집권과 일본의 탈발전국가의 전략」.『민주사회와 정책연구』 17: 152-189.

신광영. 2006.「한국의 세계화」.『문화과학』 47: 200-215.

신규성. 1997.「한국과 대만의 경제발전과정 비교 연구」.『경제연구』 6(2): 1-26.

신상진. 2002.「대만의 민주화: 과정과 시사점」.『한국동북아논총』 23: 155-171.

신장섭·장하준. 2004.『주식회사 한국의 구조조정: 무엇이 문제인가』. 장진호 옮김. 파주: 창비.

안병영. 1992.「한국관료제의 변천과 전망」.『한국행정연구』 1(1): 76-84.

양동권. 2016.「정보화 시대의 대만 사회운동」.『대만연구』 8: 25-39.

양종회 외. 1993.『발전과 저발전의 비교사회학』. 서울: 나남.

왕윤종. 2016.「신창타이 시대 홍색자본주의의 진화에 대한 고찰」.『현대중국연구』 18(3): 99-154.

왕윤종·이치훈. 2017.「중국 금융시스템의 취약성과 개혁 딜레마」.『한중사회과학연구』 15(3): 25-55.

유재원. 2013.「일본의 장기침체와 정책대응: 평가와 교훈」.『동북아경제연구』 25(4): 121-164.

유종일. 2008.『위기의 경제: 금융위기와 한국경제』. 서울: 생각의나무.

윤상우. 2005.『동아시아 발전의 사회학』. 파주: 나남출판.

______. 2006.「한국 발전국가의 형성·변동과 세계체제적 조건, 1960-1990」.『경제와 사회』 72: 69-94.

______. 2010.「자본주의의 다양성과 비교자본주의론의 전망」.『한국사회』 112: 3-36.
______. 2013.「신자유주의 시대의 대만 발전국가」.『경제와 사회』 100: 407-438.
______. 2015.「중국의 자본주의와 탈종속적 발전」.『지역사회학』 16(3): 219-251.
______. 2016.「한국 성장지상주의 이데올로기의 역사적 변천과 재생산」.『한국사회』 17(1): 3-38.
______. 2018a.『신자유주의와 자본주의의 사회학』. 서울: 한울아카데미.
______. 2018b.「중국 발전모델의 진화와 변동: 발전국가를 넘어 국가자본주의로?」.『아시아리뷰』 7(2): 33-61.
윤영관. 1999.「동아시아 모델과 세계 자본주의: 시장·제도·국가의 관점에서」. 백광일·윤영관 엮음.『동아시아 위기의 정치경제』. 서울: 서울대학교출판부.
이기현. 2010.「중국 전환기 국가성격에 대한 재고찰: 분권화된 약탈국가이론의 관점에서」.『중소연구』 34(3): 67-90.
이남주. 2001.「개혁개방 이후 중국 산업정책의 변화과정과 변화요인」.『현대중국』 3: 5-41.
______. 2010.「중국의 신발전관: 동아시아 발전모델의 부활?」.『민주사회와 정책연구』 18: 71-99.
이병천. 1998.「발전국가 자본주의와 발전 딜레마: 경제위기에 의한 국가주의적 동원형 발전체제의 재조명」. 이병천·김균 엮음.『위기, 그리고 대전환: 새로운 한국 경제 패러다임을 찾아서』. 서울: 당대.
이성형. 1985.「국가개입에 관한 한 연구: 8·3 조치를 중심으로」. 서울대학교 석사학위논문.
이수행·김윤태·이준엽·문현미. 2007.『대만경제의 침체 배경과 시사점』. 화성: 경기개발연구원.
이연호. 2000.「김대중정부의 경제개혁과 신자유주의적 국가 등장의 한계: 동아시아 개발도상국의 한 사례」.『한국정치학회보』 33(4): 287-307.
이영철. 2004.「1970년대 초의 노동정책의 변화: 정치제도와 노동관계제도의 이중적 힘」.『한국정치학회보』 38(2): 143-165.
이재열. 1994.「개인의 합리성에서 제도의 신화까지: 조직과 시장의 사회학」.『사회비평』 11: 34-64.
______. 2009.『사회발전과 측정: OECD 세계포럼의 이해』. 서울: 통계청.
이재호·박경돈. 2011.「동아시아 국가의 통신시장자유화와 시장경쟁모델: 통신사업자의 효율성 분석을 중심으로」.『한국정책학회보』 20(2): 383-410.
이재희. 1987.「자본축적과 국가의 역할」. 이대근·정운영 엮음.『한국자본주의론』. 서울: 까치.
이정구. 2012.「중국 발전국가론에 대한 비판적 검토」.『아태연구』 19(2): 69-103.

이종철·강승호. 2012.「중국식 국가자본주의: 당-국가 모델의 의의와 한계」.『한중사회과학연구』 10(4): 45-78.
이지용. 2015.「집권 3년 차 시진핑의 중국 정치·경제개혁 현주소 평가」.『주요국제문제분석』 13: 1-21.
이지호. 2017.「박근혜 촛불, 누가 왜 참여했나: 참여행동 모형과 참여태도 모형의 비교」.『한국정치연구』 262: 75-103.
이희옥. 2008.「중국모델의 이데올로기적 기초」. 전성홍 엮음.『중국모델론: 개혁과 발전의 비교역사적 탐구』. 서울: 부키.
임혁백. 1994.『시장·국가·민주주의: 한국 민주화와 정치경제이론』. 서울: 나남.
임현진. 1984.「종속적 발전에 따른 국가의 변모」. 박현채 외 엮음.『한국사회의 재인식 1』. 서울: 한울.
______. 1993.『제3세계 연구: 종속, 발전 및 민주화』. 서울: 서울대학교출판부.
______. 1996.「사회과학에서의 근대성 논의: '근대화 프로젝트'를 중심으로」. 역사문제연구소 엮음.『한국의 '근대'와 '근대성' 비판』. 서울: 역사비평사.
______. 1998.『지구시대의 세계의 변화와 한국의 발전』. 서울: 서울대학교출판부.
______. 2001.「동아시아 발전의 현실과 신화」. 임현진 엮음.『21세기 한국사회의 안과 밖: 세계체제에서 시민사회까지』. 서울: 서울대학교출판부.
______. 2005.「비교발전 경험에서 본 박정희의 유신체제(1): 중남미 경험에 비춘 역학과 모순」.『세계지역연구논총』 23(2): 269-302.
______. 2006.「한국의 발전 경험과 대안모색: 새로운 발전 모델을 찾아서」.『한국사회학』 40(1): 1-31.
______. 2010.「동북아시아에서의 내셔널리즘과 보편주의의 조화: 문화공동체의 모색」.『동북아문화연구』 24: 169-187.
______. 2017.『대한민국의 길을 묻다』. 서울: 백산서당.
임현진 외. 2009.『지속 가능한 한국 발전 모델과 성장 동력』. 서울: 서울대학교출판부.
임혜란. 2018.『동아시아 발전국가모델의 재구성』. 서울: 서울대학교출판문화원.
장영걸. 2013.「한·중 시민사회에 대한 비교연구: 시민단체를 중심으로 본 국가·사회관계」. 연세대학교 석사학위논문.
장하준(Chang, Ha-Joon). 2004.『사다리 걷어차기』. 형성백 옮김. 서울: 부키.
전영수. 2010.「신자유주의 이후 일본의 대안모델 담론분석: 경제시스템을 중심으로」.『한일경상논총』 49: 3-38.
전익호. 2014.「중국의 국유기업 개혁 현황 및 전망」.『국제경제리뷰』 28: 1-13.
정일준. 2013.「대만과 한국의 발전국가로의 전환 비교연구: 1950년대 미국의 아시아 냉전전략을 중심으로」.『사회와 역사』 100: 447-484.
정일환. 1998.「사회발전모형의 이념과 가치에 대한 실증적 연구」.『사회과학연구』 5:

121-145.
정진성 외. 2009.『사회의 질 동향 2009』. 서울: 서울대학교출판문화원.
정태석. 2009.「광우병 반대 촛불집회에서 사회구조적 변화 읽기」.『경제와 사회』81: 251-272.
정태환. 2003.『한국의 정치사회적 갈등』. 서울: 일신사.
젱아스, 디이터(Senghaas, Dieter). 1990.『유럽의 교훈과 제3세계』. 한상진·유팔무 옮김. 서울: 나남.
조영철. 2007.『금융세계화와 한국경제의 진로: 민주적 시장경제의 길』. 서울: 후마니타스.
조현준. 2013.「국유기업 개혁 과제」. 양평섭·나수엽 엮음.『중국의 중장기 경제개혁 과제와 전망』. 서울: 대외경제정책연구원.
조홍식. 2020.『자본주의 문명의 정치경제』. 서울: 서강대학교출판부.
좌승희. 2008.『진화를 넘어 차별화로』. 서울: 지평.
주노종·이우형. 2017.「일본 국가부채의 원인과 한국에 주는 시사점 고찰」.『제도와 경제』11(2): 153-175.
지만수. 2007.「중국의 꿈?: 과학적 발전관의 내용과 의미」.『KIEP 오늘의 세계경제』48: 1-16.
지은주. 2012.「대만 경제개방의 확대와 소득불평등 개선을 위한 정부의 대응」.『국제정치논총』52(3): 447-471.
______. 2016.「대만의 민주주의는 공고화되었는가?」.『국제정치논총』56(3): 263-297.
지은주·董思齊. 2009.「신생 민주주의 과거청산의 정치적 동학」.『국제정치논총』49(5): 225-250.
지주형. 2011.『한국 신자유주의의 기원과 형성』. 서울: 책세상.
진희선·송재룡. 2013.「칼 폴라니의 '전환적' 사회경제사상에 대한 고찰」.『사회사상과 문화』28: 267-315.
채오병. 2009.「사건사의 인식론과 방법론」.『사회와 역사』83: 157-185.
최완규. 1987.「유신 권위주의체제의 성립요인에 관한 연구」. 경희대학교 박사학위논문.
최장집. 1985.「과대성장국가의 형성과 정치균열의 구조」.『한국사회연구』3: 183-216.
______. 1998.「김대중정부의 개혁방향과 전략에 관한 하나의 소고」.『아세아연구』41(2): 75-91.
최창근·장지호. 2015.「대만의 원자력발전소 건설은 어떻게 중단되었는가」.『한국행정논집』27(3): 673-690.
최필수. 2015.「국유기업 개혁: 민영화와는 거리, 대형화로 강한 기업 탄생」.『Chindia Plus』104: 52-53.

최필수·노성호. 2017.「중국 특색 사회주의의 경제적 특징」.『현대중국연구』 18(4): 141-177.

KB금융지주 경영연구소. 2013.「중공 18기 3중전회의 주요 내용과 평가」.『CEO MEMO』 2013-21: 1-6.

크뢰버, 아서(Kroeber, Arthur). 2017.『127가지 질문으로 알아보는 중국경제』. 도지영 옮김. 서울: 시그마북스.

텐브린크, 토비아스(Ten Brink, Tobias). 2016.「장기활황은 끝났는가?: 중국의 장기성장에 대한 제도 비교·분석」.『아시아리뷰』 6(1): 195-223.

피케티, 토마(Piketty, Thomas). 2014.『21세기 자본』. 장경덕 외 옮김. 서울: 글항아리.

페이, 민신(Pei, Minxin). 2011.『불확실한 중국의 미래』. 황성돈 옮김. 서울: 책미래.

한병철(Byung-Chul Han). 2012.『피로사회』. 김태환 옮김. 서울: 문학과지성사.

한상영·김용학·송복. 2000.「일본 퍼스널컴퓨터 산업의 저발전에 대한 연구: 기업간 연결망과 정부의 역할을 중심으로」.『한국사회학』 34(1): 135-166.

한상진. 1983.「관료적 권위주의와 한국사회」. 서울대학교 사회학연구회 엮음.『한국사회의 전통과 변화』. 서울: 범문사.

한석정. 2010.「박정희, 혹은 만주국판 하이 모더니즘의 확산」.『일본비평』 3: 120-137.

한재현. 2015.「뉴노멀 시대 중국경제의 변화방향과 과제」.『국제경제리뷰』 2: 1-17.

홍경준·송호근. 2003.「한국 사회복지정책의 변화와 지속: 1990년 이후를 중심으로」.『한국사회복지학』 55: 205-230.

홍승직. 1994.『사회발전과 한국인의 가치문제』. 서울: 일신사.

황석만. 2012.「박정희 경제 체제의 형성과 지속: 경로의존적 접근」.『아시아리뷰』 2(1): 153-184.

橋本健二. 2007.『新しい階級社会・新しい階級闘争』. 東京: 光文社.

杜維明. 1990.『儒家傳統的現代轉化』. 北京: 中國廣播電視出版社.

文部科学省. 2018.『大学卒業者の就職状況』. 東京: 文部科学省.

濱下武志. 1989.『東亞世亞國際體制』. 東京: 東京大学出版会.

吳敬璉. 2001.『改革: 我們正在過大關』. 上海: 三聯書店.

林毅夫·李周·蔡昉. 1996.『中國的奇蹟: 發展戰略經濟改革』. 上海: 三聯書店.

中國國家統計局. 2016.『中國統計年鑑』.

総務省. 2018.『就業構造基本調査』. 東京: 総務省 統計局.

厚生労働省. 2018.『社会保障と経済成長』. 東京: 厚生労働省.

Abu-Lughod, J. 1989. *Before European Hegemony: The World System A.D. 1250-1350*. Oxford: Oxford University Press.

Acemoglu, D. and J. Robinson. 2013. *Why Nations Fail: The Origins of Power, Prosperity, and Poverty*. New York: Crown.

Agarwala, R. 2002. *The Rise of China: Threat or Opportunity?* New Delhi: Bookwell.

Albert, M. 1991. *Capitalisme contre capitalisme*. Paris: Seuil.

Amable, B. 2003. *The Diversity of Modern Capitalism*. Oxford: Oxford University Press.

Amsden, A. 1989. *Asia's Next Giant: South Korea and Late Industrialization*. Oxford: Oxford University Press.

______. 2001. *The Rise of "The Rest": Challenges to the West from Late Industrializing Economies*. Oxford: Oxford University Press.

Amyx, J. 2004. *Japan's Financial Crisis: Institutional Rigidity and Reluctant Change*. Princeton: Princeton University Press.

Appelbaum, Richard P., Rachel Parker, and Cong Cao. 2011. "Developmental State and Innovation: Nanotechnology in China." *Global Networks* 11(3): 298-314.

Arrighi, G. 1991. "World Income Inequalities and the Future of Socialism." *New Left Review* 189: 39-64.

______. 1996. "Global Restructuring and the 'Strange Death' of the Third World." Paper presented on *the Global Colloquium Series*. LA: UCLA Center for Social Theory and Comparative History.

______. 2007. *Adam Smith in Beijing: Lineages of the 21st Century*. London: Verso.

Arthur, B. 1989. "Competing Technologies, Increasing Returns, and Lock-In by Historical Events." *Economic Journal* 99(394): 116-131.

Balassa, B. 1988. "The Lessons of East Asian Development: An Overview." *Economic Development and Cultural Change* 36: S273-293.

Ban, C. 2013. "Brazil's Liberal Neo-developmentalism: New Paradigm or Edited Orthodoxy?" *Review of International Political Economy* 20(2): 298-331.

Barrett, R. and M. Whyte. 1982. "Dependency Theory and Taiwan: Analysis of a Deviant Case." *American Journal of Sociology* 87(5): 1064-1089.

Baumol, W., R. Litan, and C. Schramm. 2012. "The Four Types of Capitalism, Innovation, and Economic Growth." In C. Mueller (ed.), *The Oxford Handbook of Capitalism*. Oxford: Oxford University Press.

Beeson, M. 2007. *Regionalism, Globalization and East Asia: Politics, Security and Economic Development*. London: Palgrave.

Beeson, M. and I. Islam. 2005. "Neo-liberalism and East Asia: Resisting the Washington Consensus." *Journal of Development Studies* 41(2): 197-219.

Bell, D. 2000. *East Meets West*. Princeton: Princeton University Press.

Bellah, R. 1957. *Tokukawa Region: The Values of Pre-Industrial Japan*. Glendale: The Free Press.

Bendix, R. 1967. "Tradition and Modernity Reconsidered." *Comparative Studies in Society and History* 9(3): 292-346.

Berlinski, C. 2011. *There is No Alternative: Why Margaret Thatcher Matters*. New York: Basic Books.

Bevir, M. 2006. "Democratic Governance: Systems and Radical Perspective." *Public Administration Review* 66(3): 426-436.

Bhagwati, J. and A. Panagariya. 2013. *Why Growth Matters: How Economic Growth in India Reduced Poverty and the Lessons for Other Developing Countries*. New York: Public Affairs.

Braudel, F. 1995. *A History of Civilizations*. New York: Penguin Books.

Bremmer, I. 2011. *The End of the Free Market: Who Wins the War Between States and Corporations?* New York: Portfolio Trade.

Brenner, N., J. Peck, and N. Theodore. 2010a. "Variegated Neoliberalization: Geographies, Modalities, Pathways." *Global Networks* 10(2): 182-222.

______. 2010b. "After Neoliberalization?" *Globalization* 7(3): 327-345.

Breslin, S. 2012. "Government-industry Relations in China: A Review of the Art of the State." In A. Walter and X. Zhang (eds.), *East Asian Capitalism: Diversity, Change, and Continuity*. Oxford: Oxford University Press.

Carney, R. 2012. "Political Hierarchy and Finance: The Politics of China's Financial Development." In A. Walter and X. Zhang (eds.), *East Asian Capitalism: Diversity, Change, and Continuity*. Oxford: Oxford University Press.

Carroll, T. 2017. "Late Capitalism and the Shift from the 'Developmental State' to the Variegated Market State." In T. Carroll and D. Jarvis (eds.), *Asia After Developmental State: Disembedding Autonomy*. Cambridge: Cambridge University Press.

Castells, M. 1992. "Four Asian Tigers with a Dragon Head: A Comparative Anlaysis of the State, Economy, and Society in the Asian Pacific Rim." In R. Appelbaum and J. Henderson (eds.), *State and Development in the Asian Pacific Rim*. London: Sage.

Cerny, P., G. Menz, and S. Soederberg. 2005. "Different Roads to Globalization: Neoliberalism, the Competition State, and Politics in a More Open World." In S. Soederberg et al. (eds.), *Internalizing Globalization: The Rise of Neoliberalism and the Decline of National Varieties of Capitalism*. Houndmills: Palgrave Macmillan.

Cetron, M. and O. Davies. 2006. "The Dragon vs. the Tiger." *Futurist* 40(4): 39-46.

Chang, H. 2006. *The East Asian Development Experience: The Micracle, the Crisis and the*

Future. New York: Zed Books.

______. 2010a. "How to 'Do' a Developmental State: Political, Organizational and Human Resources Requirements for the Developmental State." In O. Edigheji (ed.), *Constructing a Democratic Development State in South Africa: Potentials and Challenges*. Cape Town: HSRC Press.

______. 2010b. *23 Things They Don't Tell You About Capitalism*. New York: Penguin Books.

Chang, J. and R. Ram. 2000. "Level of Development, Rate of Economic Growth and Income Inequality." *Economic Development and Cultural Change* 48(4): 787-799.

Cheng, T. 1989. "Democratizing the Quasi-Leninist Regime in Taiwan." *World Politics* 41(4): 471-499.

Chibber, V. 2002. "Bureaucratic Rationality and the Developmental State." *American Journal of Sociology* 107(4): 951-989.

Chu, Y. 1996. "Democracy and Organized Labor in Taiwan: the 1986 Transition." *Asian Survey* 36(5): 495-510.

______. 2013. "Coping with the Global Financial Crises: Institutional and Ideational Sources of Taiwan's Economic Resiliency." *Journal of Contemporary China* 22(82): 649-668.

______. 2014. "Unravelling the Enigma of East Asian Economic Resiliency: The Case of Taiwan." In T. Pempel and K. Tsunekawa (eds.), *Two Crises, Different Outcomes: East Asia and Global Finance*. Ithaca: Cornell University Press.

Chu, Y. and J. Lin. 2001. "Political Development in 20th-century Taiwan: State-building, Regime Transformation and the Construction of National Identity." *The China Quarterly* 165: 102-129.

Clark, C. and A. C. Tan. 2012. "Taiwan's Increasingly Boxed-in Economy: Economic Performance and Democratization." *Korea Observer* 43(1): 113-143.

Coates, D. (ed.) 2005. *Varieties of Capitalism, Varieties of Approaches*. Houndmills: Palgrave Macmillan.

Cohen, J. 1995. "Capacity Building in the Public Sector: A Focused Framework for Analysis and Action." *International Review of Administrative Sciences* 61(3): 407-422.

Collier, R. and D. Collier. 1979. "Inducements versus Constraints: Disaggregating Corporatism." *American Political Science Review* 73(4): 967-986.

______. 2002. *Shaping the Political Arena: Critical Junctures, the Labor Movement, and Regime Dynamics in Latin America*. Notre Dame: University of Notre Dame Press.

Crouch, C. 2004. *Post-democracy*. Cambridge: Polity.

Cumings, B. 1984. "The Origins and Development of the Northeast Asian Political

Economy: Industrial Sectors, Product Cycles, and Political Consequences." *International Organization* 38(1): 1-40.

David, P. 1985. "Clio and the Economics of QWERTY." *American Economic Review* 75(2): 332-337.

Davis, D. 2004. *Discipline and Development: Middle Class and Prosperity in East Asia and Latin America*. Cambridge: Cambridge University Press.

Deyo, F. (ed.) 1987. *The Political Economy of the New Asian Industrialism*. Ithaca: Cornell University Press.

______. 1989. "Labor and Development Policy in East Asia." *Annals of the American Academy of Political and Social Science* 505(1): 152-161.

Dicken, P. 2007. *Global Shift: Mapping the Changing Contours of the World Economy*. New York: Guilford.

Dirlik, A. 1996. *The Global in the Local*. Durham: Duke University Press.

Domjahn, T. 2013. "What (If Anything) Can Developing Countries Learn from South Korea?" *Asian Culture and History* 5(2): 16-24.

Dore, R. 2000. *Stock Market Capitalism/Welfare Capitalism: Japan and Germany versus the Anglo-Saxons*. Oxford: Oxford University Press.

Duvall, R. and J. Freeman. 1981. "State and Dependent Capitalism." *International Studies Quarterly* 25(1): 99-118.

Eads, G. and K. Yamamura. 1987. "The Future of Industrial Policy." In K. Yamamura and Y. Yasuba (eds.), *The Political Economy of Japan. Vol. 1: The Domestic Transformation*. Stanford: Stanford University Press.

Erikson, E. 2014. *Between Monopoly and Free Trade: The English East India Company, 1600-1757*. Princeton: Princeton University Press.

Esping-Anderson, G. 1990. *The Three Worlds of Welfare Capitalism*. Princeton: Princeton University Press.

Evans, P. 1989. "Predatory, Developmental and Other Apparatuses: A Comparative Political Economy Perspective on the Third World States." *Sociological Forum* 4: 561-587.

______. 1995. *Embedded Autonomy: States and Industrial Transformation*. Princeton: Princeton University Press.

______. 1997. "The Eclipse of the State: Reflections on Stateness in an Era of Globalization." *World Politics* 50(1): 62-87.

______. 2010. *The Challenge of 21st Century Development: Building Capability-Enhancing States*. New York: United Nations Development Programme.

Evans, P. and J. Stephens. 1988. "Studying Development Since the Sixties." *Theory and Society* 17(5): 713-745.

Fairbank, J., E. Reischauer, and A. Craig. 1965. *East Asia: The Modern Transformation*. Boston: Houghton Mifflin Company.

Fields, K. 2012. "Not of a Piece: Developmental States, Industrial Policy, and Evolving Patterns of Capitalism in Japan, Korea, and Taiwan." In A. Walder and X. Zhang (eds.), *East Asian Capitalism: Diversity, Continuity, and Change*. Oxford: Oxford University Press.

Fourcade-Gourinchas, M. and S. Babb. 2002. "The Rebirth of the Liberal Creed: Paths to Neoliberalism in Four Countries." *American Journal of Sociology* 108(3): 533-579.

Frank, A. 1994. "The World Economic System in Asia before European Hegemony." *The Historian* 56(2): 259-276.

Freeman, N. and D. Hew. 2002. "Rethinking the East Asian Development Model." *ASEAN Economic Bulletin* 19(1): 1-5.

Friedman, E. (ed.) 1982. *Ascent and Decline in the World-System*. London: Sage.

Friedman, T. 2000. *The Lexus and the Olive Tree: Understanding Globalization*. New York: Farrar, Straus and Giroux.

______. 2007. *The World Is Flat: A Brief History of the Twenty-first Century*. New York: Picador.

Fujimoto, M. 2017. "Japan's Employment System and Public Policy: 2017-2022." *Japan Labor Issues* 1(1): 22-25.

Fukuyama, F. 1995. *Trust: The Social Virtues and the Creation of Prosperity*. New York: Free Press.

______. 2005. *State-building*. London: Profile Books.

Gamarra, E. 1994. "Market-Oriented Reforms and Democratization in Latin America: Challenges of the 1990s." In A. Smith, C. H. Acuña, and E. Gamarra (eds.), *Latin American Political Economy in the Age of Neoliberal Reform: Theoretical and Comparative Perspectives for the 1990s*. New Brunswick and London: Transaction Publishers.

Gardiner, H. and C. Kosmitzki. 2010. *Live Across Cultures: Cross-Cultural Human Development*. New York: Pearson.

Gardner, J. 2013. "The Myth of State Autonomy: Federalism, Political Parties, and the National Colonization of State Politics." *Journal of Law and Politics* 29(1): 1-68.

Gereffi, G. 1990. *Manufacturing Miracles*. Princeton: Princeton University Press.

Gerschenkron, A. 1962. *Economic Backwardness in Historical Perspective*. Cambridge: The Belknap Press of Harvard University Press.

Gibney, F. 1998. *Unlocking the Bureaucrat's Kindom: Deregulation and the Japanese Economy*. Washington, D.C.: Brookings Institution Press.

Gills, B. (ed.) 2000. *Globalization and the Politics of Resistance*. London: Palgrave Macmillan.

Granovetter, M. 1985. "Economic Action and Social Structure: The Problem of Embeddedness." *American Journal of Sociology* 91(3): 481-510.

Habermas, J. 1996. *Between Facts and Norms*. Cambridge: MIT Press.

Haggard, S. 1990. *Pathways from Periphery: The Politics of Growth in the Newly Industrializing Countries*. Ithaca: Cornell University Press.

______. 2015. "The Developmental State is Dead: Long Live the Developmental State." In J. Mahoney and T. Kathleen (eds.), *Advances in Comparative-Historical Analysis*. Cambridge: Cambridge University Press.

Haggard, S. and T. Cheng. 1987. "State and Foreign Capital in the East Asian NICs." In F. Deyo (ed.), *The Political Economy of the New Asian Industrialism*. Ithaca: Cornell University Press.

Hale, D. 1997. "Is Asia's High Growth Era Over?" *The National Interest* 47: 44-57.

Hall, D. 2004. "Japanese Spirit, Western Economics: The Continuing Salience of Economic Nationalism in Japan." *New Political Economy* 9(1): 79-99.

Hall, P. 1986. *Governing the Economy: The Politics of Intervention in Britain and France*. New York: Oxford University Press.

Hall, P. and D. Soskice. (eds.) 2001. *Varieties of Capitalism: The Institutional Foundations of Comparative Advantage*. Oxford: Oxford University Press.

Halperin, S. 1997. *In the Mirror of the Third World: Capitalist Development in Modern Europe*. Ithaca: Cornell University Press.

Halpern, D. 2010. *The Hidden Wealth of Nations*. New York: Polity Press.

Hamashita, T. 1994. "The Tribute Trade System and Modern Asia." In A. Latham and H. Kawakatsu (eds.), *Japanese Industrialization and the Asian Economy*. London: Routledge.

Hancké, B., M. Rhodes, and M. Thatcher. (eds.) 2007. *Beyond Varieties of Capitalism: Conflict, Contradictions, and Complementarities in the European Economy*. Oxford: Oxford University Press.

Harrison, L. and S. Huntington. 2000. *Culture Matters: How Values Shape Human Progress*. New York: Basic Books.

Hart-Landsberg, M. 1993. *The Rush to Development: Economic Change and Political Struggle in South Korea*. New York: Monthly Review Press.

Harvey, D. 2005. *A Brief History of Neoliberalism*. Oxford: Oxford University Press.

Hashimoto, K. and J. Miyasaka. 2000. "The Comparison of Stratification and Class in Contemporary Japan." *International Journal of Sociology* 30(1): 37-64.

Hayashi, S. 2017. "Globalization and Development: The Evolving Idea of the Developmental State." In T. Carroll and D. Jarvis (eds.), *Asia After Developmental State: Disembedding Autonomy*. Cambridge, UK: Cambridge University Press.

Helliwell, J. and R. Putnam. 2004. "The Social Context of Well-Being." *Philosophical Transactions of the Royal Society* 359(1): 1435-1446.

Hendrix, C. 2010. "Measuring State Capacity: Theoretical and Empirical Implications for the Study of Civil Conflict." *Journal of Peace Research* 47(3): 273-285.

Herrigel, G. 2010. *Manufacturing Possibilities. Creative Action and Industrial Recomposition in the United States, Germany, and Japan*. Oxford: Oxford University Press.

Hirao, K. 2001. "Mothers as the Best Teachers: Japanese Motherhood and Early Childhood Education." In M. Brinton (ed.), *Women's Working Lives in East Asia*. Stanford: Stanford University Press.

Hirschman, A. 1968. "The Political Economy of Import-Substituting Industrialization in Latin America." *Quarterly Journal of Economics* 82(1): 1-32.

Ho, M. 2006. "Challenging State Corporatism: The Politics of Taiwan's Labor Federation Movement." *China Journal* 56: 107-127.

______. 2010. "Understanding the Trajectory of Social Movements in Taiwan 1980-2010." *Journal of Current Chinese Affairs* 39(3): 3-22.

______. 2014. "The Fukushima Effect: Explaining the Resurgence of the Anti-nuclear Movement in Taiwan." *Environmental Politics* 23(6): 965-983.

______. 2015. "Occupy Congress in Taiwan: Political Opportunity, Threat, and the Sunflower Movement." *Journal of East Asian Studies* 15(1): 69-97.

______. 2016. "Making an Opportunity: Strategic Bipartisanship in Taiwan's Environmental Movement." *Sociological Perspectives* 59(3): 543-560.

Ho, S. 1987. "Economics, Economic Bureaucracy, and Taiwan's Economic Development." *Pacific Affairs* 60(2): 226-247.

Hofheinz, R. and K. Calder. 1982. *The East Asian Edge*. New York: Basic Books.

Hollingsworth, J. and R. Boyer. (eds.) 1997. *Contemporary Capitalism: The Embeddedness of Institutions*. Cambridge: Cambridge University Press.

Hoogvolt, A. 1997. *Globalization and the Postcolonial World: The New Political Economy of Development*. London: Macmillan Press.

Howell, J. 2006. "Reflections on the Chinese State." *Development and Change* 37(2):

273-297.

Hsiao, H. 1993. "The Political Economy of State-business Relations in Taiwan." *Acta Oeconomica* 45(1/2): 145-171.

______. 1996. "Social Movements and Civil Society in Taiwan." *Copenhagen Journal of Asian Studies* 11(1): 7-26.

Hsieh, J. 2016. "Whither the Kuomintang?" In B. Dickson and C. Chao (eds.), *Assessing the Lee Teng-hui legacy in Taiwan's Politics: Democratic Consolidation and External Relations.* London: Routledge.

Hsu, J. 2011. "State Tansformation and Regional Development in Taiwan: From Developmentalist Strategy to Populist Subsidy." *International Journal of Urban and Regional Research* 35(3): 600-619.

Hughes, C. and A. Fukushima. 2004. "U.S.-Japan Security Relations: Toward Bilateralism Plus?" In E. Krauss and T. Pempel (eds.), *Byond Bilateralism: U.S.-Japan Relations in the New Asia-Pacific*. Stanford: Stanford University Press.

Huntington, S. 1991. "Democracy's Third Wave." *Journal of Democracy* 2(2): 12-34.

IMF. 2016. "Japan: Selected Issues." *IMF Country Report*, No. 16/268. Washington, D.C.: IMF.

Inglehart, R. 2018. *Cultural Evolution: People's Motivations are Changing, and Reshaping the World*. Cambridge: Cambridge University Press.

Inglehart, R. and C. Welzel. 2010. "Changing Mass Priorities: The Link Between Modernization and Democracy." *Perspectives on Politics* 8(2): 551-567.

Ishida, H. 1993. *Social Mobility in Contemporary Japan*. Oxford: Palgrave Macmillan.

Iversen, T. and D. Soskice. 2019. *Democracy and Prosperity: Reinventing Capitalism Through a Turbulent Century*. Princeton: Princeton University Press.

Johnson, C. 1982. *MITI and the Japanese Miracle: The Growth of Industrial Policy, 1925-1975*. Stanford: Stanford University Press.

______. 1994. "What is the Best System of National Economic Management for Korea?" In L. Cho and Y. Kim (eds.), *Korea's Political Economy: An Institutional Perspective*. Boulder: Westview Press.

______. 1995. *Japan: Who Governs?: The Rise of the Developmental State*. New York: W. W. Norton and Company.

Jones, C. 1995. "Time Series Tests of Endogenous Growth Models." *Quarterly Journal of Economics* 110(2): 495-525.

Kahler, M. 1990. "Orthodoxy and Its Alternatives: Explaining Approaches to Stabilization and Adjustment." In J. Nelson (ed.), *Economic Crisis and Policy Choice: The Politics of*

Adjustment in the Third World. Princeton: Princeton University Press.

Kang, D. 2003. "Transaction Costs and Crony Capitalism in East Asia." *Comparative Politics* 35(2): 439-459.

Kapucu, N., Q. Hu, and S. Khosa. 2014. "The State of Network Research in Public Administration." *Administration & Society* 49(8): 1087-1120.

Katada, S. (ed.) 2012. *The Global Economic Crisis and East Asian Regionalism*. London: Routledge.

Katz, R. 1998. *Japan, the System That Soured: The Rise and Fall of the Japanese Economic Miracle*. New York: M. E. Sharpe.

Kaufman, R. and B. Stallings. 1989. "Debt and Democracy in the 1980s: The Latin American Experience." In B. Stallings and R. Kaufman (eds.), *Debt and Democracy in Latin America*. Boulder: Westview Press.

Kennedy, G. 2009. "Adam Smith and the Invisible Hand: From Metaphor to Myth." *Economic Journal Watch* 6(2): 239-263.

Kent, C. 1993. *Strategic Capitalism: Private Business and Public Purpose in Japanese Industrial Finance*. Princeton: Princeton University Press.

Kerbo, H. 2009. *Social Stratification and Inequality*. New York: McGraw-Hill.

Keynes, J. 1936. *The General Theory of Employment, Interest, and Money*. London: Macmillan.

Kim, D. 1990. "The Transformation of Familism in Modern Korean Society: From Cooperation to Competition." *International Sociology* 5(4): 409-425.

Kim, E. 1997. *Big Business, Strong State: Collusion and Conflict in South Korean Development, 1960-1990*. Albany: State University of New York Press.

Kim, K. 1994. "Confucianism and Capitalist Development in East Asia." In L. Sklair (ed.), *Capitalism and Development*. London: Routledge.

______. 2017. *Confucianism and Modernization in East Asia*. London: Palgrave Macmillan.

Kitschelt, H., P. Lange, G. Marks, and J. Stephens. 1999. "Convergence and Divergence in Advanced Capitalist Democracies." In H. Kitschelt et al. (eds.), *Continuity and Change in Contemporary Capitalism*. Cambridge: Cambridge University Press.

Knight, J. 2014. "China as a Developmental State." *World Economy* 37(10): 1335-1347.

Krauss, E. 1989. "Politic and the Policymaking Process." In T. Ishida and E. Krauss (eds.), *Democracy in Japan*. Pittsburgh: Pittsburgh University Press.

Kristensen, P. and G. Morgan. 2012. "Theoretical Contexts and Conceptual Frames for the Study of Twenty-First Century Capitalisms." In G. Morgan and R. Whitley (eds.), *Capitalisms and Capitalism in the 21st Century*. Oxford: Oxford University

Press.

Krueger, A. 1990. "Government Failure in Development." *Journal of Economic Perspective* 4: 9-23.

Krugman, P. 1994. "The Myth of Asia Miracle." *Foreign Affairs* 73(6): 62-78.

———. 1996. "The Myth of Asia's Miracle." *Pop Internationalism*. Cambridge: MIT Press.

———. 1997. "What Should Trade Negotiators Negotiate About?" *Journal of Economic Literature* 35: 113-120.

Kurth, J. 1979. "Industrial Change and Political Change: A European Perspective." In D. Collier (ed.), *The New Authoritarianism in Latin America*. Princeton: Princeton University Press.

Kuznets, S. 1955. "Economic Growth and Income Inequality." *American Economic Review* 45: 1-28.

Kwon, H. 2005. "Transforming the Developmental Welfare State in East Asia." *Social Policy and Development Programme Paper*, No. 22. Geneva: United Nations Research Institute for Social Development.

———. 2009. "The Reform of the Developmental Welfare State in East Asia." *International Journal of Social Welfare* 18: S12-S21.

Lal, D. 1985. *The Poverty of Development Economics*. London: Institute of Economic Affairs.

Lardy, N. 1994. *China in the World Economy*. Washington, D.C.: Institute for International Economics.

———. 2014. *Market over Mao: The Rise of Private Business in China*. Washington, D.C.: Peterson Institute of International Economics.

Latham, R. 1997. *The Liberal Moment: Modernity, Security, and the Making of Postwar International Order*. New York: Columbia University Press.

Lee, C. 2012. "Durable Subordination: Chinese Labour Regime through a South Korean Lens." In A. Walter and X. Zhang (eds.), *East Asian Capitalism: Diversity, Change, and Continuity*. Oxford: Oxford University Press.

Lefranc, A., F. Ojima, and T. Yoshida. 2014. "Intergenerational Earnings Mobility in Japan among Sons and Daughters: Levels and Trends." *Journal of Population Economics* 27(1): 91-134.

Leonard, M. (ed.) 2012. *China 3.0: Understanding the New China*. London: European Council on Foreign Relations.

Lim, H. 2010. "Whose 'Model' Failed? Implications of the Asian Economic Reform." *Journal of Contemporary Asia* 40(2): 188-210.

______. 2018. "How to Study Capitalism in Asia? A Theoretical and Methodological Consideration." *Asia Review* 7(2): 3-29.

Lim, H. and W. Baek. 2002. "The State Autonomy in Modern Korea: Instrumental Possibilities and Structural Limits." In Korea National Commission for UNESCO (ed.), *Korean Politics: Striving for Democracy and Unification*. Seoul: Hallym.

Lim, H. and S. Hwang. 2000. "The Political Economy of Structural Adjustment in South Korea: Reality and Façade?" Paper presented at th 12th Meeting on *Socio-Economics*. London: London School of Economics, July 7-10.

Lin, N. 2018. *The Great Transformation: China since 1978.* Oxford: Oxford University Press.

Linz, J. and A. Stephan. 1995. "Towards Consolidated Democracies: Five Arenas and Three Surmountable Obstacles." Paper presented at the International Conference on *Consolidating the Third Wave Democracies: Trends and Challenges*. Taipei, August 27-30.

Lupu, N. and J. Pontusson. 2011. "The Structure of Inequality and the Politics of Redistribution." *American Political Science Review* 105(2): 316-336.

Macintyre, A. and B. Naughton. 2005. "The Decline of a Japan-Led Model of the East Asian Economy." In T. Pempel (ed.), *Remapping East Asia: The Construction of a Region*. New York: Cornell University Press.

Maddison, A. 2001. *The World Economy: A Millennial Perspective*. Paris: OECD.

Mahbubani, K. 2009. "Lessons for the West from Asian Capitalism." *New Perspectives Quarterly* 26(2): 56-57.

Mahoney, J. and K. Thelen. (eds.) 2015. *Advances in Comparative-Historical Analysis*. Cambridge: Cambridge University Press.

Marx, K. 1970[1894]. *Capital*, vol. III. New York: International Publishers.

Marx, K., F. Engels, and C. Arthur. (eds.) 1970[1932]. *The German Ideology*. London: Lawrence & Wishart.

Matthews, F. 2012. "Governance and State Capacity." In D. Levi-Faur (ed.), *The Oxford Handbook of Governance*. Oxford: Oxford University Press.

McMillan, J. and B. Naughton. 1993. "How to Reform a Planned Economy: Lessons from China." *Oxford Review of Economic Policy* 8(1): 130-143.

McNally, C. 2013. "Refurbishing State Capitalism: A Policy Analysis of Efforts to Rebalance China's Political Economy." *Journal of Current Chinese Affairs* 4: 45-71.

Menz, G. 2005. *Varieties of Capitalism and Europeanization: National Response Strategies to the Single European Market*. Oxford: Oxford University Press.

Midgely, J. 2014. *Social Development: Theory and Practice*. London: Sage.

Minns, J. 2001. "Of Miracles and Models: The Rise and Decline of the Developmental State in South Korea." *Third World Quarterly* 22(6): 1025-1043.

Moore, B. 1966. *Social Origins of Dictatorship and Democracy: Lord and Peasant in the Making of the Modern World*. Boston: Beacon.

Moore, T. 1996. "China as a Latecomer: Toward a Global Logic of the Open Policy." *Journal of Contemporary China* 5(12): 187-208.

Morais, L. and A. Saad-Filho. 2012. "Neo-Developmentalism and the Challenges of Economic Poicy Making under Dilma Rousseff." *Critical Sociology* 38(6): 789-798.

Morishima, M. 1981. *Why Japan Has 'Succeeded'?* Cambridge: Cambridge University Press.

Nelson, J. (ed.) 1990. *Economic Crisis and Policy Choice: The Politics of Adjustment in the Third World*. Princeton: Princeton University Press.

North, D. 1990. *Institutions, Institutional Change and Economic Performance*. New York: Columbia University Press.

Nye, J. 2005. *Soft Power: The Means to Success in World Politics*. New York: Public Affairs.

Nye, J., P. Zelikow, and D. King. (eds.) 1997. *Why People Don't Trust Government*. Cambridge: Harvard University Press.

OECD. 2017. *Employment Outlook*. Paris: OECD.

Oi, J. 1992. "Fiscal Reform and the Economic Foundations of Local State Corporatism in China." *World Politics* 45(1): 99-126.

Ong, L. 2012. "Between Developmental and Clientelist States: Local State-Business Relationships in China." *Comparative Politics* 44(2): 191-209.

Önis, Z. 1991. "The Logic of the Developmental States." *Comparative Politics* 24: 109-126.

OXFAM. 2019. *Public Good or Private Wealth?* Oxford: Oxfam International.

Peck, J. and N. Theodore. 2007. "Variegated Capitalism, Progress." *Human Geography* 31: 731-772.

Pekkanen, R. 2004. "After the Developmental State: Civil Society in Japan." *Journal of East Asian Studies* 4: 363-388.

Pempel, T. J. 1998. *Regime Shift: Comparative Dynamics of the Japanese Political Economy*. Ithaca: Cornell University Press.

Pereira, P., J. Maravall, and A. Przeworski. 1993. *Economic Reforms in New Democracies: A Social-Democratic Approach*. Cambridge: Cambridge University Press.

Pierson, P. (ed.) 2001. *The New Politics of the Welfare State*. Oxford: Oxford University

Press.

Pieterse, N. 2015. “What happened to the Miracle Eight? Looking East in the Twenty-First Century.” *Canadian Journal of Development Studies* 36(3): 263-282.

Piketty, T. 2014. *Capital in the Twenty-First Century*. Cambridge: Belknap Press.

Pirie, I. 2008. *The Korean Developmental State: From Dirigisme to Neo-liberalism*. London: Routlege.

______. 2013. “Globalization and the Decline of the Developmental State.” In Ben Fine, Jyoti Saraswati, and Daniela Tavasci (eds.), *Beyond the Developmental State: Industrial Policy into the Twenty-First Century*. London: Pluto Press.

______. 2018. “Korea and Taiwan: The Crisis of Investment-led Growth and the End of the Developmental State.” *Journal of Contemporary Asia* 48(1): 133-158.

Polanyi, K. 1944. *The Great Transformation*. Boston: Beacon Press.

Porter, M. 1990. *The Competitive Advantage of Nations*. New York: Free Press.

Przeworski, A. 2000. *Democracy and Development: Political Institutions and Well-Being in the World, 1950-1990*. Cambridge: Cambridge University Press.

Radcliffe, S. 2006. *Culture and Development in a Globalizing World*. London: Routledge.

Ramo, J. 2004. *The Beijing Consensus*. London: The Foreign Policy Center.

Rebick, M. 2005. *The Japanese Question: Power and Purpose in a New Era*. Washington, D.C.: AEI Press.

Redding, G. 2005. “The Thick Description and Comparison of Societal Systems of Capitalism.” *Journal of International Business Studies* 36: 123-155.

Redding, G. and M. A. Witt. 2010. *The Future of Chinese Capitalism: Choices and Chances*. Oxford: Oxford University Press.

Reischauer, E. and A. Craig. 1973. *Japan: Tradition and Transformation*. Tokyo: Charles E. Tuttle.

Republic of China, Taiwan. 2018. *National Statistics*. https://eng.stat.gov.tw/point.asp?index=1.

Rifkin, J. 2009. *The Empathic Civilization: The Race to Global Consciousness in a World in Crisis*. New York: Penguin Books.

Rodrik, D. 2008. *One Economics, Many Recipes: Globalization, Institutions, and Economic Growth*. Princeton: Princeton University Press.

Rueschemeyer, D., E. Stephens, and J. Stephens. 1992. *Capitalist Development and Democracy*. Chicago: University of Chicago Press.

Said, E. 1978. *Orientalism*. New York: Pantheon Books.

Sarah, R. 2006. *Culture and Development in a Globalizing World: Geographies, Actors, and*

Paradigms. London: Routledge.

Sauvy, A. 1952. *General Theory of Population*. London: Methuen.

Schaede, U. 1995. "The 'Old Boy' Network and Government-Business Relationships in Japan." *Journal of Japanese Studies* 21(2): 293-317.

Schmidt, V. 2002. *The Future of European Capitalism*. Oxford: Oxford University Press.

Schmitter, P. 1979. "Still the Century of Corporatism?" In P. Schmitter and G. Lehmbruch (eds.), *Trends toward Corporatist Intermediation*. London: Sage.

Schumpeter, J. 1951. "The Instability of Capitalism." In R. Clemence (ed.), *Capitalism: Essays of J. A. Schumpeter*. New York: Addison-Wesley.

Schwab, K. 2017. *The Fourth Industrial Revolution*. New York: Crown Publishing Group.

Sen, A. 1999. *Development as Freedom*. New York: Knopf.

______. 2009. "Adam Smith's Market Never Stood Alone." *Financial Times*, March 10.

______. 2010. "Adam Smith and the Contemporary World." *Erasmus Journal for Philosophy and Economics* 3(1): 50-67.

Shapiro, H. and L. Taylor. 1990. "The State and Industrial Strategy." *World Development* 18(6): 861-878.

Shibagaki, K. 1994. *The Development of Japanese Capitalism and Its External Relations from 1945 to the Present*. Tokyo: University of Tokyo Press.

Shin, G. 2018. "Agrarian Conflict and the Origins of Korean Capitalism." *American Journal of Sociology* 103(5): 1309-1351.

Shipper, A. 2002. "The Political Construction of Foreign Workers in Japan." *Critical Asian Studies* 34(1): 41-69.

Skocpol, T. 1985. "Bring the State Back in: Strategies of Analysis in Current Research." In P. Evans et al. (eds.), *Bring the State Back In*. Cambridge: Cambridge University Press.

Smith, A. 1976[1789]. *The Wealth of Nations*. New York: Bantam Classics.

So, A. 1990. *Social Change and Development: Modernization, Dependency, and World-System Theories*. London: Sage.

______. 2003. "Introduction: Rethinking the Chinese Development Miracle." In A. So (ed.), *China's Developmental Miracle: Origins, Transformations, and Challenges*. New York: M. E. Sharpe.

So, A. and Y. Chu. 2016. *The Global Rise of China*. London: Polity Press.

Soederberg, S., G. Menz, and P. Cerny. 2005. *Internalizing Globalization: The Rise of Neoliberalism and the Decline of National Varieties of Capitalism*. London: Palgrave Macmillan.

Soskice, D. 1999. "Divergent Production Regimes: Coordinated and Uncoordinated Market Economies in the 1980s and 1990s." In H. Kitschelt et al. (eds.), *Continuity and Change in Contemporary Capitalism*. Cambridge: Cambridge University Press.

Steers, R. 1993. *The Chaebol: Korea's New Industrial Might*. New York: Harper and Row.

Stiglitz, J. 2002. *Globalization and its Discontents*. New York: Norton.

______. 2006. *Making Globalization Work*. New York: Norton.

Streeck, W. 2001. "Introduction: Explorations into the Origins of Nonliberal Capitalism in Germany and Japan." In W. Streeck and K. Yamamura (eds.), *The Origins of Nonliberal Capitalism: Germany and Japan in Comparison*. Ithaca: Cornell University Press.

Stubbs, R. 2011. "The East Asian Developmental State and the Great Recession: Evolving Contesting Coalitions." *Contemporary Politics* 17(2): 151-166.

Sugihara, Y. and E. Katsurada. 2002. "Gender Role Development in Japanese Culture: Diminishing Gender Role Differences in Contemporary Society." *Sex Roles* 47: 443-452.

Suh, M. 1998. *Developmental Transformation in South Korea: From the State-sponsored to the Quest of Quality of Life*. New York: Praeger.

______. 2011. "After the Developmental State in South Korea." *Korea Observer* 38(3): 387-406.

______. 2014. "Quality of Life and Happiness: The Myth of Development in South Korea." *Korea Observer* 45(1): 61-86.

______. 2017. "Determinants of Female Labor Force Participation in South Korea: Tracing out the U-shaped Curve by Economic Growth." *Social Indicators Research* 131(1): 255-269.

Swedberg, R. 2005. "The Economic Sociology of Capitalism: An Introduction and Agenda." In V. Nee and R. Swedberg (eds.), *The Economic Sociology of Capitalism*. Princeton: Princeton University Press.

Teichman, J. 2014. "Struggling with the Social Challenges of Globalization: Mexico, Chile and South Korea." In R. Sandbrook and A. Güven (eds.), *Civilizing Globalization: A Survival Guide*. New York: SUNY Press.

Teivanen, T. 2002. *Enter Economism, Exit Politics: Experts, Economic Policy and the Damage to Democracy*. London: Zed Books.

Ten Brink, T. 2013. "Paradoxes of Prosperity in China's New Capitalism." *Journal of Current Chinese Affairs* 4: 17-43.

Tepper, J. and D. Hearn. 2018. *Myth of Capitalism: Monopolies and the Death of*

Competition. New York: John Wiley & Sons.

Tilly, C. 1994. "Social Movements as Historically Specific Clusters of Political Performances." *Berkeley Journal of Sociology* 38: 1-30.

Tsai, K. and B. Naughton. 2015. "Introduction: State Capitalism and the Chinese Economic Miracle." In B. Naughton and K. Tsai (eds.), *State Capitalism, Institutional Adaptation, and the Chinese Miracle.* Cambridge: Cambridge University Press.

Tsunekawa, K. 2014. "Japan: The Political Eocnomy of Long Stagnation." In T. Pempel and K. Tsunekawa (eds.), *Two Crises, Different Outcomes: East Asia and Global Finance*. Ithaca: Cornell University Press.

Tu, W. 1984. *Confucian Ethics Today: The Singapore Challenge*. Singapore: Curriculum Development Institute of Singapore.

UNDP. 2020. *Human Development Report*. New York: UNDP.

Valenzuela, J. and A. Valenzuela. 1978. "Modernization and Dependency: Alternative Perspectives in the Study of Latin American Underdevelopment." *Comparative Politics* 10(4): 535-557.

Vogel, E. 1979. *Japan as Number One: Lessons for America*. Cambridg: Harvard University Press.

______. 1991. *The Four Little Dragons: The Spread of Industrialization in East Asia*. Cambridge: Harvard University Press.

Vogel, S. 2006. *Japan Remodeled: How Government and Industry Are Reforming Japanese Capitalism*. New York: Cornell University Press.

______. 2018. *Marketcraft: How Governments Make Markets Work*. Oxford: Oxford University Press.

Wade, R. 1990a. "Industrial Policy in East Asia: Does it Lead or Follow the Market." In G. Gereffi and D. L. Wyman (eds.), *Manufacturing Miracles*. Princeton: Princeton University Press.

______. 1990b. *Governing the Market: Economic Theory and the Role of Government in East Asian Industrialization*. Princeton: Princeton University Press.

______. 2018. "The Developmental State: Dead or Alive?" *Development and Change* 49(2): 518-546.

Wallerstein, I. 1976. *The Capitalist World-Economy*. Cambridge: Cambridge University Press.

______. 1979. "Dependence in an Interdependent World." In I. Wallerstein, *The Capitalist World Economy*. Cambridge: Cambridge University Press.

______. 1991. *Unthinking Social Science: The Limits of Nineteenth Century Paradigm*.

Cambridge: Polity Press.

Wang, C. 2012. "Moving toward Neoliberalization? The Restructuring of the Developmental State and Spatial Planning in Taiwan." In B. Park, R. Hill, and A. Saito (eds.), *Locating Neoliberalism in East Asia: Neoliberalizing Spaces in Developmental States*. West Sussex: Wiley-Blackwell.

Weber, M. 1978[1921-22]. *Economy and Society: An Outline of Interpretive Sociology 2*. Berkeley: University of California Press.

______. 2010[1905]. *The Protestant Ethic and the Spirit of Capitalism*. Oxford: Oxford University Press.

Weiss, L. 1997. "Globalization and the Myth of the Powerless States." *New Left Review* 225: 3-27.

______. 1998. *The Myth of Powerless State: Governing the Economy in an Global Era*. Cambridge: Polity Press.

______. 2003. "Guiding Globalization in East Asia: New Roles for Old Developmental States." In L. Weiss (ed.), *States in the Global Economy: Bringing Domestic Institution Back In*. Cambridge: Cambridge University Press.

White, G. 1993. *Riding the Tiger: The Politics of Economic Reform in Post-Mao China*. Houndmills and London: Macmillan.

Witt, M. and G. Redding. 2013. "Asian Business Systems: Institutional Comparison, Clusters and Implications for Varieties of Capitalism and Business Systems Theory." *Socio-Economic Review* 11(2): 265-300.

Wong, J. 2004. "The Adaptive Developmental State in East Asia." *Journal of East Asian Studies* 4: 345-362.

______. 2005. "Re-making the Developmental State in Taiwan: The Challenges of Biotechnology." *International Political Science Review* 26(2): 169-191.

______. 2010. "From Imitator to Innovator: The Political Economy of Industrial Upgrading in the 21st Century." In W. Lee (ed.), *Taiwan's Politics in the 21st Century: Changes and Challenges*. Singapore: World Scientific.

World Bank. 1993. *The East Asian Miracle: Economic Growth and Public Policy*. Oxford: Oxford University Press.

______. 2020. *World Development Report*. Oxford: Oxford University Press.

World Bank and Development Research Center of the State Council PRC. 2013. *China 2030: Building A Modern, Harmonious, and Creative Society*. Washington, D.C.: The World Bank.

World Economic Outlook Database. 2018. *Report for Selected Countries and Subjects*.

Washington, D.C.: International Monetary Fund.
World Values Survey. 2020. *Online Data Analysis*. http://www.worldvaluessurvey.org.
Wu, Y. 2007. "Taiwan's Developmental State: After the Economic and Political Turmoil." *Asian Survey* 47(6): 977-1001.
Yao, Y. 2010. "The End of the Beijing Consensus: Can China's Model of Authoritarian Growth Survive?" *Foreign Affairs*, February 2: 1-4.
Yeung, H. (ed.) 2013. *Globalizing Regional Development in East Asia: Production Networks, Clusters, and Entrepreneurship*. London: Routledge.
Young, A. 1994. "Lessons from the East Asian NICS: A Contrarian View." *European Economic Review* 38: 964-973.
Yu, W. 2005. "Changes in Women's Postmarital Employment in Japan and Taiwan." *Demography* 42(4): 693-717.
Zhang, X. and L. Guoqiang. 1997. "China's Industrial Policies in the Process of Marketization." In S. Masuyama, D. Vanderbrink, and C. Yue (eds.), *Industrial Policies in East Asia*. Tokyo: Nomura Research Institute.
Zhu, T. 2003. "Building Institutional Capacity for China's New Economic Opening." In L. Weiss (ed.), *States in the Global Economy: Bringing Domestic Institutions Back In*. Cambridge: Cambridge University Press.
Zysman, J. 1983. *Governments, Markets, and Growth: Financial Systems and the Politics of Industrial Change*. Ithaca: Cornell University Press.

찾아보기

ㅇ

ㅈ

발간사

아시아의 시대가 열렸고, 동시에 아시아연구의 전성시대가 도래했습니다. 서울대학교 아시아연구소는 2009년 9월 출범한 이래 '지역과 주제를 결합한 아시아 연구의 글로벌 허브'를 목표로 아시아 연구 기반 구축 및 기초연구 활성화를 위해 노력해 왔습니다. 아시아연구소는 지난 10년여의 활동을 겸허히 돌아보며 '아시아의 미래, 교류와 협력, 그리고 지역 정보 공유'를 키워드로 '아시아와 세계를 잇고, 새로운 미래를 빚는 세계적 아시아 연구 플랫폼'이 되고자 합니다.

물론 아시아의 시대가 온다고 해서 아시아 사람들이 잘살고 평화롭게 협력하는 공동체가 이루어진다는 것은 아닙니다. 아시아 지역 혹은 국가 사람들이 어떤 공동체를 만들어 가고 싶은가, 아시아 공동체가 인류에게 어떤 도움이 되는 것인가를 꾸준히 질문하고 이에 대한 답을 찾아야 합니다. 서구 식민지 경험 이후 아시아 각국은 지속적인 내부 갈등과 적대, 민족주의와 인종차별, 혐오가 심해지고 있는 상황입니다. 아시아를 중심으로 교역, 이동, 그리고 협력이 꾸준히 증가하고 있음에도 불구하고 갈등 요인은 오히려 확대되고 있습니다. 이런 견지에서 서울대학교 아시아연구소는 아시아를 둘러싼 다양한 이슈와 도전 과제에 대한 이론적 연구는 물론 실천 및 정책적 대안을 제시하여 아시아 공동체를 형성하는 데 기여하고자 합니다.

서울대학교 아시아연구소는 이미 시작된 4차 산업혁명에 부응하는 지식의 생산과 공유, 그리고 후속세대 양성에도 책임을 다하고자 합니다. 이를 위해 이론적으로는 학문 간 융합, 교류, 미래 창발적 지식 창출에 힘을 다하며, 실천적으로는 아시아의 교류와 상호작용에 주목하고, 정책적으로는 아시아 지역 정보의 수집과 공유를 통해 적합한 정책 대안을 발굴하는 데 초점을 맞추고자 합니다.

이러한 연구 및 학술 활동 과정의 결실이 서울대학교 아시아연구소총서입니다. 지난 10년여의 연구 축적을 토대로 서울대학교 아시아연구소는 국내외 연구자 간 연구 협력을 적극적으로 지원하여, 여기서 양산된 우수한 연구 성과 및 결과물을 지속적으로 발간해 나갈 것입니다. 아시아연구소총서가 아시아의 새로운 미래와 아시아 공동체를 이루어 가는 데 중요한 밑거름이 되기를 기대합니다.

서울대학교 아시아연구소